*Schule weiterentwickeln – Unterricht verbessern*
Hrsg. von Botho Priebe

Orientierungsband zur Unterreihe *Schulentwicklung und Schulqualität*

Michael Schratz, Tanja Westfall-Greiter

**Schulqualität sichern und weiterentwickeln**

D1619852

**Klett I Kallmeyer**

Bibliografische Information der Deutschen Nationalbibliothek
Die Deutsche Nationalbibliothek verzeichnet diese Publikation in der Deutschen Nationalbibliografie;
detaillierte bibliografische Daten sind im Internet über http://dnb.d-nb.de abrufbar.


**Impressum**

Michael Schratz, Tanja Westfall-Greiter
Schulqualität sichern und weiterentwickeln
In der Reihe: *Schule weiterentwickeln – Unterricht verbessern*
Hrsg. von Botho Priebe

1. Auflage 2010

© 2010. Kallmeyer in Verbindung mit Klett
Friedrich Verlag GmbH
D-30926 Seelze
Alle Rechte vorbehalten.
www.friedrich-verlag.de

Redaktion: Stefan Hellriegel, Berlin
Satz: EITM – Grafik & Illustration, Hannover
Druck: Fuldaer Verlagsanstalt GmbH & Co. KG, Fulda
Printed in Germany

ISBN: 978-3-7800-1066-7

*Schule weiterentwickeln – Unterricht verbessern*
Hrsg. von Botho Priebe

Orientierungsband zur Unterreihe *Schulentwicklung und Schulqualität*

Michael Schratz, Tanja Westfall-Greiter

# Schulqualität sichern und weiterentwickeln

**Klett I Kallmeyer**

# Inhaltsverzeichnis

# Vorwort des Reihenherausgebers

*We cannot command the wind,*
*but we can set the sails.*
(Durham Board of Education)

Seit den 1960er Jahren, in denen Georg Picht die Fanfare der „deutschen Bildungs-katastrophe" blies, sind viele Reformwellen durch das Land gegangen, deren Ausläu-fer bis in die Gegenwart reichen. Dabei wurde die Leitvorstellung der zentralen Steu-erbarkeit des Bildungssystems mehr und mehr von der Erfahrung abgelöst, dass der Schulerfolg von Schülerinnen und Schülern sich vorrangig nicht allein durch zentrale Maßnahmen sichern lässt, sondern dass Bildungspolitik darauf gerichtet sein sollte, die einzelnen Schulen bei der Lern- und Leistungsentwicklung ihrer Schülerinnen und Schüler nach Kräften zu unterstützen. Helmut Fend prägte in den 1980er Jahren das Paradigma von der „Einzelschule als pädagogischer Handlungseinheit", dem Schul-entwicklung, Bildungsforschung und Bildungspolitik folgten – zunächst zögerlich, dann aber auf ganzer Linie.

Ab Ende der 1990er Jahre kam es mit TIMSS und PISA erneut zu schrillen Fanfa-renstößen: Die Lernleistungen deutscher Schülerinnen und Schüler entsprachen im internationalen Vergleich weitgehend nicht den Erwartungen von Bildungspolitik und Öffentlichkeit und waren zudem, so die Befunde bei TIMSS und PISA, massiv von sozialen und migrationsbedingten Benachteiligungen geprägt. Schulentwicklung in der Folge der Leitvorstellung von der „Einzelschule als pädagogischer Handlungs-einheit" war offensichtlich kein Selbstläufer zu erfolgreicheren Lernleistungen von Schülerinnen und Schülern beziehungsweise zu besserem Unterricht.

Die Ernüchterungen, die mit diesen Ergebnissen und Einsichten in der „empi-rischen Wende" in Schule, Bildungspolitik und Bildungsforschung verbunden waren, führten zur Orientierung an einem neuen, international vorherrschenden Steuerungs-modell im deutschen Bildungssystem: Verstärkung schulischer Selbständigkeit und Eigenverantwortung bei gleichzeitiger Vorgabe verbindlicher Standards (Bildungs-standards und Schulqualitätsstandards) sowie der Verpflichtung zur Rechenschaftsle-gung im Rahmen interner und externer Evaluation. Der Unterricht und seine Ergeb-nisse rückten ins Zentrum der Qualitätsdebatten. Unterricht ist das „Kerngeschäft" der Schule; Schulentwicklung jenseits dieses Kerngeschäfts wäre ein Irrläufer schu-lischer Qualitätsentwicklung. Unterrichtsentwicklung ist Schulentwicklung.

Schulentwicklung ist heute auf definierte Standards und Kompetenzen gerichtet sowie auf die Nutzung vorliegender Daten, die Schulen hinsichtlich Umfang und Qualität bislang nie vergleichbar zur Verfügung standen. Mit der normativen Vorgabe von Bildungs- und Schulqualitätsstandards, von Kerncurricula und der Erarbeitung von Schulcurricula sind bisher allerdings auch noch nie vergleichbare Anforderungen an die Schulen gestellt worden.

7

Diese neuen innovativen Aufgaben können Schulen weitgehend nur kooperativ als „Professionelle Lerngemeinschaften" bewältigen, als „Lernende Schulen", die bei ihrer Weiterentwicklung qualifizierte und erprobte Handlungskonzepte nutzen. Michael Schratz und Tanja Westfall-Greiter sind international ausgewiesene Experten, die mit dem vorliegenden Buch Überblick und Orientierung bei der unterrichtsbezogenen und datengestützten Schulentwicklung leisten. Diesem Einführungsband werden in den nächsten Jahren Praxisbände mit konkreten Handlungskonzepten, Vorschlägen und Instrumenten zur schulischen Qualitätsentwicklung folgen.

Mit diesem Band wird die Unterreihe *Schulentwicklung und Schulqualität* eröffnet als Teil der Gesamtreihe *Schule weiterentwickeln – Unterricht verbessern*. In dieser Gesamtreihe geht es nicht vorrangig um bildungspolitische und bildungswissenschaftliche Fragestellungen, sondern es stehen die einzelnen Schulen mit ihren Aufgaben und Entwicklungsinteressen, mit ihren Arbeitsschwerpunkten und Problemen bei der Schulentwicklung im Mittelpunkt. Welches Orientierungs- und Überblickswissen brauchen sie, und welche Handlungskonzepte gibt es und wie können sie genutzt werden?

In diesem Band und in dieser Unterreihe *Schulentwicklung und Schulqualität* wird im Rahmen der Gesamtreihe *Schule weiterentwickeln – Unterricht verbessern* eine enge Verbindung mit den beiden anderen Unterreihen *Unterrichtsentwicklung und Unterrichtsqualität* sowie *Schule erfolgreich leiten* hergestellt. Alle Bände der gesamten Buchreihe sind auf Orientierung und Überblick sowie hilfreiche, praxisnahe und kritisch-konstruktive Unterstützung von Schulen und Schulleitungen, Lehrkräften und Kollegien gerichtet.

Ohne Evaluation, das heißt ohne Generierung und Nutzung von Daten, sind schulische Qualitätssicherung und Qualitätsentwicklung heute nicht mehr möglich. Hinter die Vergewisserung darüber, ob die jeweils angestrebten Ziele konkret erreicht werden, führt kein Weg zurück. Allerdings werden dabei künftig neben den quantitativen auch qualitative Fragestellungen und Daten größere Bedeutung erhalten und vor allem solche Vorschläge und Angebote, die Schulen und Schulleitungen bei der Nutzung dieser Daten für die pädagogische Ausgestaltung ihrer Qualitätsentwicklung erfolgreich gebrauchen können.

Schulentwicklung und Schulqualität sind erreichbar, wenn Schulen sich als „Lernende Schulen" auf den Weg machen. Dieses Buch und alle Folgebände sollen dabei Wegweiser und Begleiter sein. Unterstützt werden wir dabei von den Mitgliedern des wissenschaftlichen Beirats dieser Buchreihe, denen wir für die Beratung herzlich danken: Herrn Prof. Dr. Rolf Arnold, Technische Universität Kaiserslautern; Herrn Prof. Dr. Helmut Fend, Universität Zürich; Herrn Prof. Dr. Andreas Helmke, Universität Koblenz-Landau; Herrn Prof. Dr. Olaf Köller, Universität Kiel; Herrn Prof. Dr. Hans Günter Rolff, Universität Dortmund; Herrn Prof. Dr. Michael Schratz, Universität Innsbruck.

*Botho Priebe*

# Zur Einführung

Kompetenzorientierung ist zum bildungspolitischen Schlüsselwort geworden: Wie ein Mantra schwirrt es durch die Bildungslandschaft, vom Kindergarten zur Hochschule, füllt Lehrpläne und wirkt auf zentrale Prüfungen – in der Erwartung und mit dem Anspruch, endlich ein Allheilmittel zur Rettung des Bildungswesens gefunden zu haben. Dieser Fokus bringt nicht nur ein anderes Verständnis für Qualität und Qualitätssicherung in das Bildungssystem, sondern wirft neue (alte?) Fragen auf: Was verstehen wir unter Bildung? Was unterscheidet Kompetenz von Fähigkeit? Was ist der Stellenwert von Wissen? Wie kann sich ein Mensch Kompetenz und Wissen aneignen, und welchen Beitrag soll und kann Schule dazu leisten? Welchen Beitrag macht Schule zu Bildung? Inwieweit sind Kompetenzen messbar? Inwieweit sichern Standards Bildungsqualität?

Diese Fragen sind kaum allgemein beantwortbar, sondern stellen sich mehr denn je an der einzelnen Schule und im täglichen Unterricht, in dem Lehrerinnen und Lehrer zwischen Anspruch und Wirklichkeit versuchen (müssen), die neuen bildungspolitischen Vorgaben umzusetzen. Kein leichtes Unterfangen, eröffnet es doch mehrere Spannungsfelder, welche Schul- und Unterrichtsentwicklung und die pädagogische Arbeit erschweren: etwa jene zwischen Individualisierung und Standardisierung, zwischen Autonomie und Kontrolle oder zwischen Hierarchie und geteilter Verantwortung.

Wenn bildungspolitisch Individualisierung gefordert und gesamtgesellschaftlich Inklusion erforderlich wird, ist der Umgang mit Differenz ein zentrales Thema. Schule muss mit dieser Differenz umgehen: sie ist der einzige Ort, an dem der Staat Bildungsprozesse für alle Mitglieder der Gesellschaft organisiert, an dem sich Lehrpersonen innerhalb und außerhalb des Unterrichts mit den Bürgerinnen und Bürgern von morgen auseinandersetzen. Schule, die Schülerströme kanalisiert und in der Lehrerinnen und Lehrer auf die unterschiedlichen Voraussetzungen und Motivlagen junger Menschen eingehen (müssen), schafft immer auch Differenz. Die Herausforderung liegt darin, sich mit der Idee „Jede und jeder ist anders anders" auseinanderzusetzen, um einen bewussten und sensiblen Umgang mit Unterschieden in der Schulkultur zu etablieren.

Die Schule erhält über unterschiedliche Reformmaßnahmen zunehmende Gestaltungsautonomie, um mit diesen unterschiedlichen Erwartungen und Voraussetzungen umgehen zu können. Daraus resultierende zaghafte Ansätze innerschulischer Entwicklungen werden regelmäßig durch die harte Realität internationaler Leistungstests im Keim erstickt. Gedacht als Rückmeldung an das Bildungssystem, wird die Reparatur festgestellter Unzulänglichkeiten vielfach an die Lehrerinnen und Lehrer delegiert. Viele Leistungsmerkmale der Schülerinnen und Schüler, positive wie negative, sind mittels standardisierter Überprüfungen allerdings kaum feststellbar. Sie können nur ansatzweise von diesen Überprüfungen sichtbar gemacht werden, indem die Ergebnisse aus dem demografischen Kontext heraus abgeleitet werden. Die Grundlagen, welche die Schule für den Lebensweg des Kindes legt, werden oft erst nach Jahren im persönlichen Werdegang des Menschen wirklich sichtbar.

Ein Risiko der Qualitätssicherung durch externe Evaluation liegt darin, dass das Augenmerk auf kurzfristige Ergebnisse gelegt wird und die langfristige Wirkung von Schulerfahrungen auf die persönliche Entwicklung von Einzelnen nicht in den Blick kommt. Lehrpersonen (er)leben dieses Risiko, verspüren zuweilen Angst und reagieren mit Widerstand. Aus guten Gründen, denn erst wenn Qualitätssicherung im Schulwesen einen sinnvollen Beitrag zur pädagogischen Arbeit in der Klasse leistet, wird sie angenommen, mitgetragen und zum integrativen Bestandteil von Schul- und Unterrichtsentwicklung.

Schulleitung und Lehrerschaft stehen vor der großen Herausforderung, eine soziale Architektur zu schaffen, die sinnvolle Prozesse von Qualitätssicherung ermöglicht. Ausschlagend dafür ist eine Orientierung „lernseits" des Unterrichts, um die schulischen Wirkkräfte zu beleben und zu stärken. Eine Schule, an der sich alle als Lernende verstehen, wird zur Lernenden Schule und von der Kreativität und Kraft der Einzelnen vorangetrieben. Qualität zu verantworten setzt Beteiligung voraus. Ansonsten kommt die schöpferische Kraft Einzelner nur hinter geschlossenen Klassentüren zur Geltung. Gemeinsames Hinschauen im Geist einer Professionellen Lerngemeinschaft, das Sammeln von Belegen zur Wirkung der eigenen Arbeit in der täglichen Praxis, die gemeinsame Auseinandersetzung mit den Ergebnissen sowie die Gewinnung neuer Erkenntnisse unterstützen Lernen von- und miteinander. Auch im Kollegium ist jede und jeder anders anders und leistet trotzdem – oder gerade deswegen – einen Beitrag zur Qualitätssicherung. Wenn die unmittelbaren Erfahrungen der Beteiligten zählen, kann eine Eigendynamik entstehen, in der externe Evaluierungsergebnisse eingeschlagene Wege bestätigen oder zur Neuorientierung anregen.

Der Schritt vom „Ich und meine Klasse" zum „Wir und unsere Schule" stellt einen Musterwechsel in der Schulkultur dar, in dem das Lernen aller zum Wesentlichen wird: ein kleiner Schritt für die Einzelnen, ein großer für die Schule als Ganzes! Dieses Buch will ein Begleiter auf diesem Weg sein, um neue Einsichten in bedeutsame Themenfelder zur Entwicklung von Schule und Unterricht im Zeitalter der Kompetenzorientierung zu erschließen. Unterwegs laden wir mittels unterschiedlicher Instrumente zum Vordenken, Mitdenken, Mitgestalten und zur Reflexion ein.

*Michael Schratz, Tanja Westfall-Greiter*

# 1 Schulqualität braucht Rahmen – aber welchen?

*Die Welt ist nur so groß wie das Fenster, das ich zu ihr öffne.*
(unbekannte Quelle)

## 1.1 Wie müsste die Schule von morgen für Schülerinnen und Schüler von heute sein?

Hinter dieser Frage verbirgt sich das, was als größte Distanz in der Schulpolitik bezeichnet wird, nämlich die Distanz zwischen dem, was Entscheidungsträger zur Verbesserung der nationalen Bildungssysteme in ihre Programme (policies) schreiben, und dem, was in den Köpfen von Schülerinnen und Schülern vorgeht (practice). Um diese Distanz zu verringern, schlagen wir vor, die künftigen Lebenswelten von Schülerinnen und Schülern zum Ausgangspunkt zu nehmen. Daher sollte auch die Gestaltung von Schule und Unterricht vom Lernen junger Menschen her (neu) gedacht und umgesetzt werden. Nennen wir unsere zukünftigen Experten und Expertinnen in Sachen Schule und Unterricht in Anlehnung an Schratz & Thurn (2002) sowie Schratz & Schrittesser (2007) Philip, Tembi, Lisa, Tobias, Winnie und Özgür.

*Philip* ist der Schnellmerker der Gruppe, ihm fällt das Lernen leicht. Alles, was er auch nur einmal gehört hat, kann er ohne rechte Mühe in seinem Kopf speichern und wieder hervorholen, wenn er es benötigt, selbst in ganz anderen als den ursprünglichen Zusammenhängen. Dauernd unterrichtet zu werden, findet er, braucht er nicht. Er geht lieber über Geocaching auf elektronische Schatzsuche.

Er treibt gerne und viel Sport, lässt keinen Sportbericht aus und kennt alle wichtigen Olympiasieger mit ihren Siegen. Vor allem aber ist er gern und viel mit seinen Freunden aus aller Welt unterwegs. Erst im vergangenen Frühjahr hat er seinen Blog-Partner in Vietnam besucht und ist dort auch zur Schule gegangen. Besonderen Spaß hat ihm dabei der Sprachkurs auf dem iPod gemacht, den er im Internet gefunden hat und der ihm tatsächlich ein wenig beim Einstieg in die dortige Schule geholfen hat. Mittlerweile spricht er schon viel besser Vietnamesisch. Ein mobiler Sprachtutor hilft ihm nun dabei, dass seine Sprachkenntnisse nicht verlorengehen.

*Tembi* kam nach Koblenz, als sie 7 Jahre alt war. Sie redet heute noch ungern über die schwierigen Erfahrungen ihrer Kindheit. Als farbiges Mädchen bleibt sie lange Außenseiterin, das bindet sie noch näher an ihre alleinerziehende Mutter, die froh ist, in der Urlaubssaison Gelegenheitsarbeit zu finden. Um selbst über Taschengeld zu verfügen, hilft Tembi im Supermarkt aus, wo sie Regale einräumt. Das gibt ihr Sinn in der noch fremden Welt, von deren Luxus sie nur träumen kann. Sie hat wenig Kontakt zu den anderen Mädchen und Jungen, da sie wegen ihrer Arbeit an den extracurricularen Aktivitäten nicht teilnehmen kann. Sie fühlt sich einsam, vor allem wenn alle wegfahren und von der großen Welt erzählen. Am liebsten möchte sie weg, nach Hause – aber wohin?

*Lisa* ist eine gute Schülerin, eine von jenen, die alle gern unterrichten. Sie ist ehrgeizig und weiß, dass sie umso besser für ihre zukünftigen Tätigkeitsbereiche vorbereitet ist, je mehr sie weiß und kann.

Sie will sich aber auch „frei" mit den Dingen beschäftigen, die sie interessieren: Musik machen, Gedichte genießen, wirklich interessante Bücher lesen, die von Menschen, ihren Gefühlen und Gedanken, ihren Entscheidungen und ihren Schicksalen handeln, selbst schreiben, andere Welten sehen, ins Theater gehen, vielleicht einmal

Theater spielen, mit Freundinnen die Nächte durchreden und ausgelassen tanzen bis in die Morgenstunden, Tage im Bett verbringen, Städte durchbummeln, sich nicht ständig für das Wohl aller anderen Menschen um sie herum verantwortlich fühlen müssen. Lisa glaubt fest daran, dass sich ihre Interessen und ihr Wissensdurst gut vereinbaren lassen und achtet immer darauf, dass die Dinge, die sie begeistern, in ihrem Leben und auch in ihrem Unterricht nicht zu kurz kommen. Für kommendes Jahr plant sie einen Aufenthalt in Jerusalem, wo sie an einem Projekt zur Aufarbeitung der Geschichte des Nahen Ostens teilnehmen wird. Dabei kann sie ihr Interesse für Menschen und deren Geschichten mit ihrer Neugier auf Neues und ihrer Freude an Kommunikation vereinbaren.

*Tobias* war schon als Kleinkind ein Träumer. Der Aufenthalt im Pflegeheim hat ihm geholfen, die grundlegenden Dinge des Lebens zu lernen. Mit der Feinmotorik tut er sich schwer und die Konzentration reicht nicht lange aus. Das zeigt sich in seiner schwer leserlichen Schrift, beim Basteln und bei manuellen Tätigkeiten des Alltags, aber auch dann, wenn zu viel von ihm verlangt wird. In seiner therapeutischen Wohngemeinschaft fühlt er sich sicher, im Leben außerhalb hat er wenig Vertrauen zu sich selbst. Er braucht jemanden, der ihm sagt, was zu tun ist. Dann legt er los, aber nur solange seine Konzentration reicht. Dann ist er erschöpft und möchte am liebsten von jedem in Ruhe gelassen werden.

*Winnie* ist ein unruhiger Geist. Sie kann sich nicht lange mit einer Sache beschäftigen, dann wird ihr langweilig. Sie zeichnet und malt gerne, ist aber auch ein wahres Zahlengenie – vor allem liebt sie knifflige Sudokus. Mit nichts möchte sie sich jedoch zu lange oder zu viel beschäftigen. Sie hat einen großen Freundeskreis, weil sie aufgrund ihrer Lebhaftigkeit auch eine gute Unterhalterin ist und alle gerne mit ihr Zeit verbringen. Weil sie so viele Dinge spannend findet, kann sie auch viel erzählen. Nur lange ruhig dasitzen, das mag sie gar nicht. Am liebsten ist sie mit ihren Freunden zusammen, da kann sie sich von ihrer Rastlosigkeit ablenken, oder sie beschäftigt sich alleine mit etwas gerade spannend Erscheinendem, weil sie damit die Möglichkeit hat, wenn sie wieder die Unruhe packt, etwas Neues anzufangen. So richtig fertig hat sie auf diese Weise kaum etwas gebracht. Was sie später einmal machen will, kann sie nicht sagen. Immer neu und aufregend muss es sein, ohne sie zu viel Anstrengung zu kosten.

*Özgür* spricht fließend 3 Sprachen. Er pendelt gerade häufig zwischen seiner Schule in Istanbul und seiner Schule in Hamburg hin und her, da er in Istanbul eine peer group leitet, die an einem interkulturellen Sprachprojekt arbeitet, und in Hamburg ist er Jahrgangssprecher – Sprache und Sprechen sind ihm eben auf den Leib geschrieben. Özgür macht das gerne, auch wenn die ständigen Ortswechsel sein Leben manchmal ein wenig chaotisch werden lassen. Gut, dass er zwischendurch übers Netz mit seinen Freunden hier und dort in Kontakt bleiben kann.

Seine Familie ist stolz auf ihn. Auch seine Freunde bewundern ihn. Manchmal sehnt er sich nach ein wenig mehr Unbeschwertheit und nach Nichtstun. Jedenfalls plant er eine Auszeit, wenn das Projekt zu Ende ist – vor allem um sich seinen Hobbys, der Musik und dem Handball, mehr widmen zu können. Da wird er aber auch viel reisen müssen, da seine Band in Istanbul sitzt und seine Handballmannschaft in Hamburg.

 EINLADUNG ZUR DISKUSSION

> Wie wünschen sich unsere Sechs Schule und wie *ihre* Schule der Zukunft? Eine Schule, in der sie sich nicht langweilen, nicht heillos überfordert sind? In der sie sich angenommen fühlen, aufgehoben sind und gebraucht werden? Eine Schule, die ihnen zeigt, wie aufregend die Entdeckung der Welt und wie spannend Lernen sein kann? Eine Schule, die sie fördert und ständig neu herausfordert? Eine Schule, in die sie jeden Morgen wieder gehen möchten, weil sie etwas ihnen Wichtiges verpassen könnten?

Diesen Blick auf reale und mögliche Erlebniswelten einer neuen Schüler- und Schülerinnengeneration haben wir als Einstieg in diesen Band gewählt, um zu verdeutlichen, dass die Schule vor epochemachenden Herausforderungen steht und mit damit einhergehenden Veränderungszumutungen konfrontiert sein wird. Aus dieser pädagogischen und bildungspolitischen Zukunftsreise erhoffen wir uns einen perspektivischen Zugang, in welchem der programmatische Titel *Schulqualität sichern und weiterentwickeln* mehr bedeuten muss als die Perfektionierung von Qualitätssicherungssystemen und das Abarbeiten von Schulentwicklungsmodellen. Im Spannungsfeld zwischen Bewahren (Reproduktion) und Verändern (Transformation) ist das Schulsystem gefordert, einerseits das demokratie- und bildungspolitisch relevante Wissen an die nächste Generation weiterzugeben und den gesellschaftlichen Fortschritt zu sichern, andererseits die Heranwachsenden in eine Gesellschaft einzuführen, die sich intensiv verändert, deren Anforderungen mitreißend und heterogen sind und deren Zukunft unbestimmter ist denn je. Das bedeutet, „dass die Schule als Übergang von der Familie zur Gesellschaft nicht nur ein Ort der Wissensvermittlung sein kann, sondern auch ein Ort, an dem sich die Jungen jene kulturellen und zivilisatorischen Fähigkeiten und Haltungen aneignen können, die sie für ein aktives Leben in einer offenen Gesellschaft brauchen werden" (Schratz & Schrittesser 2007, 6).

## 1.2 Kann sich Wissenschaft hinreichend auf die Schülerinnen und Schüler von heute beziehen?

Wissenschaftlerinnen und Wissenschaftler versuchen seit langem die ideale Schule zu (er-)finden, damit die Schülerinnen und Schüler für die Bewältigung der zukünftigen Herausforderungen gut vorbereitet sind. Es gibt inzwischen so viele wissenschaftliche Befunde zur Verbesserung von Schule und Unterricht (vgl. Mortimore 1998; Sammons 1999; Helmke 2009), dass sie gar nicht mehr zusammengefasst werden können, um in die Praxis umgesetzt zu werden. Aufzählungen über die Gelingensbedingungen guter

Schulen zeigen zwar den hohen Stand an Analysewissen, sie haben aber einen geringen Umsetzungswert. Schulen können die Ergebnisse aus der school-effectiveness-Forschung nämlich nicht einfach abarbeiten.

 EINLADUNG ZUM VORDENKEN

    ▸ Was sind für Sie Kriterien guter Schule?
    ▸ Welche Schule benötigen die Schülerinnen und Schüler von morgen?

David Hargreaves (2003) zeigt auf, dass Bildung Gefahr läuft, die gegenwärtigen Transformationsprozesse zu ignorieren, die Industrie und Wirtschaft nachhaltig verändern. „Die heutigen Schulen sind immer noch in vielerlei Hinsicht den Schulen von vor hundert Jahren ähnlich, anders als die Wirtschaft. (Schulen sind immer noch wie die Fabriken, die zu füttern sie eingerichtet worden waren.)" Er fordert dazu auf, den gesellschaftlichen Entwicklungen zu folgen, sie aber nicht zu kopieren! Für viele Lehr- und Führungskräfte haben sich die außerschulischen Veränderungen in unserer globalisierten Welt zu schnell vollzogen. Sie sind plötzlich und zum Teil unerwartet vor ganz neue Aufgaben gestellt – und diese Aufgaben erfordern zum Teil völlig neue Kenntnisse und Fähigkeiten. Aufgrund der strukturellen Bedingungen gelingt es Lehrkräften sowie Schülerinnen und Schülern über weite Strecken nicht mehr, eine Unterrichtssituation für erfolgreiches Lehren und Lernen zu schaffen. H. v. Hentig (2006) schlägt daher vor, dass die 13- bis 15-Jährigen außerhalb der Schule Lerngelegenheiten finden, die ihrem Alter und ihren Bedürfnissen besser entsprechen als der Unterricht im Klassenzimmer, und dadurch die Erfahrung machen können, in der Gesellschaft nützlich zu sein.

Die Irritationen, welche die Debatte um PISA und die Einführung der Bildungsstandards ausgelöst haben, treffen wir auf allen Ebenen des Schulsystems an. Für Salcher (2008, 195) hat die PISA-Debatte den richtigen Stein ins Rollen gebracht, dieser rolle aber in die falsche Richtung:

*Die offiziellen Reaktionen Österreichs und Deutschlands auf das schlechte Abschneiden beim PISA-Test 2003 erinnerten an einen im Prinzip sehr begabten Schüler, der sich jahrelang gut durchgeschwindelt hat, dessen mangelnde Leistungen aber auf einmal bei einer großen Prüfung doch auffliegen. Sie reichten von Schuldzuweisungen, wilder Empörung, tiefer Zerknirschung bis zu dem Versprechen, jetzt ganz brav zu lernen, um es das nächste Mal besser zu machen. Die jeweils verantwortlichen Regierungspolitiker übernahmen die Rolle der aufgebrachten Eltern, die sich verärgert bei der Prüfungsbehörde über die für ihren Sprössling völlig ungeeigneten Aufgabenstellungen bis hin zu den Fehlern bei der Korrektur beschwerten.*

Die Sicherheit im Schulwesen ist verlorengegangen. F. Weinert (2001b) stellt mit Recht die Frage: „Sind Schulleistungen Leistungen der Schule oder der Schüler?" Die Behaglichkeit des Bezugs auf die guten Erfahrungen der Vergangenheit ist gestört. Krisen sind die besten Auslöser für Musterwechsel: Die alten Muster greifen nicht mehr, die neuen müssen erst gefunden werden. Gezielte Veränderung von (Denk-)Mustern (Skripts, Schemata) lässt sich weder durch gesetzliche Vorgaben noch durch strukturelle Veränderungen erreichen, da ein Musterwechsel in menschlichen Systemen erst über tiefgreifende Prozesse und die damit verbundene Einsicht ermöglicht werden kann. Wandlungsprozesse werden zwar durch Kommunikation und Wissen gesteuert, jedoch kommt es auf den Willen der Betroffenen an, „ob Phasenübergänge zu neuen Strukturen und Prozessen vollzogen werden. Nur durch den Willen ist es möglich, die Energien zu bündeln, die für die Prozesse des Wandels in kohärenter Weise zusammenkommen müssen" (Heinze 2004, 27).

Die im ausgehenden 20. Jahrhundert einsetzende Dezentralisierung des Schulwesens bedingt einen Musterwechsel von einer stark zentral organisierten Steuerung hin zur Stärkung der Handlungseinheit „Schule". Dieser gibt den Akteurinnen und Akteuren sowie den einzelnen Schulen mehr Eigenverantwortlichkeit in ihren Entscheidungen und verstärkte Selbständigkeit. Für das Schulwesen öffnet sich ein Spannungsfeld zwischen der zur Handlungsfähigkeit für Bildungs- und Erziehungsprozesse erforderlichen Autonomie von Individuen (Lehrpersonen) und Teilsystemen (Schulen) auf der einen Seite und der Verantwortung des Gesamtsystems (Ministerium als oberste Behörde) für die Sicherstellung der Umsetzung staatlicher Vorgaben (Lehrpläne etc.) auf der anderen Seite.

Im Zusammenhang mit Dezentralisierung im Schulwesen sind jene Prozesse zu verstehen, über welche Entscheidungen, die bisher von oberen oder zentraleren Entscheidungsebenen getroffen wurden, in die Verantwortung unterer Entscheidungsebenen gelegt werden. Rürup (2007, 125) unterscheidet zwischen Deregulierung („[d]ezentrale Entscheidungen sind weitgehend unabhängig von zentralen Vorgaben, Erwartungen und Kontrollen") sowie Delegation („dezentralisierte Entscheidungen sind an Entscheidungen/Einflüsse anderer Entscheider stark zurückgebunden"). Eine weitere Differenzierung trifft Rürup (2007, 129) nach den einzelnen Entscheidungsfeldern der Organisation von Schule entlang betriebswirtschaftlicher Handlungsvollzüge nach primären Handlungsvollzügen (Lern- und Unterrichtsorganisation) und sekundären Handlungsvollzügen (Finanz-, Ausstattungs- und Personalorganisation).

Die verschiedenen Akteurinnen und Akteure verbinden mit der verstärkten Selbständigkeit und Verantwortung von Schulen jeweils unterschiedliche Interessen: Steigerung der Qualität der Bildungsprozesse von Schülerinnen und Schülern, größere Effizienz der Investitionen in das Bildungswesen, zielgerichteterer Einsatz von Ressourcen, stärkeres Eingehen auf die standortspezifischen Bedürfnisse, Demokratisierung der Entscheidungsprozesse (gegenüber Top-down-Vorgaben), mehr Pluralismus in der Gestaltung von Schule und Unterricht, stärkere Belebung (Empowerment) und Motivation durch Übernahme von Verantwortung für Prozesse und Resultate.

EINLADUNG ZUR REFLEXION

> ▸ Wie gehen Sie mit den unterschiedlichen Interessen um?
> ▸ Was sind Ihre Interessen?
> ▸ Wer sind die anderen Stakeholder an Ihrer Schule? Was sind deren Interessen?

## 1.3  Schulentwicklung im Spannungsfeld zwischen Selbststeuerung und Kontrolle

Das zunehmende Interesse internationaler Organisationen (OECD, EU) an der Steigerung der Qualität des Bildungswesens auf Systemebene und der Schule als Handlungseinheit lässt den Zusammenhang zwischen wirtschaftlichem Wohlergehen und Bildungsqualität erkennen. Der OECD-Bericht (1993) des Governing Board *What Works in Innovation?* zeigt anhand mehrerer Länder aufgrund des wirtschaftlichen Drucks auf, dass eine verstärkte Autonomie dazu beitragen sollte, die Schulqualität zu verbessern. Während bis in die 80er/90er Jahre des letzten Jahrhunderts Bildungssysteme noch relativ unabhängig ihre eigene „Qualitätspolitik" in Deutschland umsetzten, hat man seitdem damit begonnen, die Qualität des Bildungssystems systematisch und datengestützt zu beobachten. Studien wie beispielsweise TIMSS (Bos u. a. 2008) oder PISA (Prenzel u. a. 2007) informieren anhand multikriterialer Leistungsindikatoren über das erreichte Leistungsniveau in den überprüften Fähigkeitsbereichen, aber auch über Disparitäten nach Region, Geschlecht und sozialer und ethnischer Herkunft.

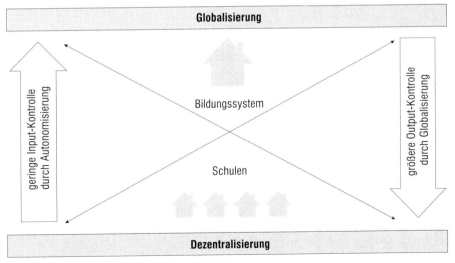

Abb. 1: Steuerungsbalance zwischen Freiheit und Kontrolle

## Was gute Schulen auszeichnet

### 1. Leistung

*Gute Schulen verstehen und fördern Leistung als menschliches Grundvermögen und Grundbedürfnis, dessen Ausbildung und Kultivierung für eine humane Entwicklung des Einzelnen und der Gesellschaft zukunftswichtig ist. Sie individualisieren, kultivieren, objektivieren Art und Maß dessen, was Leistung bedeutet, nach den Prinzipien der Fairness, Vielfalt und Transparenz. In guten Schulen wissen deshalb Schülerinnen und Schüler, ob sie sich in einer Situation befinden, in der gelernt und Lernen gefördert werden soll, oder ob es darum geht, Leistungen zu messen und zu beurteilen. Regelmäßige Anwendung und vielfältige Verfahren der Lernstandserhebung sowie unterstützender Rückmeldungen schaffen ein förderliches Lernklima für Lehrerinnen und Lehrer sowie Schülerinnen und Schüler. Ein solches Leistungsethos ist demokratisch begründet. Es dient der individuellen Entwicklung und der des Gemeinwesens. In diesem Zusammenhang ist Evaluation nicht ein Mittel bürokratischer Kontrolle, sondern der Qualitätsverbesserung.*

### 2. Vielfalt

*Gute Schulen individualisieren Unterricht und Erziehung und fördern alle Kinder mit gleichem Engagement und je nach Voraussetzung in unterschiedlicher Weise. Unterschiede der Begabung, der Herkunft, des Geschlechts, der Leistung oder Interessen werden wahrgenommen und angenommen, sie werden beim gemeinsamen Lernen so einbezogen, dass alle Kinder bestmögliche Entwicklungschancen erhalten. Gekonnter und achtungsvoller Umgang mit Vielfalt wird für unser Leben und Lernen immer wichtiger – kulturell, fachlich, politisch, und wirtschaftlich gleichermaßen. Bei Lehrerinnen und Lehrern gehört dies zu den wesentlichen Bestandteilen beruflicher Kompetenz und Entwicklung.*

### 3. Unterricht

*Im Zentrum guter Schulen steht exzellenter Unterricht, und Unterricht wird hier durch kollegiales Lernen systematisch verbessert. Entscheidend für guten Unterricht ist nicht die glanzvolle Inszenierung didaktischer Muster, sondern die wirksame Förderung jedes Einzelnen, seines Lernens und seiner Entwicklung in allen Bereichen. Unterricht kann als didaktische Inszenierung auch ganz unspektakulär sein, wenn er bei den Schülern persönlich wirksam wird. Unterricht und Erziehung*

Durch die Globalisierung der Wirtschaft begannen in den einzelnen Ländern ähnliche gesellschaftliche, politische und ökonomische Entwicklungen auf nationaler Ebene abzulaufen. Es entstand dadurch ein stärkerer Anpassungsdruck, der sich nicht zuletzt im „Abschauen" und Übernehmen von bildungspolitischen Maßnahmen in der Politik zeigt (vgl. Møller & Schratz 2008). So erfolgte in fast allen Ländern im Bildungssystem eine Neubestimmung der Balance von Freiheit und Verantwortung (vgl. Liket 1995), die sich im Spannungsfeld zwischen Selbststeuerung und Kontrolle äußert (vgl. Abb. 1).

stehen in einem engen Zusammenhang. Sie sind an guten Schulen verbunden durch die Sorge der Erwachsenen für die bestmögliche Gesamtentwicklung der Kinder und Jugendlichen.

## 4. Verantwortung

An guten Schulen übernehmen Lehrerinnen und Lehrer, Schülerinnen und Schüler und Eltern Verantwortung für das Lernen und für die Schule insgesamt. Partizipation und Demokratie werden in allen Bereichen des gemeinsamen Alltags, in Unterricht und Schulleben ebenso wie auf der Ebene formaler Organisation und in Gremien der Schulverfassung gepflegt und aktiv weiterentwickelt. Gute Schulen nehmen ihre Verantwortung für Kinder und Jugendliche nicht segmentär, sondern ganzheitlich wahr und sie verantworten sich aktiv gegenüber den Beteiligten und der Öffentlichkeit.

## 5. Schulleben

Gute Schulen zeichnen sich durch ein Schulleben aus, das der Dynamik einer aufgeklärten und sich aufklärenden demokratischen Öffentlichkeit Raum gibt, das eine soziale Kommunität darstellt, die Zugehörigkeit, Inklusion und Anerkennung verbürgt und die der Entfaltung individueller Interessen und Potentiale Gelegenheit bietet. Gute Schulen ächten Gewalt. Sie fördern als kulturelle Einrichtung Rituale, Bräuche und Symbolisierungen, ästhetische Präsentation, Verfeinerung und Provokation gleichermaßen.

## 6. Schulentwicklung

Gute Schulen gleichen Unternehmen ohne Erwerbscharakter. Sie handeln selbstständig und eigenverantwortlich und zeichnen sich durch integrative, demokratische Führung – Management und Leadership – aus. Sie sind lernende Schulen, die pädagogisch aktiv und herausfordernd mit ihrer Umgebung kooperieren und sich professionell selbstkorrigierend durch Evaluation und Qualifikation verbessern. Sie erkennen Schwächen und haben gelernt, sich immer wieder neue Ziele zu setzen. Gute Schulen haben ein individuelles Profil, das als produktives Zusammenspiel von Ressourcen und Aufgaben aus einer zumeist jahrelangen intensiven Entwicklungsarbeit resultiert. Sie halten Verbindung mit anderen Schulen, mit der Öffentlichkeit, mit Wissenschaft, Politik und Einrichtungen von Wirtschaft und Kultur.

(Quelle: Fauser u. a. 2008, 26 f.)

Aufgrund der Abgabe von Entscheidungsmacht der zentralen Schulbürokratie sind die autonomen Entscheidungsspielräume an den Schulen durch Teilautonomisierung und Dezentralisierung im Bildungssystem erweitert worden, wodurch der Druck durch zentrale Vorgaben abgenommen hat. Der Grad der Freiheit in schulnahen Entscheidungen hat dadurch zugenommen, wodurch die Schulen und Lehrpersonen vor Ort Spielräume erhalten, geeignete Wege und Problemlösungen zu entwickeln, zu erproben und zu verantworten. Dies ist insofern nötig, da es ein Charakteristikum der globalisierten Moderne ist, *dass sie immer mehr und immer unvorhersehbarer die Lebens- und Arbeitsbedingungen, die kulturellen und ökonomischen Gegebenheiten erfasst und oft krisenhaft verändert – bis in die unmittelbare Umgebung jedes Einzelnen hinein. Es gibt fast keine regional bestimmte Kontinuität und Entwicklungssicherheit mehr – die Globalisierung ist überall wirksam. Das bedeutet, dass die Heterogenität der Lebensverhältnisse, mit denen Schulen zu tun haben und deren Teil sie sind, immer mehr zunimmt. Lernen lässt sich nicht mehr zentral steuern, Qualität bildet und bewährt sich in der Auseinandersetzung mit Kontextbedingungen, die nur vor Ort erfasst werden können.*

(Fauser u. a. 2008, 11)

 EINLADUNG ZUR DISKUSSION

▸ Was sind die besonderen Umfeldbedingungen Ihrer Schule?
▸ Was macht die Qualität Ihrer Schule aus, wenn sie sich mit den lokalen und regionalen Voraussetzungen auseinandersetzt?

Während die Autonomisierung des Schulwesens auf lokaler Ebene flexiblere Handlungsspielräume eröffnet hat, ist auf der Ebene von Schulsystemen eine Neugestaltung der Steuerung im Gange, die durch eine Verlagerung von der Inputkontrolle zu einer verstärkten Outputkontrolle gekennzeichnet ist. Letztere ist beispielsweise an der Einführung von Bildungsstandards (vgl. Klieme u. a. 2003), zentralen Leistungstests und Vergleichsarbeiten zu erkennen. Sie sollen zur Steigerung der Wirksamkeit des Bildungswesens beitragen und die Leistungsfähigkeit des Gesamtsystems über die Veröffentlichung von Leistungskennzahlen, zum Beispiel Testergebnissen, sichtbar machen. In den medial verbreiteten Durchschnittswerten von Testergebnissen bleiben allerdings die Leistungen der einzelnen Schulen und ihrer Akteure ausgeblendet, die zum Teil unter sehr schwierigen Bedingungen hervorragende Arbeit leisten. Die Lehrerinnen und Lehrer an solchen Schulen

*schaffen es, bei unterschiedlichen Rahmenbedingungen Kinder und Jugendliche für Leistung und Kreativität zu begeistern, ihre Lernfreude und ihren Lebensmut zu stärken und sie zu Fairness und Verantwortung zu erziehen. Es gelingt ihnen, mit Lehrerinnen und Lehrern, Schülerinnen und Schülern und Eltern angesichts der enormen Veränderungen in der Gesellschaft, in der Kultur und in den alltäglichen Lebensverhältnissen sich immer wieder neue Ziele zu setzen und diese auch zu erreichen.*

(Fauser u. a. 2010, 13)

Um diese Schulen öffentlich zu würdigen und deren Innovationskraft für die Schulentwicklung nutzbar zu machen, haben zivilgesellschaftliche Kräfte die Initiative übernommen, um zu zeigen, was Schulen zu leisten imstande sind. So zeichnet der Deutsche Schulpreis, ein Wettbewerb der Robert Bosch Stiftung und der Heidehof Stiftung in Kooperation mit der Zeitschrift *Stern* und der ARD, hervorragende Schulen in Deutschland für ihre Leistungen aus und fördert die Verbreitung guter Praxis. Schulen werden jährlich eingeladen, sich um diesen zu bewerben. Die Siegerschulen erhalten nicht nur attraktive Preise, sondern sie werden zu wichtigen Stützen von Qualitätsentwicklung von der Basis her. Die Preisträger werden Mitglied der Akademie des Deutschen Schulpreises, die mit einem umfangreichen Programm für unterschiedliche Zielgruppen Austausch und Verbreitung vorbildlicher innovativer Schulpraxis fördert. Die Akademie verfolgt folgende drei Ziele:

▸ die Erfahrungen, Konzepte und Materialien der Preisträgerschulen nach außen anderen Schulen zur Verfügung stellen;
▸ deutschlandweit vorbildliche Standards der Schulentwicklung setzen;
▸ die Weiterentwicklung der Preisträgerschulen nach innen unterstützen.

Die ebenfalls von den Stiftungen geförderte Akademie setzt vorrangig auf persönliche Begegnungen und konkrete Erfahrungen „vor Ort". Sie stiftet langfristige Arbeitsbündnisse, die nicht nur einen Einzelbesucher erreichen, sondern die anfragenden Schulen als ganze einbeziehen (vgl. Seydel 2008).

 EINLADUNG ZUM MITDENKEN

▸ Finden Sie an Ihrer Schule Beispiele zu den oben wiedergegebenen Beschreibungen der sechs Qualitätsbereiche des Deutschen Schulpreises!
▸ Welche Dimension von Qualität erfordert in Zukunft besondere Aufmerksamkeit?

## 1.4 Qualitätsentwicklung mit (Schul-)Programm

In der Qualitätsentwicklung des ausgehenden 20. Jahrhunderts stand in der Schulentwicklung der Paradigmenwechsel vom „Ich und meine Klasse" zum „Wir und unsere Schule" im Vordergrund, wozu als zentrales Steuerungsinstrument Schul- und Qualitätsprogramme den Fokus zur gemeinsamen Zielfindung bilden. Über diese wird versucht, innerschulische Entwicklungspläne zur Ermittlung verbindlicher und gemeinsam getragener Ziele zu entwickeln, die in entsprechenden Abständen gründlich evaluiert werden sollen. Die Erstellung derartiger Entwicklungspläne und Schulprogramme hat zunächst eine wichtige Kommunikationsfunktion nach innen, denn alle Betroffenen müssen sich auf die gemeinsam getragenen Ziele einigen, da damit ein gemeinsames Selbstverständnis als Grundlage für qualitativ hochwertige Arbeit – gemeinsame Philosophie über Unterricht, Umgang mit Disziplin, Arbeit im Team etc. – entsteht. Ein solches Programm beinhaltet also Werte, auf denen die schulische Arbeit beruht und die es nach außen transportiert. Daher ist die Erstellung eines Schulprogramms ein Prozess der Zusammenarbeit der Schulpartner (Lehrerinnen und Lehrer, Eltern, Schülerinnen und Schüler), der ein „Wir-Gefühl" erzeugt. Nach außen dient es auch der strategischen Kommunikation mit der Öffentlichkeit, etwa in Abgrenzung zu anderen Schulen, als Orientierungshilfe für Eltern, im Hinblick auf den Stellenwert in der Region beziehungsweise Kommune und so weiter.

Die größte Herausforderung bei der Erstellung eines Schulprogramms, aber insbesondere auch in seiner Umsetzung besteht darin, dass es in dieser gemeinsamen Arbeit sehr unterschiedliche Vorstellungen darüber gibt, wohin sich die Schule entwickeln sollte. In einem Aushandlungsprozess muss ein Konsens über die Richtung des Weges entstehen, auf den sich eine Schule macht. Damit bildet das Schulprogramm die Schnittstelle zwischen den unterschiedlichen Erwartungen, Interessen und Möglichkeiten, die sich aus der Vielzahl von „Anspruchsberechtigten" ergibt. Schratz (2003, 23) weist auf vier Bedingungen hin, die ein Schulprogramm bestimmen. Sie lassen sich zunächst auf vier Bereiche eingrenzen, die in Abb. 2 zusammengefasst sind.

Das Schaubild spiegelt in idealisierter Form die unterschiedlichen Grundbedingungen eines Schulprogramms wider, das im Spannungsfeld zwischen systemspezifischen, gesellschaftlichen, umfeldspezifischen und schulspezifischen Anforderungen erstellt wird. Der staatliche Bildungsauftrag bildet über organisatorische und inhaltliche Vorgaben den gesetzlichen Rahmen, der von der Schule einerseits über den Spielraum von Gestaltungsautonomie, andererseits über Rahmenlehrpläne, Kerncurricula und Bildungsstandards standortspezifisch ausgefüllt werden soll. Dabei müssen die Erwartungen der Anspruchsberechtigten (Eltern, Kommune, Wirtschaft etc.) einbezogen werden, um den umfeldspezifischen Voraussetzungen (regionaler Bedarf)

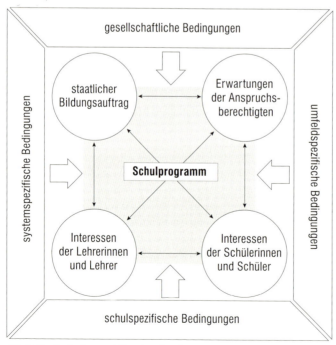

Abb. 2: Die vier Bedingungsfelder eines Schulprogramms

zu genügen. Besonders aber sind die Schülerinnen und Schüler als Schlüsselakteure im Bildungsprozess mitzudenken – oder besser noch: einzubinden, was die eingangs geschilderten Kurzbiografien der jungen Menschen sehr deutlich machen. Innerhalb der Schule spielen nicht zuletzt die Stärken und Fähigkeiten der Lehrenden eine ganz entscheidende Rolle: Ohne sie kann die jeweilige Umsetzung übergeordneter Ziele nicht verwirklicht werden. Werden diese vier Einflussgrößen bei der Erstellung des Schulprogramms nicht hinreichend berücksichtigt, ergeben sich Einseitigkeiten, die in Schratz & Steiner-Löffler (1998, 229) ausführlich beschrieben werden.

## 1.5 Schulqualität auf dem Prüfstand

Als nächster Schritt in der Entwicklung von Schule und Unterricht erfolgte die Notwendigkeit, sich über die Wirkung dessen zu vergewissern, was über die gesetzten Maßnahmen und Aktionen zu erreichen versucht wird. Dann nämlich zeigt sich erst, ob die in Abb. 2 angeführten Bedingungen des Schulprogramms auch entsprechend wirksam werden können. In einem europäischen Entwicklungsprojekt zur Qualität von Schule und Unterricht (vgl. MacBeath u. a. 2000) haben sich in den teilnehmenden Ländern unterschiedliche Qualitätsbereiche finden lassen, die es bei der Schul- und Unterrichtsentwicklung zu berücksichtigen gibt. Sie lassen sich in die Bereiche Umfeld, Prozesse und Ergebnisse unterteilen (Abb. 3).

 EINLADUNG ZUR KLÄRUNG

Diskutieren Sie an Ihrer Schule den Zusammenhang zwischen
▸ Umfeld
▸ Prozessen auf der Unterrichtsebene
▸ Prozessen auf der Schulebene
▸ Ergebnissen

Die Qualität einer Schule lässt sich zunächst daran messen, welche *Ergebnisse* sie erreicht. Dazu gehören nicht nur die Schülerleistungen in Prüfungen und Klassenarbeiten, sondern auch die „Ergebnisse" des Erziehungsauftrags von Schule, wie er sich etwa in der persönlichen und sozialen Entwicklung der Schülerinnen und Schüler zeigt. Während die Messung von fachlichen Leistungen derzeit immer wieder die öffentliche Debatte beherrscht (etwa über internationale Vergleichsstudien wie PISA), wird die Wirksamkeit von Schule über den Beitrag zur persönlichen und sozialen Entwicklung wenig diskutiert und erfährt erst in Krisensituationen größere Aufmerksamkeit, wenn etwas „passiert" ist, was sich zum Beispiel bei den jüngeren Fällen von Amokläufen zeigt. Ebenso wenig Aufmerksamkeit erfährt die längerfristige Wirkung von Schule, etwa jene auf die weitere Laufbahn der Schülerinnen und Schüler, da diese schwer messbar ist und Absolventenbefragungen selten durchgeführt werden.

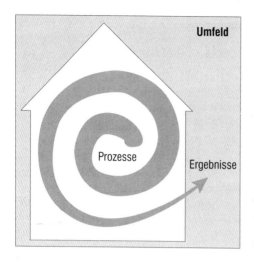

Abb. 3:
Bereiche von Qualität an Schulen
(Umfeld, Schul- und Unterrichtsprozesse,
Ergebnisse)

Die *Ergebnisse* schulischen Lehrens und Lernens werden gesellschaftlich als wichtigste Domäne für die Qualität von Schule und Unterricht gesehen, da sie in einem selektiven Bildungssystem die Entscheidung für entsprechende Bildungsgänge (Übertritte in weiterführende Schulen, Zulassung zu Studien etc.) beeinflussen. Diese Ergebnisse können aber nur durch jene *Prozesse* zustande kommen, die auf der Unterrichts- und Schulebene zu ihrer Erreichung beitragen. Auf der *Unterrichtsebene* gehört dazu die Zeit, die Schülerinnen und Schüler brauchen, um sich entsprechendes Wissen und Können sowie (Wert-)Haltungen anzueignen, und nicht mit Wissen nach einer Didaktik zu operieren, die das Wissen als Fast Food liefert (Gruschka 2009, 19). „Bildung heißt sich bilden", argumentiert Hartmut von Hentig (1996, 37). Das reflexive „sich bilden" in seinem Plädoyer impliziert, dass die Lernenden als Subjekte von Bildungsprozessen agieren und Lernen als gestalterischer Prozess der Eigenbewegung und Selbstbestimmung erfolgt.

Prozesse auf der Schulebene sind erforderlich, um die Schule als Ganzes zu einem Lernort zu machen, an dem es

> einen gemeinsamen Schulethos gibt und an dem die Überzeugung einer Erfolgserwartung für alle und die Verpflichtung zur ständigen Qualitätsentwicklung vorherrscht. Selbst diejenigen Schülerinnen und Schüler, die besondere Leistungen erbringen, können bei einer besseren Kommunikation, bei einer konsequenteren Beachtung, bei höheren Erwartungen und einem ständigen Bemühen der Schule um alternative Unterrichtsmethoden noch besser lernen.
>
> (Schratz u. a. 2002, 151)

Die Schule ist auch ein sozialer Ort: Sie stellt einen wichtigen Teil des sozialen Lebens der Schülerinnen und Schüler im Erwachsenwerden dar. In der Schule begegnen sie

Freunden und schließen Freundschaften, die zum Teil ein ganzes Leben lang dauern. In der Schule erproben sie ihr soziales Ich sowie ihre Beziehungen zum gleichen und zum anderen Geschlecht.

In der Alltagsroutine des einfachen Schulbetriebs lernen sie, was Autorität, Unabhängigkeit und gegenseitige Abhängigkeit heißt. Ihre Möglichkeiten zu positiver persönlicher Entwicklung stehen in einem engen Zusammenhang mit dem sozialen Klima und den Beziehungen inner- und außerhalb der Schule. Die Schule ist ein Ort, an dem demokratische Handlungskompetenzen bei allen Akteurinnen und Akteuren entwickelt werden und demokratische Organisationskulturen das Miteinander prägen. Die Schule ist aber auch ein professioneller Arbeitsplatz, an dem zielgerechtes Planen und gemeinsames Vorgehen gefragt sind. Die Qualität einer Schule als lernende Organisation lässt sich danach beurteilen, inwieweit die Lehrpersonen durch sie gefördert und gefordert sowie darin unterstützt werden, mit Schwierigkeiten fertigzuwerden und ihre Kompetenzen zu erweitern.

Die vierte Qualitätsdomäne sind die Beziehungen der Schule mit dem *Umfeld*. Dazu gehört in erster Linie jene zwischen Schule und Elternhaus, da beide für die Entwicklung junger Menschen von zentraler Bedeutung sind. Wenn beide auf das gleiche Ziel hinarbeiten und sich dabei auf dieselben Werte stützen, ist der Lerneffekt am größten. Zum Umfeld gehören aber auch die Kommunen, da Schulen innerhalb von Gemeinschaften existieren und ihre Legitimation aus diesem kommunalen Auftrag beziehen. Vielfach sind Schulen budgetär an kommunale oder regionale Träger gebunden, sie müssen aber auch mit den Auswirkungen von Armut, Arbeitslosigkeit, Gewalt und anderen gesellschaftlichen Entwicklungen zurechtkommen. Die Beziehung zur Arbeitswelt ist für die Schule ebenso ein wichtiges Qualitätskriterium. Eltern und Arbeitgeber sind sehr daran interessiert, wie Schulen ihre Absolventinnen und Absolventen auf die Arbeitswelt vorbereiten. Schulen, die gute Beziehungen zu den Arbeitgebern pflegen, können Schülerinnen und Schüler wesentlich besser auf Beruf und Arbeitswelt vorbereiten.

## 1.6 Orientierungsrahmen für Systemqualität

Teil der Bedingungsfaktoren eines Schulprogramms ist der Bildungsauftrag, der von allen Schulen erfüllt werden muss, damit die Schülerinnen und Schüler in einem (Bundes-)Land dieselben Chancen haben und nicht durch den Besuch einer bestimmten Schule benachteiligt werden. Daher muss der Staat *Rahmenbedingungen* schaffen, die diese Grunderfordernisse eines staatlichen Schulsystems erfüllen. Die einzelne Schule hat dafür zu sorgen, dass die *Prozesse* auf der *Schul-* und *Unterrichts*ebene so organisiert werden, dass die zu erwartenden *Ergebnisse und Wirkungen* von ihr erreicht werden. Zwischen diesen Bedingungen einer erfolgreichen Schule besteht ein Wirkungsgefüge, das in Abb. 4 als Orientierungsrahmen für die Qualität eines Bildungssystems aufgezeigt wird.

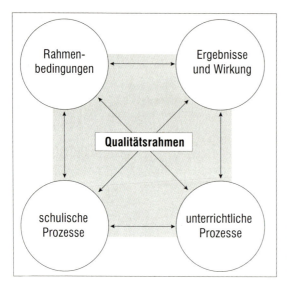

Abb. 4:
Wirkungsgefüge des
Orientierungsrahmens für
Schulqualität

 EINLADUNG ZUR KLÄRUNG

Vergleichen Sie den Qualitätsrahmen in Ihrem Bundesland mit den vier Bedingungen
wirksamer Schule in Abb. 4.
▸ Wo besteht Übereinstimmung?
▸ Wo ergeben sich Diskrepanzen?

Der Orientierungsrahmen eines Bildungssystems gibt vor, welche Bedingungen von
Schulen im Hinblick auf ihre Qualitätserwartung erfüllt werden müssen. Im Zentrum
stehen dabei die Schul- und Unterrichtsqualität beziehungsweise die Prozesse, welche
diese erzeugen sollen. Sie bilden sozusagen das „,Dach' über dem Bildungssystem,
unter dem alle Beteiligten ihre aufeinander abgestimmten (komplementären) Kern-
aufgaben erfüllen müssen" (Priebe & Schratz 2007, 7). Der Orientierungsrahmen hat
nicht zuletzt

*auch eine normative Bedeutung für alle Einrichtungen des Bildungssystems: für die Schulaufsicht,
die verbindliche Zielvereinbarungen mit den Schulen abschließt, für die Fortbildungs- und Bera-
tungsinstitute, die Schulen bei der Einlösung der Zielvereinbarungen auf Nachfrage unterstützen
müssen, für die Lehrerausbildung in den Universitäten und Studienseminaren, die Lehrkräfte für die
vorliegenden Qualitätsanforderungen qualifizieren müssen, und für die Bildungsministerien, die
ihre Unterstützungssysteme durch Ziel- und Leistungsvereinbarungen mit dessen Einrichtungen
entsprechend den Anforderungen der jeweiligen Qualitätsrahmen steuern.* (ebenda)

Qualitäts- beziehungsweise Orientierungsrahmen haben vor allem drei Funktionen:

▸ *Orientierungs- und Referenzfunktion:* Die Entwicklung der (teil-)autonomen Schule kann nicht beliebig erfolgen, sondern muss wichtige Bereiche und Merkmale schulischer Qualität als Orientierung berücksichtigen, um die gesellschaftliche Verantwortung des Schulsystems für alle Schülerinnen und Schüler zu erfüllen. Der Orientierungsrahmen bildet als Bezugssystem für alle Schulen nicht nur eine gemeinsame Klammer als Referenzrahmen für schulische Qualität, sondern zeigt die Richtung für künftige Entwicklungen an. Die an wissenschaftlichen Erkenntnissen ausgerichteten Vorgaben schaffen Sicherheit in der Orientierung daran, was eine „gute Schule" ist und tragen dazu bei, dass die unterschiedlichen Lehrerinnen und Lehrer in ihrem Unterricht auf ein gemeinsames (Qualitäts-)Ziel hinarbeiten, indem sie sich mit Qualitätskriterien guter Schule und guten Unterrichts auseinandersetzen. Alle an Schule Beteiligten erhalten dadurch mehr Transparenz über die Entwicklung von Schule und Unterricht: „Eltern und Schüler erhalten eine Zielrichtung von ‚guter Schule' und werden durch die Einbindung in die schulische Qualitätsarbeit am innerschulischen Diskussionsprozess beteiligt" (Pikowsky 2007, 12).

▸ *Steuerungs- und Unterstützungsfunktion:* Der Orientierungsrahmen hat nicht nur auf Systemebene eine Steuerungsfunktion, um allen Schulen entsprechende Sicherheit im Sinne eines öffentlichen „Erwartungsmanagements" zu geben, sondern steuert auch auf der Ebene des Schulstandorts die Abstimmung der Entwicklungsaktivitäten. Die von den Schulen entwickelten Schulprogramme sollten in ihren Schwerpunkten, Zielen und Maßnahmen darauf Bezug nehmen. Über die Evaluierung der Schule als Ganzes oder von bestimmten Aspekten (zum Beispiel die Wirksamkeit der Fördermaßnahmen an der Schule) werden die einzelnen Aktivitäten so abgestimmt und damit in eine wünschenswerte Richtung gesteuert, dass Stärken und Schwächen sichtbar werden, die es durch entsprechende Maßnahmen der Schul- und Unterrichtsentwicklung zu berücksichtigen gilt. Sie erhalten über den Referenzrahmen Handlungshinweise in der Entwicklungsorientierung und Hilfestellung in Fragen der Qualitätssicherung und Schulentwicklung, indem sie Indikatoren als „Messgröße" (Woran kann ich erkennen …?) für einzelne Qualitätsbereiche kennenlernen oder erarbeiten.

▸ *Rechenschaftsfunktion und Qualitätssicherung:* Durch die Rahmenvorgabe für die Qualität von Schule und Unterricht ist eine neue Form der Qualitätssicherung erforderlich, die das Zusammenspiel interner und externer Evaluation erfordert. Nicht mehr der Einzelbesuch einer Lehrperson kann der Sicherstellung der Qualitätserwartung der Schule Rechnung tragen, sondern es ist die Erfassung der Schule als Gesamteinheit beziehungsweise Gesamtsystem erforderlich. Dazu wurde in den meisten (Bundes-)Ländern die Schulinspektion neu eingerichtet. Sie hat keine schulaufsichtlichen Aufgaben mehr und ist den Schulen gegenüber nicht mehr weisungsberechtigt.

Die Schulinspektion ist in Teams tätig und in ihrer Arbeit auf Datenerhebung durch Dokumentenanalyse, Unterrichtsbesuche, Einzelgespräche und Gruppeninterviews etc. sowie auf zusammenfassende Berichte und deren Erläuterung beschränkt. Sie besteht gewöhnlich aus hauptamtlichen Evaluatorinnen und Evaluatoren, die nicht beratend im Einsatz sind. Sie erstellen einen Evaluationsbericht, welcher der Schule und dem regionalen (Schul-)System in differenzierter Form evidenzbasierte Auskunft über die Stärken und Schwächen der Schule gibt. Dieser Bericht dient der Schule als Grundlage für die weitere Entwicklung. Zur Auseinandersetzung mit den rückgemeldeten Mängeln kann es sich als hilfreich erweisen, externe Beratung und Unterstützung in Anspruch zu nehmen (vgl. Priebe & Schratz 2007).

Für Pikowsky (2007, 9) ist es bei der Einführung und Arbeit mit Orientierungsrahmen erforderlich,

> ▸ *möglichst breit und in Kenntnis der bundesweit und international geführten Diskussionen das Feld schulischer Qualität abzustecken.*
> ▸ *schulische Qualitätsentwicklung sichtbar zu machen, indem konkretisierend Qualitätsbereiche und Qualitätsmerkmale guter Schulen benannt werden.*
> ▸ *Qualitätsbereiche nicht als Checkliste zu verstehen, die es nun gilt, nach und nach abzuarbeiten, sondern als Landkarte, auf der man sich schnell verorten kann und die einen Überblick über weitere Reiseziele gibt, um den Leitbildcharakter deutlich zu machen.*
> ▸ *das geeignete Maß an Reduzierung von Komplexität zu finden, indem genügend relevante Qualitätsbereiche abgebildet werden, um schulische Qualitätsarbeit zu stimulieren, ohne sich in endlosen, unübersichtlichen und nicht trennscharfen Aufzählungen zu verlieren.*

Auf S. 30f. findet sich als Beispiel der Orientierungsrahmen für Schulqualität in Rheinland-Pfalz. Dieser Orientierungsrahmen enthält die angegebenen Qualitätsbereiche, die im Einzelnen weiter ausdifferenziert werden. Dadurch entsteht eine Art von Qualitätslandkarte, welche die wichtigsten Parameter für das Wirkungsgefüge der Qualitätsentwicklung im Schulsystem anhand der Einzelschulen enthält. In einer ausführlichen Broschüre (Ministerium für Bildung, Wissenschaft, Jugend und Kultur Rheinland-Pfalz 2007) werden die einzelnen Qualitätsbereiche so weit beschrieben, dass Schulen eine brauchbare Grundlage für deren Handhabung erhalten. Wir geben hier nur einen knappen Überblick über die vier Qualitätsbereiche, die in der genannten Broschüre ausführlich beschrieben werden.

 EINLADUNG ZUR DISKUSSION

Vergleichen Sie den Orientierungsrahmen für Qualität im Kasten auf S. 30f. mit dem Qualitätsrahmen in Ihrem (Bundes-)Land.
▸ Was für Unterschiede zeigen sich?
▸ Wie misst sich Ihre Schule daran?

▸ *Rahmenbedingungen:* Die Rahmenbedingungen sind stark von den gesellschaftlichen Voraussetzungen abhängig, unter denen eine Schule arbeitet. In einer pluralen, multikulturellen Gesellschaft lassen sich keine eindimensionalen Normen vorgeben, da es kein allgemeingültiges Verständnis von Qualität geben kann. Dieses ist unter den jeweiligen Bedingungen dynamisch auszuhandeln – nicht zentral, sondern an der Schule. Unter den Standortfaktoren spielt die jeweilige Schülerpopulation eine Rolle, die nach entsprechenden Rahmenvorgaben (Gesetze, Lehrpläne, schulnahe Curricula etc.) unterrichtet werden. Neben dem Personal und den budgetären Ressourcen ist auch die räumliche Situation von Bedeutung (Ausstattung, technische Möglichkeiten etc.).

▸ *Schulische Prozesse:* Mit den schulischen Prozessen sind die Arbeitsprozesse an der Schule zusammengefasst. Dazu gehören Schulleitung und Schulmanagement, aber auch Fragen der Schulentwicklung sowie des Leadership for Learning. Die Entwicklung der Professionalität der an der Schule tätigen Personen ist ein wichtiger Hebel für die Qualitätsentwicklung, sei es über kollegiale Kooperation, Fortbildung oder das Selbstverständnis einer professionellen Lerngemeinschaft. Bedeutsam ist hierbei auch das Schulleben: Wie weit ist die Schule mehr als ein Lernort? Kann er zum Lebensort für die Schülerinnen und Schüler werden, wo sie probehandelnd das gesellschaftliche Miteinander erfahren können? Ist die Schule ein Ort, an dem die jungen Menschen in ihrer jeweiligen Eigenheit geachtet und geschätzt sowie gefördert werden? Dazu ist besonders die Zusammenarbeit der Lehrpersonen in Teams (wie Jahrgangs- oder Klassenteams) bedeutsam, um sich gemeinsam diesem Anliegen zu widmen.

▸ *Unterrichtliche Prozesse:* Die Prozesse auf der Unterrichtsebene stehen in engem Zusammenhang mit den gesamtschulischen Prozessen, da Schulen nicht durch die Summe der Qualität des Einzelunterrichts „gute Schulen" sind. Im Rahmen der Arbeit in der Jury des Deutschen Schulpreises wurde immer wieder sichtbar, „dass Schulen komplizierte Ensembles sind von Erfahrungen, Routinen, Problemlösungen, Initiativen, von Kooperationsgeschichten und Abgrenzungen, von Schlüsselereignissen und Entwicklungskrisen" (Fauser u. a. 2009, 26). Daher haben sich unterrichtsbezogene Konzepte als besonders qualitätsfördernd bewährt, die den Erwerb überfachlicher oder außerfachlicher Kompetenzen unterstützen. Dazu gehören etwa wirksame Feedbacksysteme, Förderkonzepte und Maßnahmen zur besonderen Unterstützung von Schülerinnen und Schülern auf unterschiedlichen Leistungsniveaus. Auf Unterrichtsebene spielen viele Einzelaspekte, die gut aufeinander abgestimmt sind, zum Gesamtensemble von Unterrichtsqualität zusammen. Hierfür sind die Erkenntnisse der Unterrichtsforschung von großer Bedeutung (vgl. Helmke 2009).

▸ *Ergebnisse und Wirkungen:* Die Ergebnisse der schulischen Bildungsprozesse werden im Zeitalter der „Evidenzbasierung" immer stärker zum Qualitätskriterium für „gute Schule". Die Einführung von Bildungsstandards mit entsprechenden Überprüfungsmaßnahmen, der Austausch von Vergleichsarbeiten und andere zen-

**Orientierungsrahmen Schulqualität (Beispiel Rheinland-Pfalz)**

| Rahmenbedingungen | Schulische und |
|---|---|
| **I. Vorgaben**<br>▸ Bildungs- und Erziehungsauftrag<br>▸ Bildungsinhalte<br>▸ Bildungsstandards<br>▸ Schulart, -form | **V. Schulleitung und Schulmanagement**<br>▸ Führung<br>▸ Personalentwicklung<br>▸ Schulisches Management |
| **II. Standortfaktoren**<br>▸ Schulträger<br>▸ Regionale Besonderheiten | **VI. Professionalität des Personals**<br>▸ Pädagogisches Selbstverständnis<br>▸ Externe Kooperation<br>▸ Interne Kooperation<br>▸ Fortbildung und Beratung<br>▸ Umgang mit beruflichen Anforderungen und Belastungen |
| **III. Personelle und sächl. Ressourcen, Unterstützungsleistungen**<br>▸ Personalsituation<br>▸ Unterrichtsversorgung<br>▸ Gebäude- und Raumsituation<br>▸ Technische und materielle Ausstattung<br>▸ Unterstützung von außen | **VII. Schulleben**<br>▸ Öffnung der Schule<br>▸ Mitwirkung<br>▸ Beziehung innerhalb der Schule<br>▸ Unterstützungsangebote für Schülerinnen und Schüler<br>▸ Eltern-Partizipation |
| **IV. Personelle und sächl. Ressourcen, Unterstützungsleistungen**<br>▸ Zusammensetzung der Schülerschaft<br>▸ Lernvoraussetzungen<br>▸ Sozialer Hintergrund | |

tralisierende Formen der Leistungsüberprüfung sind Indikatoren dafür, wie der Paradigmenwechsel von der Inputsteuerung zur sogenannten Outputsteuerung zur „Vermessung" von Schulerfolg beigetragen hat. Die Ergebnisleistungen einer Schule lassen sich allerdings nur bedingt über den „Output" messen, da die Ergebnisse großteils nur Momentaufnahmen von abprüfbarem Wissen und Können zur Verfügung stellen, während die Wirksamkeit eines Schulsystems erst in den langfristigen Wirkungen festgestellt werden kann, das heißt über das Bewähren im (spä-

| unterrichtliche Prozesse | Ergebnisse und Wirkungen |
|---|---|
| **VIII. Ziele und Strategien der Qualitätsentwicklung**<br>▸ Qualitätsprogrammarbeit<br>▸ Schuleigene Arbeitspläne<br>▸ individuelle Förderung<br>▸ Evaluat ion (intern/extern) | **X. Kompetenzen, Abschlüsse, Bildungs- und Berufslaufbahnen**<br>▸ Fachliche, über- und außerfachliche Berufslaufbahnen<br>▸ Schulabschlüsse und -abbrüche,<br>▸ Wiederholerquote, Schullaufbahnentscheidungen<br>▸ Weiterer Bildungs- und Berufsweg |
| **IX. Unterrichtsqualität**<br>▸ Klassenmanagement<br>▸ Lernförderliches Unterrichtsklima<br>▸ Motivierung<br>▸ Klarheit<br>▸ Wirkungs- und Kompetenzorientierung<br>▸ Schülerorientierung<br>▸ Unterstützung<br>▸ Aktivierung<br>▸ Angemessene Methodenvariation<br>▸ Konsolidierung, Lernerfolgssicherung<br>▸ Umgang mit Heterogenität<br>▸ Differenzierung | **XI. Zufriedenheit der Beteiligten**<br>▸ Schulgemeinschaft<br>▸ Abnehmende Einrichtungen und Betriebe, regionales Umfeld |

Quelle: Ministerium für Bildung, Wissenschaft, Jugend und Kultur Rheinland-Pfalz 2007, 5)

teren) Lebens- und Berufsalltag, in dem die Bildungsprozesse schulischen Lernens wirksam werden.

Die Qualitätsentwicklung beginnt bei der Einzelschule, indem diese in ihrem Qualitäts- beziehungsweise Schulprogramm ihre Entwicklungsziele und -maßnahmen innerhalb des Orientierungsrahmens festlegt (vgl. Schratz 2003). Dabei erhebt der Orientierungsrahmen nicht den Anspruch, eine abschließende Beschreibung schulischer Qualität zu geben. Er kann nicht einfach in allen Details „abgearbeitet" werden. Die

Bereiche, Merkmale, Kriterien und Indikatoren bieten Anregungen und ermöglichen Orientierung für die Entwicklungsarbeit an der Schule. Je nach Schulart und abhängig von den spezifischen pädagogischen Herausforderungen vor Ort müssen Schulen im Rahmen ihrer Qualitätsentwicklung eigene Gewichtungen und Ergänzungen vornehmen.

Die meisten Orientierungsrahmen entsprechen dem in Abb. 5 vorgestellten Muster, wobei sich die Qualitätsbereiche in den einzelnen Ländern geringfügig unterscheiden beziehungsweise anders geordnet werden. Sie haben die wichtige Funktion, dass sie die geforderte Bildungsqualität in unterschiedlichen Schwerpunkten (Qualitätsbereichen) bündeln. Eine weitergehende Systematisierung erfolgt über entsprechende Spezifizierung der einzelnen Bereiche in unterschiedliche Bezeichnungen (zum Beispiel Qualitätsmerkmale, Dimensionen, Kriterien, Indikatoren).

Der Orientierungsrahmen bildet eine wichtige Grundlage für die Durchführung interner und externer Evaluationsmaßnahmen, wobei die Einzelschule nur dann als wirksam angesehen werden kann, wenn ihre Leistungen als systemisches Ganzes gesehen werden. Ein wirksames Schulsystem bezieht sich in seinen Vorgaben und Verordnungen auf diesen Rahmen, damit für alle Teilsysteme (Bezirke, Schulen, Schultypen etc.) eine kohärente Entwicklung möglich ist.

 EINLADUNG ZUR DISKUSSION

Erfahren Sie mehr über die Qualität Ihrer Schule. Setzen Sie das Schulentwicklungsprofil unter Einbeziehung von Lehrerinnen und Lehrern, Schülerinnen und Schülern und Eltern ein, um gezielte Informationen über Schule und Unterricht zu erhalten. Das SEP (siehe das Formular auf S. 33) ist ein einfaches Instrument, das in zwölf Merkmalen einen Einblick in den Status quo und die Entwicklung der Schule gibt (siehe auch Kapitel 1.5). Verwenden Sie die Ergebnisse als Ausgangspunkt für Qualitätsdiskussionen.

Am besten lässt sich das SEP (Abb. 5) im Rahmen einer sogenannten Triangulation einsetzen, das heißt, es werden die Aussagen unterschiedlicher Personenkreise miteinander in Beziehung gesetzt. Dazu fällen zunächst die verschiedenen Anspruchsberechtigten – Schülerinnen und Schüler, Lehrerinnen und Lehrer und Schulleitung sowie Eltern ihr eigenes Urteil über die Schule gemäß der zwölf Qualitätsbereiche. Jede Personengruppe füllt unabhängig von den anderen das SEP aus und nimmt sich genügend Zeit, jeden einzelnen Bereich einzeln zu bewerten. (Es kann hilfreich sein, den Teilnehmern bereits vor dem Treffen einige Informationen und Daten zur Verfügung zu stellen.)

Sobald die Einzelnen das SEP individuell ausgefüllt haben, arbeitet sich die jeweilige Personengruppe gemeinsam systematisch durch, wobei wiederum jeder Bereich einzeln diskutiert wird. Die Teilnehmer sollten ermutigt werden, ihre Urteile zu begründen und Erfahrungen, Eindrücke, Informationen und noch offene Fragen aus-

### Schulentwicklungsprofil (SEP)

Bitte schätzen Sie die Schule im Hinblick auf die gegenwärtige Situation in jedem Bereich ein und geben Sie Auskunft über die Entwicklung der letzten Jahre.

| | Einschätzung | Entwicklung |
|---|---|---|
| **Ergebnisse** | | |
| 1. Schulleistungen | ++  +  –  –– | ↗  →  ↘ |
| 2. Persönliche und soziale Entwicklung | ++  +  –  –– | ↗  →  ↘ |
| 3. Weitere Laufbahn der Schülerinnen und Schüler | ++  +  –  –– | ↗  →  ↘ |
| **Prozesse auf der Unterrichtsebene** | | |
| 4. Zeit für Lernprozesse | ++  +  –  –– | ↗  →  ↘ |
| 5. Qualität des Lernens und des Lehrens | ++  +  –  –– | ↗  →  ↘ |
| 6. Unterstützung bei Lernschwierigkeiten | ++  +  –  –– | ↗  →  ↘ |
| **Prozesse auf der Schulebene** | | |
| 7. Schule als Lernort | ++  +  –  –– | ↗  →  ↘ |
| 8. Schule als sozialer Ort | ++  +  –  –– | ↗  →  ↘ |
| 9. Schule als professionelle Organisation | ++  +  –  –– | ↗  →  ↘ |
| **Umfeld** | | |
| 10. Schule und Elternhaus | ++  +  –  –– | ↗  →  ↘ |
| 11. Schule und Gemeinde | ++  +  –  –– | ↗  →  ↘ |
| 12. Schule und Arbeit | ++  +  –  –– | ↗  →  ↘ |

Abb. 5: Das Schulentwicklungsprofil (SEP) (Schratz u.a. 2002, 139)

zutauschen. Anschließend findet eine gemeinsame Diskussion statt, mit dem Ziel, sich auf eine Gruppenbewertung zu einigen. Die Diskussionen sollen zu einer Gruppenbewertung führen, wenngleich es Meinungsverschiedenheiten geben kann, die mitberücksichtigt werden sollten. Es ist hier nicht der Zweck, eine Liste voller Zahlenwerte zu erhalten, sondern auf die Argumentationen der Anspruchsberechtigten zu hören, Evidenzen zu berücksichtigen und, wo immer es möglich ist, zu einer durchdachten Beurteilung zu kommen.

Im Anschluss daran bilden sich gemischte Dreiergruppen aus jeweils einem Mitglied der vorherigen Personengruppen (Schülerinnen und Schüler, Lehrerinnen und Lehrer, Eltern). In dieser neuen Konstellation werden die Ergebnisse der vorherigen Runde verglichen („trianguliert"), um die unterschiedlichen Einschätzungen auszutauschen. Dabei geht es nicht darum, wer mit seiner/ihrer Bewertung „Recht hat", sondern zu begründen, weshalb man den Qualitätsbereich so und nicht anders einschätzt. Je mehr „Belege" dafür genannt werden können – sozusagen als Evidenz zur Einschätzung, umso glaubwürdiger wird die Bewertung und damit auch die Akzeptanz des Standpunkts. Die Auseinandersetzung in den einzelnen Phasen (Einzelarbeit, homogene Gruppe, heterogene Gruppe) soll eine möglichst breite Qualitätsdebatte an der Schule in Gang bringen und für erforderliche Entwicklungsprozesse sensibilisieren.

Gerade in Bereichen, die von den einzelnen Schulpartnern sehr unterschiedlich eingeschätzt und bewertet werden, erscheint es sinnvoll, eine Evaluation durchzuführen beziehungsweise durchführen zu lassen. Daher liefert das Endergebnis dieses Prozesses keine endgültigen Aussagen oder Fakten, sondern dient eher als „Türöffner" für die weitere systematische Erkundung einiger spezifischer Bereiche. Dazu ist es erforderlich, die einzelnen Qualitätsbereiche genauer zu definieren und über Indikatoren überprüfbar zu machen (vgl. Schratz u. a. 2002, 144 ff.). Die Bereiche für weiterführende Evaluationen können aufgrund der jeweiligen Ausgangslage nach unterschiedlichen Gesichtspunkten ausgewählt werden, etwa weil

‣ es eine große Vielfalt von Meinungen zu einem Thema gibt,
‣ stichhaltige Beweise fehlen,
‣ es sich um eine bekannte Schwachstelle in der Schule handelt,
‣ es ein Bereich mit einer bewährten Praxis ist, auf welchen
  die Schule aufbauen will.

Selbstevaluation ist in diesem Prozess nicht Selbstzweck, sondern der Anfang eines weiterführenden Prozesses. Was sie erreichen kann, ist die Eröffnung einer Diskussion. Sie bietet ein Forum, bei dem Schulleitung, Lehrerinnen und Lehrer, Schülerinnen und Schüler und Eltern ihre Meinung auf gleicher Basis äußern können, ohne sich auf ihre Position oder ihren Status beziehen zu müssen. Viele Schulen, die das SEP eingesetzt hatten, bezeichneten den Prozess als „erfrischend", „herausfordernd" oder „aufschlussreich", weil er neue Perspektiven für lange zurückliegende Probleme eröffnete und vielen dadurch ein Forum geschaffen wurde, das sie vorher nicht hatten, durch das sie offen ihre persönlichen Ansichten und wahren Gefühle äußern konnten.

# 2 Neue Aufgaben umsetzen

*Was man lernen muss, um es zu tun,*
*das lernt man, indem man es tut.*
(Aristoteles)

EINLADUNG ZUM VORDENKEN

Stellen Sie sich vor, Sie werden eingeladen, bei einem Wettbewerb für „Die Schule des 21. Jahrhunderts" mitzumachen. Die Jury ist auf der Suche nach zukunftsweisenden Prototypen von Schule. Nun haben Sie ein weißes Blatt vor sich und können anfangen, Ihren Traum von Schule zu entwerfen. Ihr Blick wechselt hin und her vom weißen Blatt zum Fenster. Sie schauen auf den blauen Himmel draußen und lassen Ihren Gedanken freien Lauf.

Wie fühlt sich diese Schule an? Wer ist daran beteiligt? Was sind die Rollen der Beteiligten? Wie läuft der Schulalltag ab? Welche Situationen entstehen? Wie erleben die Lernenden die Schule? Wie die Lehrenden? Was sagen die Beteiligten über ihre Schule? Über einander? Über sich selbst? Und am Ende ihrer Zeit an dieser Schule, wie haben die Lernenden profitiert? Welche Spuren hat sie hinterlassen? Was sind die Absolventen und Absolventinnen in der Lage eigenständig zu tun? Welchen Beitrag hat die Schule zu ihrer Bildung geleistet?

International gesehen befinden wir uns im Zeitalter der Kompetenzorientierung und datengestützter Schul- und Unterrichtsentwicklung. Standards im Bildungsbereich mögen weiterhin umstritten sein, sind aber faktisch da. Die vorhergesagte „Wende in der Schulpolitik" (oll in FAZ 2003) wurde Realität. Die Kernfrage lautet: „*Wozu* wenden wir uns?" Diese Frage wird vom System etwa durch Bildungspläne, Referenzrahmen für Schulqualität und formale Aufgaben wie die Entwicklung eines Schulcurriculums beantwortet. Das Paradigma des neuen Zeitalters wird in den neuen Rahmenbedingungen sichtbar:

▸ *inhaltliche Rahmenbedingungen:* Bildungsstandards, die das Kerncurriculum in Form von Kompetenzen statt Inhalten enthalten, Fächerverbünde statt vieler unabhängiger Fachbereiche

▸ *zeitliche Rahmenbedingungen:* 2/3 der Zeit für Kerncurriculum, 1/3 der Zeit für Schulcurriculum statt Inhalt definiert nach Wochenstunden; Kontingentstundentafel statt Jahrgangsstundentafel

▸ *programmatische Rahmenbedingungen*: Leitfragen und Leitaufträge für ein Schulprogramm statt eng definierter Grundsätze für den Unterricht

▸ *prozessuale Rahmenbedingungen:* ein evidenzbasierter Entwicklungskreislauf statt intuitiver Entscheidungsfindung ohne selbständige Evaluierung

Diese neuen Schulentwicklungsaufgaben müssen praktisch erfüllt werden, sind aber auch Anlass dafür, Schule neu auszurichten und kreativ zu gestalten. Dafür gibt es mehr Freiraum denn je, da die Bildungspläne nur den Rahmen für die Gestaltung von Lern- und Lehrprozessen in der Schule vorgeben, um die Entwicklungsfunktion von Bildungsstandards zu ermöglichen. Gleichzeitig ist diese Entwicklungsfunktion mit der Überprüfungsfunktion verbunden, um die Erträge eines kompetenzorientierten Unterrichts sicherzustellen und eine „Grundlage für eine öffentliche Kommunikation

**Kleines Glossar der überlebenswichtigen Begriffe zur Kompetenzorientierung**

**Standard** *ist ein Maßstab für die Beurteilung von Qualität. Standards haben sowohl eine normative Wirkung als auch eine Zielfunktion.*

**Kompetenzen** *sind erlernbare, auf Wissen begründete Fähigkeiten und Fertigkeiten, die eine erfolgreiche Bewältigung bestimmter Anforderungssituationen ermöglichen. Hinzu kommen die dafür erforderliche motivationale Bereitschaft, Einstellungsdispositionen und sozialen Fähigkeiten (KMK 2009, 3). Die Schüler und Schülerinnen sollen in der Lage sein, eigenständig fachgerecht zu handeln. Ihre gewonnenen Kenntnisse, Fertigkeiten und Dispositionen stehen ihnen langfristig über die Lernsituation hinaus zur Verfügung; sie sind gewissermaßen „einverleibt".*

**Indikatoren** *sind die Kennzahlen, die zur Qualitätsmessung herangezogen werden („Woran kann ich erkennen, dass …?").*

**Evidenzbasierte Schulentwicklung** *bezieht sich auf Schulentwicklung, die an Evidenz (Belegen) orientiert ist. Belege können von außen kommen, etwa durch standardisierte Leistungsmessungen, oder auch von innen generiert werden, um den Ist-Stand festzustellen, Ziele zu setzen und Erfolg zu messen.*

**Performanz** *ist ein neudeutsches Wort für Schülerleistung aus der empirischen Unterrichtsforschung (performance). Performanz betont das Lernergebnis, das in und durch Handlung sichtbar und damit messbar ist. Es deutet auf das, was die Lernenden machen oder tun können.*

**Deskriptor** *ist die Bezeichnung für die Beschreibung von Kompetenzen beziehungsweise Teilkompetenzen. Kompetenzbeschreibungen werden meist in Form von „Kann"-Sätzen formuliert.*

über Entwicklungsstände in einem Bundesland, in einer Schule und in einer Klasse" zu ermöglichen (KMK 2009). In diesem Spannungsfeld zwischen Öffnung und Standardisierung liegt die Chance, weg vom „Ich und meine Klasse" hin zu „Wir und unsere Schule".

## 2.1 Kompetenzentwicklung und Standards als Aufgabe von Schulentwicklung

### 2.1.1 Mit der Eigenständigkeit kommt Verantwortung

Datengestützte Schulentwicklung im Zeitalter der Kompetenzorientierung *ist* tatsächlich eine Wende. Sie legt Augenmerk auf prozessorientierte Sicherung und Weiterentwicklung von Schulqualität, die eindeutig nach den Lernergebnissen der Schüler und Schülerinnen – dem sogenannten „Output" – definiert wird. Diese Outputorientierung wird in den Bildungsstandards veranschaulicht. Sie „legen fest, welche Kompetenzen die Kinder oder Jugendlichen bis zu einer bestimmten Jahrgangsstufe mindestens erworben haben sollen" (Klieme u. a. 2003, 9) und bilden damit ein Kerncurriculum, welches vergleichbare Gütemaßstäbe der erwarteten Lern- und Lehrleistungen definiert und gleichzeitig den Freiraum für das schuleigene Curriculum sichert.

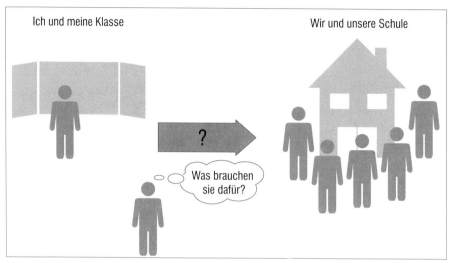

Abb. 1: Wir und unsere Schule?

Somit haben die Bildungsstandards einerseits eine Orientierungsfunktion, damit alle Akteure und Akteurinnen am gleichen Strang im Sinne des allgemeinen Bildungsauftrags ziehen, andererseits haben sie eine Monitoring-Funktion, indem sie die Grundlage für Leistungsmessungen bilden, damit Schulen den standortspezifischen Vollzug ihres Bildungsauftrags evaluieren können. Schulentwicklung wird zur Qualitätsentwicklung und wendet sich der Kernaufgabe, Lernen und Lehren, zu. Qualitätssicherung und das damit verbundene Monitoring bringen Veränderung mit sich. Das, was in einem Klassenzimmer geschieht, ist nicht mehr Privatsache, sondern der konstitutive Teil der Qualität einer Schule. Veränderung löst Ängste aus, die durch Beschleunigung noch intensiviert werden (Schratz 2000). Eine weitere Aufgabe für die Schulentwicklung ist daher, proaktiv mit diesen Ängsten sowie mit Widerstand und Skepsis umzugehen, um die Betroffenen zu Beteiligten zu machen.

Hierzu kann es hilfreich sein, die Notwendigkeit dieser Wende, zu der internationale Leistungsvergleiche führten (vgl. Baumert 2001), zu thematisieren. Wie bekannt ist, aber vielleicht noch nicht erkannt wurde, haben wissenschaftliche Untersuchungen die „Selbsttäuschung" von Bildungseinrichtungen über die Wirksamkeit ihrer Arbeit aufgedeckt (von Hentig 2004, 11). Beabsichtigtes beziehungsweise Gelehrtes wird nicht unbedingt gelernt. Input wie in den alten Lehrplänen definiert genügt nicht, der Output des Schulsystems ist ungewiss. Das System nahm Handlungsbedarf wahr und antwortete darauf mit Maßstäben für die systemweite Überprüfung von Schülerleistung. Es gilt, Lücken zu erschließen, um die Kluft zu schließen.

Zu behaupten, dass Schulen mehr Eigenständigkeit durch die Bildungsplanreform bekommen, mag hinsichtlich der Einführung von Bildungsstandards und externen

Leistungstests paradox klingen, weil diese Maßnahmen zunächst mehr wie ein Korsett als wie ein Freiraum erscheinen. Dies hat mit der zweiten Funktion von Bildungsstandards zu tun, die darin besteht,

> dass auf ihrer Grundlage Lernergebnisse erfasst und bewertet werden. Mit Bezug auf die Bildungsstandards kann überprüft werden, ob die angestrebten Kompetenzen tatsächlich erworben wurden. So lässt sich feststellen, inwieweit das Bildungssystem seinen Auftrag erfüllt hat (Bildungsmonitoring), und die Schulen erhalten eine Rückmeldung über die Ergebnisse ihrer Arbeit (Schulevaluation). (Klieme u. a. 2003, 10)

Die Bildungsstandards und das darin enthaltene Kerncurriculum dienen dazu, dass alle hinsichtlich der Lernergebnisse der Schüler und Schülerinnen am gleichen Strang ziehen. Sie sind Ausdruck eines Verantwortungsbewusstseins seitens des Systems, welches durch wissenschaftliche Untersuchungen und Auswertungen von Leistungsmessungen selbst einen Spiegel vorgehalten bekommt. In der Expertise zur Einführung der Bildungsstandards wird festgestellt, dass Bildungsstandards „verbindliche Anforderungen an das Lehren und Lernen in der Schule" formulieren und dass diese damit ein „zentrales Gelenkstück" der gesamten „Anstrengungen zur Sicherung und Steigerung der Qualität schulischer Arbeit" (ebenda, 9) darstellen.

Das Ziel dabei ist zunächst, die Kluft zwischen intendiertem Curriculum und erreichtem Curriculum zu erschließen und in weiterer Folge zu schließen (Abb. 3). Leistungsmessungen dienen dazu, Daten und Fakten über die tatsächlichen Lernergebnisse der Schüler und Schülerinnen zu messen, um die Kluft zwischen Absicht und Realität zu erkunden und daraus zu lernen. Diese Kluft wird durch Daten, die durch Testungen gewonnen werden, erst sichtbar.

Abb. 2: EJ and Spot: Die Kluft zwischen Lehren und Lernen (Quelle: Minton 2005, 2)

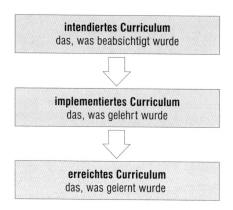

Abb. 3: Die Kluft im Curriculum erschließen

Die Schule wird zur Lernenden Schule, die Vision der Schule bekommt neue Konturen. Die Beteiligten werden aufgefordert, ihre eigene Realität wahrzunehmen statt ein Wunschbild auf das Geschehen zu projizieren und intuitiv Entscheidungen zu treffen. Sie werden selbstkritisch und konfrontieren im Rahmen der Schulentwicklung die „brutal facts", damit sie den Schritt vom „good to great" erlangen (Collins 2001). Dies setzt messbare Entwicklungsziele und entsprechende Feedbackprozesse für die Qualitätsentwicklung voraus. Schulen finden neue Wege, für sie relevante Daten und Hinweise über das Geschehen in der Schule zu gewinnen. (Mehr über evidenzbasierte Schulentwicklung in Kapitel 2.2.) Ob aus schulinternen Qualitätsprozessen oder aus externen Testungen, die gewonnenen Informationen über das Lernen der Schüler und Schülerinnen sind für die Steuerung von Entwicklungsprozessen auf allen Ebenen zentral.

Implizit ist im bildungspolitischen Entschluss enthalten, dass die Qualität von pädagogischer Arbeit in den Lernergebnissen der Schüler und Schülerinnen widergespiegelt wird. Ausgehend davon, dass Lehren und Lernen in einem Ursache-Wirkung-Verhältnis stehen, nimmt die im Schulalltag geleistete pädagogische Arbeit einen zentralen Platz als Kerntätigkeit ein. Dies wurde auch empirisch belegt (siehe dazu den Kasten „Der entscheidende Faktor: Die Lehrperson" auf S. 41).

Mit der Bildungsplanreform erhält die Schule daher mehr curriculare Eigenständigkeit: „Bildungsstandards lassen den Schulen einen starken Freiraum für die innerschulische Lernplanung, zumal die Lehrpläne und Rahmenrichtlinien der Länder auf Kerncurricula begrenzt werden" (Klieme u. a. 2003, 9 f.). Jede Schule hat die Aufgabe, ihre unterrichtsspezifischen Ziele in Verbindung von Kern- und Schulcurriculum festzulegen. Gleichzeitig finden Kalibrierungsprozesse, orientiert an Bildungsstandards und Referenzrahmen für Schulqualität, systemweit in einem dialogischen Miteinander an den jeweiligen Schulen und in Schulnetzwerken statt. Ein wichtiger Entwicklungsschritt dabei ist eine schulweite Auseinandersetzung mit der „Auffassung vom Lernen, die den Bildungsstandards zugrunde liegt", damit Lehrkräfte sie „nachvollziehen und konsequent in ihre unterrichtliche Praxis umsetzen" können (KMK 2009, 3).

## Der entscheidende Faktor: Die Lehrperson

*Forschungserkenntnisse der letzten Jahre im angelsächsischen Raum unterstreichen die Wichtigkeit der Unterrichtsqualität und daher der Lehrperson als wesentlichen Faktor für die Leistungsentwicklung (academic achievement) der Schüler und Schülerinnen. In einer groß angelegten Studie, in der die Entwicklung der Leistung von 60.000 Schülern und Schülerinnen über zwölf Jahren unter die Lupe genommen wurde, haben Wright, Horn und Sanders von der Universität Tennessee 1997 feststellen können, dass die Lehrperson der wichtigste Faktor für den Lernfortschritt der Schüler und Schülerinnen ist.*

*Die Ergebnisse dieser Studie waren zum Teil überraschend. Faktoren wie Heterogenität, Gruppengröße und Schulumfeld, die sowohl im Bildungssystem als auch in der Gesellschaft als selbstverständliche Gründe für schlechte beziehungsweise gute Leistungsentwicklung der Schüler und Schülerinnen verstanden werden, wurden analysiert. Auf Basis der Daten haben Wright, Horn und Sanders feststellen müssen, dass die Unterrichtsqualität ausschlaggebend ist. Wirksame („effective") Lehrkräfte haben eine signifikante Wirkung auf Leistungsentwicklung der Schüler und Schülerinnen trotz Heterogenität, Klassengröße und Qualität der Schule als Organisation. In „weniger wirksamen" Schulen sind „wirksame" Lehrkräfte sogar noch wichtiger, weil sie trotz des Schulumfeldes eine signifikant positive Wirkung auf Lernergebnisse haben.*

*Umgekehrt ist eine erfolgreiche Schule keine Garantie für gute Lernergebnisse, da die Lernenden in guten Schulen bei weniger wirksamen Lehrpersonen unterdurchschnittliche Lernergebnisse erreichen. Das Forschungsteam ist zum Schluss gekommen, dass wirksame Lehrer und Lehrerinnen diejenigen sind, die mit Schülern und Schülerinnen mit unterschiedlichen Leistungsniveaus erfolgreich arbeiten, egal wie heterogen die Lerngruppe ist.*

*Noch gravierender zeigt die Studie, dass „am wenigsten wirksame" Lehrkräfte unter Umständen eine negative Wirkung auf die Lernergebnisse haben – die Lernenden können sogar einen Rückschritt in ihrer Leistungsentwicklung machen. Auch sichtbar in den Daten waren Muster der Leistungsentwicklung von individuellen Schülern und Schülerinnen über 12 Jahre, die die Wirkung der Lehrkräfte als kumulativ zeigten. Ein Kind, das in früheren Jahren bei den am wenigsten wirksamen Lehrpersonen landet, steht zurück, auch wenn in den folgenden Jahren große Fortschritte unter den wirksamsten Lehrern und Lehrerinnen gemacht werden.*

Das Zurückgreifen auf Evaluierung, um Gewissheit über Wirkungen zu erlangen, ist im Unterricht ein alltägliches Geschehen. Gewissheit kommt durch Evaluierung. Diese erhielt man bisher allerdings hauptsächlich über die Beziehung zwischen Lehrenden und Lernenden. Darüber hinaus herrschte wenig fundiertes Wissen, ein auffälliges Merkmal des Schulwesens. Ähnlich wie in der Modeindustrie orientieren sich Schulen, Fachschaften oder einzelne Lehrpersonen an kurzlebigen Trends, die nach der Auffassung von Slavin zu einer „Pendelbewegung" hin und her zwischen modischen Ansätzen am Marktplatz der Didaktik führen. Neue Ideen tauchen auf, wer-

| Schulebene | ▶ gesichertes und machbares Curriculum<br>▶ herausfordernde Ziele und wirksame Rückmeldung<br>▶ Beteiligung von Eltern und Stakeholdern der Gemeinde<br>▶ sicheres und ordentliches Umfeld<br>▶ Kollegialität und Professionalität |
|---|---|
| Lehrerebene | ▶ Unterrichtsstrategien<br>▶ Classroom Management<br>▶ curriculare Konzipierung und Entwicklung |
| Schülerebene | ▶ familiäres Umfeld<br>▶ gelernte Intelligenz und Vorwissen<br>▶ Motivation |

Abb. 4: Faktoren der Schulqualität nach Marzano

den verbreitet eingesetzt und erst danach eventuell evaluiert. Bis die Evaluierungs-ergebnisse bereitgestellt werden, ist der nächste Trend allerdings schon in Gang, das Pendel wieder in Bewegung. Das einfache Prinzip „Use what works", welches in der Medizin, der Industrie und im Konsumentenbereich eine Selbstverständlichkeit ge-worden ist, gehört traditionell nicht zur Schulkultur (vgl. Slavin 2007, 3).

Der Sinn der datengestützten Schulentwicklung ist es, durch zielgerichtetes Sam-meln und Interpretieren von nützlichen Informationen mehr Gewissheit über Wir-kungen zu gewinnen und langfristig das Prinzip „Use what works" im System zu verankern. Die traditionelle Pendelbewegung und Willkür im Schulwesen soll lang-fristig abnehmen. Dies gelingt mit der Zeit, wie Beispiele in anderen Ländern zeigen. Wenn Daten vorhanden sind und verwendet werden, können Daten tatsächlich zu Taten werden. Beispiele dafür kommen aus der sogenannten school-effectiveness-Forschung im angelsächsischen Raum. Robert Marzano präsentiert unter dem Titel *What Works* (Marzano u.a. 2001; Marzano 2003; Marzano u.a. 2003; Marzano 2004; Marzano u.a. 2005 und 2009) und dem Bestseller *The Art and Science of Teaching* (2006) Erkenntnisse aus Metaanalysen, die von seinem Forschungsinstitut durchge-führt wurden. Auf Basis der großen Menge an gewonnenen Daten, die inzwischen sol-chen Forschungsinstituten in den USA zur Verfügung stehen, ist Qualitätssicherung durch Empirie im Schulwesen möglich geworden – vorausgesetzt, dass Schulen die Erkenntnisse in Schulentwicklungsprozesse integrieren.

Bezüglich Schulqualität weist Marzano auf Faktoren auf drei Ebenen hin, die das Shared-Leadership-Modell widerspiegeln: Schule, Lehrende und Lernende (Abb. 4). Dabei wird speziell darauf aufmerksam gemacht, dass Faktoren auf der Lehrerebene die größte Wirkung haben: „[...] alle Forscherinnen und Forscher sind sich einig, dass die Wirkung von Entscheidungen von individuellen Lehrpersonen weit größer ist als die Wirkung von Entscheidungen auf der Schulebene"[1] (Marzano 2003, 71).

Marzano identifiziert drei Erkenntnisse zum Thema erfolgreiche innere Schulreform (2003, 158 f.), welche das Zusammenspiel zwischen Freiraum und Kontrolle der Bildungsplanreform untermauern:

▶ Reform ist ein hochkontextualisiertes Unterfangen.

▶ Konsequente Orientierung an Daten über Lernergebnisse der Schüler und Schülerinnen ermöglicht die Planung und Evaluierung von Interventionen im Rahmen von Qualitätssicherung.

▶ Qualitätsentwicklung ist ein Schritt-für-Schritt-Prozess.

Marzano betont somit den Prozess bei der Qualitätssicherung. Ergebnisse sind das Ziel, aber der Weg dorthin ist ausschlaggebend.

Jede Schule ist anders: Sie wird von eigenen demografischen und geografischen Faktoren bestimmt. Sie agiert in einem spezifischen Umfeld mit unterschiedlichen Chancen und Risiken. Sie hat eigene Stärken und Schwächen. Eigenständige, kontextspezifische Schul- und Unterrichtsentwicklung ist die einzige sinnvolle Lösung (vgl. Tye 2000; Marzano 2003).

Wie in der Gesellschaft erfordert auch im Bildungswesen Eigenständigkeit den verantwortungsvollen Umgang mit Freiheit. Die Wende zur datengestützten Systementwicklung führt zu einem Zusammenspiel von *Verantwortung* für die eigene Schulentwicklung, *Ausrichtung* der Qualitätsentwicklung sowohl auf externe als auch interne Standards sowie die Überprüfung des Fortschritts auf Basis von Informationen über die *Schülerleistungen* in Form von Lernergebnissen (Abb. 5).

Abb. 5: Zusammenspiel von Verantwortung, Ausrichtung und Schülerleistung

---

[1] Englischsprachige Originalzitate wurden im ganzen Band von uns ins Deutsche übersetzt.

EINLADUNG ZUR REFLEXION

Machen Sie anhand folgender Fragen mit dem Kollegium eine Erhebung (siehe Fragebogen S. 45), um das Zusammenspiel von Verantwortung, Ausrichtung und Überprüfung von Schülerleistung an Ihrem Standort unter die Lupe zu nehmen:

▸ Wofür fühlen wir uns verantwortlich?
▸ Worauf ist unsere Aufmerksamkeit gerichtet?
▸ Inwieweit überprüfen wir unseren Fortschritt auf Basis von Schülerleistung?

## 2.1.2 Perspektivenwechsel und Bildungsverständnis

Sich der Entwicklung von Schülerleistungen im Rahmen der Schulentwicklung zuzuwenden führt zu einem Perspektivenwechsel von „Was sollen die Schüler und Schülerinnen lernen?" (Kanon, Jahrgangspläne) zu „Was sollen sie (tun) können?" (Handlungsfähigkeit, Bildungsstandards). Die konkreten, fachspezifischen Antworten auf

### Fragebogen zur Selbstevaluierung

*Die Befragung wird anonym durchgeführt und die ausgewerteten Ergebnisse werden im Kollegium bei einer Konferenz gemeinsam analysiert. Die Auswertung erfolgt am effizientesten mit Tabellenkalkulationsprogrammen wie Excel, damit Prozentanteile und Diagramme leicht erstellt werden können. Bei der Analyse mit dem Kollegium sind folgende Schritte empfehlenswert:*

▸ *Vorstellung des Konzepts zum Zusammenspiel von Verantwortung, Ausrichtung und Schülerleistung (Abb. 5)*
▸ *Präsentation der Ergebnisse*
▸ *Reflexion in Kleingruppen:*
  • *Was überrascht?*
  • *Welche Muster oder Gewohnheiten erkennen wir?*
  • *Woran sollen wir arbeiten?*
  • *Woran wollen wir arbeiten?*
▸ *Die Kleingruppen verdichten ihre Ergebnisse zu „Sollen" und „Wollen" auf Kärtchen und bilden dazu Cluster nach Verantwortung, Ausrichtung und Schülerleistung auf einer Pinnwand*
▸ *Gemeinsame Bestimmung eines Schwerpunktes:*
  • *Welche Unterschiede gibt es zwischen „Sollen" und „Wollen"?*
  • *Wenn es Abweichungen zwischen „Sollen" und „Wollen" gibt: weshalb? Hat es mit mangelnden Ideen zu Lösungsansätzen zu tun? Mit einer kritischen Haltung zur Sinnhaftigkeit? Was können wir tun, um unsere Schulentwicklung Schritt für Schritt an den Schülerleistungen zu orientieren?*
  • *Was ist unser nächster Schritt? Welcher Schwerpunkt verspricht die größte Wirkung?*

# Fragebogen zur Selbstevaluuierung

|  | kaum | teilweise | wenig | sehr |
|---|---|---|---|---|
| **Inwieweit fühle ich mich für folgende Faktoren persönlich verantwortlich?** | | | | |
| Ruf unserer Schule | ☐ | ☐ | ☐ | ☐ |
| Öffnung unserer Schule | ☐ | ☐ | ☐ | ☐ |
| Lehren | ☐ | ☐ | ☐ | ☐ |
| Lernen meiner Schüler und Schülerinnen | ☐ | ☐ | ☐ | ☐ |
| Lernergebnisse meiner Schüler und Schülerinnen | ☐ | ☐ | ☐ | ☐ |
| Selbstevaluation in unserer Schule | ☐ | ☐ | ☐ | ☐ |
| Qualitätsentwicklung an unserer Schule | ☐ | ☐ | ☐ | ☐ |
| Sonstiges: _____ | ☐ | ☐ | ☐ | ☐ |
| **Worauf ist meine Aufmerksamkeit gerichtet?** | | | | |
| Das Umfeld unserer Schule | ☐ | ☐ | ☐ | ☐ |
| Neuentwicklungen in meinem Fachbereich | ☐ | ☐ | ☐ | ☐ |
| Methodisch-didaktische Ansätze | ☐ | ☐ | ☐ | ☐ |
| Neue Erkenntnisse zum Lernen | ☐ | ☐ | ☐ | ☐ |
| Lernen der Schüler und Schülerinnen | ☐ | ☐ | ☐ | ☐ |
| Lernergebnisse der Schüler und Schülerinnen | ☐ | ☐ | ☐ | ☐ |
| Qualitätsentwicklung an unserer Schule | ☐ | ☐ | ☐ | ☐ |
| Sonstiges: _____ | ☐ | ☐ | ☐ | ☐ |
| **Woran messe ich Erfolg?** | | | | |
| Merkmale einer förderlichen Schulkultur | ☐ | ☐ | ☐ | ☐ |
| Meine eigene Motivation | ☐ | ☐ | ☐ | ☐ |
| Stimmung und Atmosphäre im Kollegium | ☐ | ☐ | ☐ | ☐ |
| Stimmung und Atmosphäre in meiner Fachschaft | ☐ | ☐ | ☐ | ☐ |
| Stimmung und Atmosphäre im Unterricht | ☐ | ☐ | ☐ | ☐ |
| Ordnung und Disziplin im Unterricht | ☐ | ☐ | ☐ | ☐ |
| Individuelle Entwicklung der Schüler und Schülerinnen | ☐ | ☐ | ☐ | ☐ |
| Sozialkompetenz der Schüler und Schülerinnen | ☐ | ☐ | ☐ | ☐ |
| Selbstkompetenz der Schüler und Schülerinnen | ☐ | ☐ | ☐ | ☐ |
| Lernmethoden der Schüler und Schülerinnen | ☐ | ☐ | ☐ | ☐ |
| Lernergebnisse der Schüler und Schülerinnen | ☐ | ☐ | ☐ | ☐ |
| Kompetenzerwerb der Schüler und Schülerinnen | ☐ | ☐ | ☐ | ☐ |
| Sonstiges: _____ | ☐ | ☐ | ☐ | ☐ |

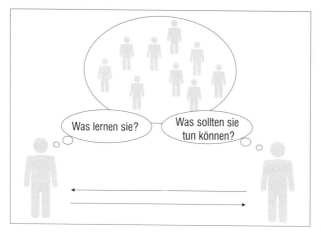

Abb. 6: Perspektivenwechsel

diese Frage sind in den sogenannten „Kompetenzdeskriptoren" der Bildungsstandards zu finden. Diese beschreiben kompetente Handlungen, die in den Performanzen der Schüler und Schülerinnen nachhaltig sichtbar sein sollen.

Zunächst können Kompetenzbeschreibungen fremd und damit entfremdend erscheinen. Sie sind an und für sich inhaltslos. Wo bleibt der Stoff? Die Bildungsziele? Die Werte? Der Mensch? Letztendlich kann man genauso kompetent eine Bank

### Merkmale von Tiefenstrukturen im Unterricht

*Tomlinson (2010) hat erkennbare Merkmale für die Tiefenstrukturen im Unterricht ausgearbeitet. Anlehnend an Tye (2000) identifiziert sie folgende Annahmen, die das Geschehen im Unterricht steuern und Veränderungsprozesse blockieren:*

▸ *Lehren ist Vermittlung.*
▸ *Lernen ist Aufnahme und Wiedergabe.*
▸ *Das Curriculum besteht aus Fakten und Informationen und ist eine Frage der Verteilung von Stoff.*
▸ *Lernende sind abhängig und unfähig.*
▸ *Unterricht soll vom Fach her gesteuert werden (nicht von übergeordneten Zielen).*
▸ *Didaktik ist ein Werkzeugkasten oder eine Trickkiste.*
▸ *Leistungsbeurteilung ist die Ermittlung, wer es am Ende gelernt hat.*
▸ *Unterrichtsqualität ist eine Frage von Disziplin und Kontrolle.*
▸ *Gerechtigkeit ist Gleichbehandlung.*
▸ *Noten sind dazu da, nach objektiven Normen zu selektieren.*

ausrauben wie einen Kreditvertrag für eine Hypothek abschließen. Es scheint, als ob Inhalte ignoriert und damit die Tür für die gefürchtete „Nivellierung des Niveaus" geöffnet würden. Andererseits ist für manche Lehrpersonen der Unterschied zwischen

| Annahmen | Implikationen | | | |
|---|---|---|---|---|
| | Umfeld | Curriculum | Unterricht | Leistungs-beurteilung |
| „Lehren ist Vermittlung." | passive Schüler und Schülerinnen, lehrerzentriert | faktenorientiert, wenig Augenmerk auf Verstehen, Konzepte, Kernideen | Augenmerk auf Lehren statt Lernen | Richtig-falsch-Überprüfungen, niedriger Transfergrad |
| „Lernen ist Wiedergabe." | wenig Kollaboration und Problemlösung | oberflächliche, leicht abprüfbare Inhalte | Üben, Drill, Teilfertigkeiten | kein Bedarf für authentische Aufgaben |
| „Lernende sind abhängig und unfähig." | wenig Augenmerk auf die Lerngemeinschaft | kein Vertrauen in selbständige Arbeit, Denken, Urheberschaft | keine verbindlichen Ziele, Schüler-Auswahl | keine authentischen Aufgaben, niedriger Transfergrad |
| „Guter Unterricht hat mit Disziplin zu tun." | Augenmerk auf Gehorsamkeit und Befolgung | wenig Möglichkeiten für Lernende, die Welt zu erschließen, wenig Augenmerk auf Verstehen | Gruppenarbeit, Kleingruppenunterricht, unterschiedliche Aufgaben zu riskant | ausschließlich summativ |
| „Gerechtigkeit ist Gleichbehandlung." | Schülerdifferenzen irrelevant | nicht notwendig, Zugang zu Lerninhalten für Individuen zu sichern | unterschiedliche Unterlagen, Tempo, Unterstützung, Umfeld usw. unakzeptabel | gleiche Aufgaben für alle („one size fits all") |

den Standards und operationalisierten Lernzielen nicht erkennbar. „Es ist nichts Neues, oder?"

Dieser Reaktion liegt mangelndes Verstehen von Bildungsstandards und Tiefenstrukturen im Schulwesen (Tye 2000) zugrunde. Es ist eine gemeinsame Auseinandersetzung mit den Bildungsstandards und dem Kompetenzbegriff erforderlich, damit
die Ausrichtung auf Schülerleistungen im Rahmen der Schulentwicklung gelingen
kann. Mit Tiefenstrukturen wird unter anderem gemeint, dass Lehren Vermittlung ist
und Lernen aus Aufnahme und Wiedergabe besteht (siehe Kasten „Merkmale von
Tiefenstrukturen im Unterricht"). Hier stoßen unterschiedliche Auffassungen von Lernen und Lehren aufeinander. Die KMK sieht eine Auseinandersetzung mit dem kompetenzorientierten Lernbegriff als notwendig: „Die didaktische Antwort auf die ganz
praktische Frage ,Wie unterrichten Lehrkräfte kompetenzorientiert?' besteht in einer
schrittweisen Erweiterung von bisher weit verbreiteten Unterrichtsskripten, die sich
mehr oder weniger ausschließlich auf die Vermittlung fachlicher Inhalte konzentrieren, um die Entwicklung von Fähigkeiten und Fertigkeiten" (2009, 3).

Kompetenzorientierung ist gewissermaßen eine funktionalistische Ausrichtung
(siehe dazu Kasten „Wurzeln der Kompetenzorientierung", S. 56 f.), die das Spannungsfeld zwischen Bildung und Ausbildung zum Vorschein bringt und zum Widerstand führen kann. Wenn Bildungsstandards Bildungsziele beinhalten, so aufgrund
der Annahme, dass Kompetenzen die Fertigkeiten, Fähigkeiten, Erkenntnisse und
Dispositionen sind, die Schüler und Schülerinnen befähigen, als mündige Bürger und
Bürgerinnen an der Gesellschaft teilzuhaben und deren Zukunft zu gestalten. Für
dieses Ziel brauchen wir allerdings Inhalte, die Lernen erst möglich machen und Kom-
petenzentwicklung wertorientiert ausrichten.

Der Unterschied zwischen Alt und Neu wird durch von Hentig in seiner Einführung
zum Bildungsplan 2004 von Baden-Württemberg besonders prägnant ausgelegt:

> Ein „Bildungsplan 2004" unterscheidet sich von den bisherigen Lehrplänen zunächst durch den
> Singular – er fasst zusammen, Lehrpläne legen auseinander. Er unterscheidet sich von diesen
> sodann durch einen in dem deutschen Wort „Bildung" mitgeführten Anspruch: Sie soll junge
> Menschen in der Entfaltung und Stärkung ihrer gesamten Person fördern – so, dass sie am Ende
> das Subjekt dieses Vorgangs sind.
> Lehrpläne geben an, was „gelehrt" werden soll. Ein Bildungsplan gibt an, was junge Menschen im
> weitesten Sinne des Wortes „lernen" sollen: Auf welche Anforderungen und Ziele hin sie sich am
> besten an welchen Erfahrungen formen und welche Mittel zur Gestaltung ihres Lebens, welche
> Übung in welchen Fähigkeiten dabei dienlich sind – Mittel und Fähigkeiten, die ihnen ermögli-
> chen, als Person und Bürger in ihrer Zeit zu bestehen.                    (von Hentig 2004, 9)

Dewey (1938) stellt in seiner Handlungstheorie folgende Frage für die moralisch-
ethische und intellektuelle Bildung eines Menschen: Welche Wirkung hat diese Entwicklung in einer bestimmten Richtung auf die Einstellungen und Gewohnheiten, die
allein die Wege für Entwicklung in andere Richtungen öffnen? Hier deutet er auf das

Unsichtbare, die Disposition, ein weitgehend ignorierter Faktor von Kompetenz. Disposition ist in diesem Verständnis der Geist des Gebildet-Seins, sowohl in Form fachspezifischer Einstellungen als auch in Form einer bestimmten Haltung, die für das gesellschaftliche Leben in einer Demokratie gewünscht wird.

Disposition wird durch von Hentigs Unterscheidung folgender drei Bestimmungen von Bildung zur erbringenden Leistung von Schule (von Hentig 2004, 13 f.): die persönliche Bildung, die praktische Bildung und die politische Bildung. Persönliche Bildung ist das, „was ,der sich bildende Mensch' aus sich zu machen sucht, ein Vorgang mehr als ein Besitz". Sie wird stark von der familiären Kultur, in der eine Person aufgewachsen ist, beeinflusst, hat „aber auch ohne sie Geltung". Die praktische Bildung ist das,

> was den Menschen befähigt, in seiner geschichtlichen Welt, im état civil, zu überleben: Das Wissen und die Fertigkeiten, die Einstellungen und Verhaltensweisen, die ihm ermöglichen, sich in der von seinesgleichen ausgefüllten Welt zu orientieren und in der arbeitsteiligen Gesellschaft zu überleben.

Drittens gibt es die politische Bildung, die

> der Gemeinschaft erlaubt, gesittet und friedlich, in Freiheit und mit einem Anspruch auf Glück zu bestehen: Sie richtet den Blick des Einzelnen auf das Gemeinwohl, auf die Existenz, Kenntnis und Einhaltung von Rechten und Pflichten, auf die Verteidigung der Freiheit und die Achtung für Ordnung und Anstand. Sie ist für die richtige Balance in der Gesellschaft zuständig. Sie hält zur Prüfung der Ziele, der Mittel und ihrer beider Verhältnisses an. Sie befähigt zur Entscheidung angesichts von Macht und begrenzten Ressourcen in begrenzter Zeit.

Die Gefahr besteht, dass Begriffe wie „Einstellung" oder „Haltung" als motivationale Aspekte interpretiert werden und damit auf individuelle Merkmale reduziert werden, die mehr oder weniger (fremd-)bestimmen, inwieweit ein Mensch überhaupt gebildet werden kann. Eine solche Interpretation würde den negativen Wirkungszusammenhang zwischen sozialer Herkunft und Schulerfolg ausblenden. Stattdessen plädieren Klaffke und Priebe für einen proaktiven Umgang mit dieser systemischen Gegebenheit, welches für sie Gebot eines pädagogischen Berufsethos ist. Sie weisen auf mangelnde Handlung trotz Handlungsbedarf: „Keinen aufgeben – möglichst alle mitnehmen! Im deutschen Bildungssystem ist diese Zielvorstellung nach wie vor nicht eingelöst und eine bestürzende Aktualität" (2010a, 1). Gleichzeitig sehen die Autoren in der darin liegenden Forderung die Gefahr, dass „eine einzelne Lehrkraft oder auch eine einzelne Schule in die Sackgasse der Selbstüberforderung" gelangen kann (2010b, 8). Vielmehr ist zunächst die Verantwortung im Steuerungssystem sowie im Wirkungspotential von regionalen Schulnetzwerken zu orten.

Abgesehen von den bildungspolitischen Fragen, denen das Kompetenzstufenmodell ausweicht – etwa Struktur und Durchlässigkeit des Bildungssystems, Chancengleichheit und Bildungsbeteiligung – ist die banale, aber doch wesentliche Erkenntnis aus der ersten internationalen Testung von mathematischen Kompetenzen (FIMS) 1967 hier von besonderer Relevanz: das sogenannte „opportunity to learn" (OTL). Die OTL-These lautet, dass Schüler und Schülerinnen bei einer Prüfung benachteiligt werden, wenn sie keine Möglichkeit hatten, die geprüften Inhalte überhaupt zu lernen. Inzwischen ist der OTL-Begriff weit verbreitet und es gibt „opportunity-to-learn-Standards" für die Schul- und Unterrichtsentwicklung, welche sich auf Bildungsprozesse und Lerngelegenheiten der Schüler und Schülerinnen beziehen, nicht zuletzt weil OTL in mehreren empirischen Studien und Metaanalysen als einer der wichtigsten Einflussfaktoren auf Schülerleistungen, die auf der Schulebene steuerbar ist, identifiziert wurde (vgl. Marzano 2000).

OTL kann aus bildungspolitischer Sicht erst durch Bildungsstandards gesichert werden, und gehört gewissermaßen zu einer weiteren Wende im System: Wertlegung auf Demokratisierungsprozesse in und von der Schule. Traditionelle Lehrpläne werden nach dem Prinzip von Input und fachspezifischer Strukturlogik organisiert, während Bildungsstandards und das Kerncurriculum nach der Logik von Handlungskompetenz konzipiert werden. Der traditionelle Lehrplan ist meist eine Beschreibung des Inhalts von Teilen zum Ganzen, das heißt, es geht von Teilbereichen von Wissen und Fertigkeiten, die von vollendetem Wissen im Zusammenspiel von vollendeten Fertigkeiten (=Kompetenz) abgeleitet worden sind. Umgekehrt gehen Bildungsstandards beziehungsweise Kerncurricula vom Ganzen aus und bilden Performanzerwartungen, das heißt erwartete Leistungen, zu denen der Unterricht führen soll.

Ohne Orientierung an Ergebnissen, die für alle verbindlich sind, hat die einzelne Lehrperson kaum die Möglichkeit zu beurteilen, wie und ob sie den Lernenden gleiche Chancen im System sichert. Das Risiko eines Kompetenzstufenmodells ist allerdings, dass die Stufen zu Schulformen und Schülertypen zugeordnet werden. Systemweit ist trotzdem langfristig zu erwarten, dass durch die Orientierungsfunktion von Bildungsstandards Chancengleichheit durch opportunity to learn erhöht – wenn nicht gesichert – werden kann (siehe dazu den Kasten „Turnaround Schools", S. 136).

  EINLADUNG ZUM MITDENKEN

Was bedeutet „Bildung" für uns? Was heißt es, „gebildet" zu sein?
Wie gehen wir mit dem negativen Wirkungszusammenhang zwischen sozialer Herkunft und Schulerfolg um? Wie sichern wir opportunity to learn für alle?
Inwieweit können wir folgende Fragen beantworten?
▸ Was sind Standards?
▸ Wie unterscheiden sich Kompetenzen von operationalisierten Lernzielen?
▸ Was bedeutet es, „kompetenzorientiert" zu unterrichten?
Mit welchen praktischen Fragen müssen wir uns auseinandersetzen, damit uns nicht nur der Perspektivenwechsel, sondern auch die Ausrichtung unserer Praxis an Kompetenzen gelingt?

### 2.1.3 Lernprinzipien als Fundament der Schulentwicklung

Die Schülerleistungen, die im Zeitalter der Kompetenzorientierung zählen, sind Demonstrationen von Kompetenz. „Kompetent" ist synonym mit „handlungsfähig"; durch das komplexe Zusammenspiel von Wissen, Können und Disposition sind wir in der Lage, in einer Situation, die uns in Anspruch nimmt, mehr oder weniger erfolgreich zu handeln. Kompetenz zeichnet sich durch die flexible Anwendung und neue Zusammensetzung von Wissen und Können in wechselnden, unvertrauten Situationen aus. Sie ist mit bestimmten unsichtbaren Haltungen und Einstellungen wie Problemlösebereitschaft oder fachspezifischen Denkweisen und Lösungswegen verknüpft. Diese Unsichtbarkeit von Disposition stellt eine besondere Herausforderung dar: Weil Kompetenz komplex und situationsbezogen ist, gibt sie sich nicht bei diskreten Überprüfungen preis. Aus diesem Grund wird Kompetenz erst sichtbar, wenn eine Demonstration sich auf eine konkrete Anforderungssituation bezieht. Dieser Aspekt von Kompetenz hat weitreichende Konsequenzen für die Beurteilung (mehr darüber in Kapitel 2.4).

In der Expertise zur Einführung der Bildungsstandards wird der Kompetenzbegriff im Kontext der Bildungsplanreform präzisiert: „In Übereinstimmung mit Weinert (2001[a], 27 f.) verstehen wir unter Kompetenzen die bei Individuen verfügbaren oder von ihnen erlernbaren kognitiven Fähigkeiten und Fertigkeiten, bestimmte Probleme zu lösen, sowie die damit verbundenen motivationalen, volitionalen und sozialen Bereitschaften und Fähigkeiten, die Problemlösungen in variablen Situationen erfolgreich und verantwortungsvoll nutzen zu können. Kompetenz ist nach diesem Verständnis eine Disposition, die Personen befähigt, bestimmte Arten von Problemen erfolgreich zu lösen" (Klieme u. a. 2003, 72). Kompetenz ist ein Zusammenspiel von Fähigkeit, Wissen, Verstehen, Können, Handeln, Erfahrung und Motivation (ebenda, 73).

Jeder Schulkultur liegt ein Verständnis von Lernen zugrunde, und einzelne Akteure und Akteurinnen weichen mehr oder weniger von der Auffassung der Mehrheit ab. Der Kompetenzbegriff und damit die Bildungsstandards ruhen allerdings auf einer bestimmten Auffassung von Lernen, mit der sich Schule und Lehrkräfte auseinandersetzen müssen. Darin liegt die Chance, eine (Rück-)Besinnung auf die Bedeutung von Lernen durch Lernprinzipien im Rahmen der Schulentwicklung zu ermöglichen, wie Wiggins & McTighe in *Schooling by Design* (2007, 113) schreiben:

*Lernen ist eine Leistung, nicht nur eine Aktivität oder ein Prozess. Es macht keinen Sinn zu sagen, dass ein Schüler oder eine Lehrperson „gelernt", aber nicht „verstanden" hat. Es trifft daher auch nicht zu, wenn Lehrkräfte sagen: „Ich habe sie gelehrt, aber sie haben nicht gelernt". Und es geziemt sich auch nicht für eine Lehrperson, mit „Sie haben einen Einser bei mir!" zu reagieren, wenn Schüler die vorgegebenen Ziele nicht erreichen. Lernprinzipien sind [als Fundament des Schulprogramms] notwendig, weil viel zu viel vom traditionellen Schulunterricht und schulischen Lernen nicht zu den Ergebnissen führt, die wir erzielen, und zu viele der üblichen Unterrichtsansätze führen nicht zum Verstehen und den gewünschten Dispositionen [habits of mind].*

## Opportunity-to-learn-Standards

*Opportunity-to-learn-Standards beziehen sich auf den Input und die Prozesse des schulischen Lernens (zum Beispiel auf die Ausstattung von Schulen, auf die Gestaltung von Unterricht, auf die Qualifikation von Lehrpersonen), welche den Lernenden Zugang zu Lerninhalten sichern (Maag Merki 2005). Nach dem Positionspapier des National Council of Teachers of English (1996) sollen opportunity-to-learn-Standards sichern, dass*

▸ *Schüler und Schülerinnen Zeit zum Lernen und Reflektieren haben,*

▸ *Lehrer und Lehrerinnen Zeit zum Planen, Unterrichten und Reflektieren haben,*

▸ *angemessene Ressourcen für das Lernen zur Verfügung stehen,*

▸ *von der Gesellschaft gestellte Ressourcen zur Verfügung stehen.*

*Die von dem National Council of Teachers of Mathematics (2000) formulierten Prinzipien für Mathematik in der Schule werden oft als vorbildliches Beispiel für die Integration von opportunity-to-learn-Standards im deutschen Sprachraum herangezogen:*

▸ *Gerechtigkeit: Hohe Qualität im Mathematikunterricht benötigt Gerechtigkeit — hohe Erwartungen und starke Unterstützung für alle Schüler und Schülerinnen.*

▸ *Curriculum: Ein Curriculum ist mehr als eine Sammlung von Aktivitäten – es muss kohärent, fokussiert auf das Wesentliche der Mathematik und durch die Schulstufen klar artikuliert sein.*

▸ *Lehren: Effektiver Mathematikunterricht setzt voraus, dass das, was Schüler und Schülerinnen wissen und noch lernen müssen, verstanden wird, und in weiterer Folge Herausforderungen und Unterstützung für die Lernenden ermöglicht werden, damit sie es gut lernen können.*

▸ *Lernen: Schüler und Schülerinnen müssen Mathematik verstehensorientiert lernen und aktiv neues Wissen auf Erfahrung und Vorwissen aufbauen.*

▸ *Assessment: Leistungsbeurteilung soll das Lernen des Wesentlichen in der Mathematik unterstützen und zur Gewinnung von nützlichen Informationen sowohl für Lehrende als auch Lernende dienen.*

▸ *Technologie: Technologie ist essentiell beim Lehren und Lernen von Mathematik; sie beeinflusst die mathematischen Inhalte, die gelehrt werden, und bereichert das Lernen.*

Grundsätzlich bedeutet Lernen: wissend werden. Es führt zu veränderten Verhältnissen, ob in Selbst- und Weltverhältnissen oder in Verhältnissen zu anderen. Es führt zu „Veränderungen in Handlungs- und Verhaltensmöglichkeiten, von Deutungs- und Interpretationsmustern und von Geschmacks- und Wertstrukturen" (Göhlich & Zirfas 2007, 17). Obwohl heutzutage der Lernbegriff, ähnlich wie der Kompetenzbegriff, wertneutral ist (ein Bankräuber lernt viel, um seinen „Beruf" auszuüben), ist in westlichen Kulturen seit langer Zeit Lernen mit dem Konzept von Kultiviertheit verwandt gewesen. Zu lernen bedeutete, kultiviert zu werden, was wir heute mit „gebildet" ausdrücken. Lernprozesse sind wie beim Ackerbau Kultivierungsprozesse.

Trotz der Vielzahl an Erkenntnissen zum Lernen aus der Lernpsychologie und den Neurowissenschaften, bleibt Lernen aus pädagogischer Sicht weitgehend ein Mysterium, woran Lehrer und Lehrerinnen im Alltag dauernd erinnert werden, wenn das Geplante nicht wie geplant läuft. Lernen hängt von der Lebensbiografie ab und bedeutet Dazulernen, was Umlernen und Verlernen bedingen kann (vgl. Waldenfels 2000; Meyer-Drawe 2008). Obwohl Leistungsbewertungsinstrumente wie Lernportfolios und Lerntagebücher oder andere Formen der Reflexion von Lernen diese komplexen Prozesse sichtbar machen können, vermögen sie dies nur zum Teil. Manchmal ist die Brüchigkeit beim Lernen so stark, dass der Prozess erst nach Vollendung des Lernaktes – wenn überhaupt – artikuliert werden kann (Meyer-Drawe 2008). Lernen ist alles andere als ein einfaches Unterfangen.

Nichtsdestotrotz ist es möglich, für eine Schule die Schulkultur auf Basis von Lernprinzipien als Fundament für die Schul- und Unterrichtsentwicklung festzulegen. Lernprinzipien stärken die Qualitätssicherung, weil sie Orientierung für die Unterrichtsentwicklung und Qualitätssicherungsprozesse geben (Wiggins & McTighe 2007). Hier einige Beispiele für Lernprinzipien, die verstehens- und kompetenzorientierte Schulentwicklung stärken:

▸ Das zentrale Ziel von Lernen in unserer Schule ist die erfolgreiche Anwendung von Wissen und Fertigkeiten durch entsprechende Haltungen und Dispositionen bei wertvollen Aufgaben in bedeutungsvollen Situationen.

▸ Aktives, anhaltendes Lernen – die Voraussetzung für Verstehen – setzt voraus, dass die Lernenden den Wert ihrer Arbeit kontinuierlich wahrnehmen und ein wachsendes Gefühl der Selbstwirksamkeit spüren, wenn sie würdige Herausforderungen angehen.

▸ Ob die Lernenden neue Herausforderungen angehen und neue Erfahrungen über die Schulmauern hinaus verstehen, hängt davon ab, ob sie die Kernideen und Konzepte begreifen, die die sonst isolierten Informationen, Fertigkeiten und Erfahrungen zu einem sinnvollen Kontext vernetzen.

▸ Lernen kann nicht gelehrt werden und Verstehen kann nicht vermittelt werden; Lernen gelingt durch die Auseinandersetzung mit würdevollen, relevanten Aufgaben und muss eingeleitet werden, damit die Lernenden für sich selbst die Kraft einer Idee erkennen und spüren, wie sich Welt- und Selbstverhältnisse durch ihre eigene Erkenntnis ändern.

▸ Die Lernenden brauchen Transparenz und relevante, rechtzeitige und benutzerfreundliche Rückmeldung, um Ziele zu verstehen, qualitative Arbeit zu leisten und hohe Standards zu erreichen.

▸ Lernen ist risikohaft. Etwas grundsätzlich und tiefgehend zu verstehen, hängt von der Fähigkeit ab, etwas erneut zu durchdenken, und der Bereitschaft, alte Muster, Konstrukte und Wissen infrage zu stellen; um dieses Risiko einzugehen, brauchen die Lernenden ein sicheres, förderliches Umfeld.

▸ Lernen wird gestärkt, wenn die Interessen, Präferenzen, Stärken, Beiträge und das Vorwissen der Lernenden anerkannt und respektiert werden.

Angenommen, die Schulkultur und Schulentwicklung sind entschlossen „lernseits" orientiert (Schratz 2009a), dann ist die Thematisierung von Lernen und das Sichtbarmachen von (unsichtbaren) Lerntheorien essentiell. Es ist allerdings auffällig, dass nur die wenigsten Schulleitbilder und Schulprogramme Lernen als wesentlichen Faktor berücksichtigen; die meisten erwähnen das Lernen nicht einmal. Weil Lernen ohne Inhalt nicht möglich ist, führt die lernseitige Orientierung unvermeidlich zur Auseinandersetzung mit (Fach-)Inhalten. Wie Schirlbauer (2008) argumentiert, ist Lernen kein Inhalt, sondern eine Gedankentätigkeit. Allerdings kann eine intellektuelle Tätigkeit ohne Inhalt nicht ausgeübt werden. Er beschreibt die Irrwege, die entstehen, wenn Inhalt und Lernen nicht in Beziehung zueinander gestellt werden:

> *Inhalte: Das Wort ist in der Tat fatal. Es ist irreführend. Die Körper/Raum-Metaphorik, in welcher das harmlos scheinende Wörtchen zu uns spricht, induziert nämlich Vorstellungen und ganze Vorstellungsketten, Begriffskombinationen und Gedankenkonstruktionen, welche die Didaktik in die Irre führen können und ja auch tatsächlich in die Irre führten. Diese Irrwege sind uns aus der Geschichte allzu bekannt. Da man Inhalte in Behälter füllen kann, stellt sich für manche das Lernen als Dosierungsproblem dar. Da man sie verpacken kann, wird Didaktik vielfach als Kunstlehre von der Verpackung sperriger Gegenstände ausgelegt. Da Inhalte auch schwer bzw. leicht sind, handelt man sich in dieser Vorstellungsspur auch die Irrlehre von schweren bzw. leichten Aufgaben ein. Und da man Inhalte auch von A nach B transferieren kann, wird Didaktik mitunter zu einem Transportproblem und die Tätigkeit des Lehrers zu der eines Zwischenhändlers und Agenten der Vermittlung.* (Schirlbauer 2008, 198)

Die Chance der Kompetenzorientierung liegt darin, einen neuen Anspruch auf Inhalte zu stellen, und zwar den Anspruch der Handlungsfähigkeit. Nach der Frage „Was sollen die Schüler und Schülerinnen tun können?" folgt die Frage „Was brauchen sie dafür?" Damit wird die Zukunft zum Startpunkt und die (erzielte) *Wirkung* des Unterrichts steht plötzlich im Mittelpunkt der Schulentwicklung. Bei der Entwicklung des

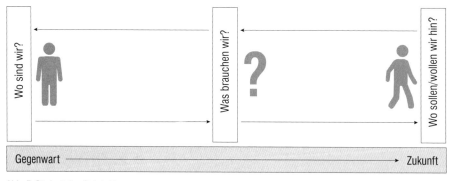

Abb. 7: Rückwärtige Entwicklung

Schulcurriculums wird „rückwärts" von den zu erzielenden Lernergebnissen her gearbeitet, um die Kompetenzziele zu erreichen (mehr dazu in Kapitel 2.3).

Das gleiche „rückwärtige" Prinzip gilt für die Schulentwicklung (Abb. 7). Die Ausrichtung nach Zielen ist weder für Unterrichts- noch Schulentwicklung neu. Wie die Ziele ausgerichtet werden, ist allerdings im Zeitalter der empiriegestützten Schulentwicklung neu. Durch die Vorgaben zum Output im Kerncurriculum rücken die erzielten Schülerleistungen ins Zentrum der Schulentwicklung. „Die erste Funktion der Bildungsstandards", schreiben Klieme u. a. (2003, 9), „besteht in der Orientierung der Schulen auf verbindliche Ziele. Lehrkräfte, aber auch Lernende und deren Eltern können sich darauf bei der pädagogischen Weiterentwicklung von Schule und Unterricht beziehen."

 EINLADUNG ZUM MITDENKEN

▸ Wann ist Lernen für uns Lernen? Was ist unsere Auffassung von Lernen?
▸ Inwieweit ist diese Auffassung mit der Kompetenzorientierung kohärent?
▸ Welche Chancen und Risiken sehen wir in der Kompetenzorientierung für unsere
▸ Schule sowie unsere Schüler und Schülerinnen darin?
▸ Inwieweit ist Lernen ein zentrales Thema in unserem Schulprogramm?
▸ Haben wir Lernprinzipien artikuliert? Orientieren wir uns an ihnen?

### 2.1.4 Welche Haltung nehmen wir gegenüber Bildungsstandards ein?

Die Einführung von Bildungsstandards und die damit gekoppelten standardisierten Leistungsmessungen lösen kritische Auseinandersetzungen mit Begrifflichkeiten und bildungstheoretischen Fragen auf allen Systemebenen aus, wie die folgenden Ausschnitte aus Brügelmanns fiktiver Diskussion (2001, 36 f.) lebendig machen:

*LehrerIn: […] Ich fürchte, mit Tests erwischt man nur ein paar kleine Zipfel von dem, worum es im Unterricht wirklich geht.*

*BildungsforscherIn: […] Wir stecken da in einer Falle. Versuchen wir komplexe Fähigkeiten zu erfassen, wirft man uns vor, ihr „Wesen" zu verfehlen; verzichten wir darauf, diese Fähigkeiten einzubeziehen, wird uns vorgehalten, wesentliche Ziele der Schule nicht zu berücksichtigen […].*

*Eltern: […] Wir Eltern haben doch ein berechtigtes Interesse an Informationen über die Qualität des Unterrichts in der Klasse unseres Kindes.*

*Schulaufsicht: Man muss doch sehen, dass kein System ohne Kontrolle auskommt. Manche Länder kontrollieren den „input" stärker […]. Andere geben in diesem Bereich mehr Freiräume und kontrollieren dafür den „output" stärker […].*

*LehrerIn: […] Die Testprogramme setzen ihrerseits eigene Prioritäten. Ich befürchte als Folge eine Uniformierung des Unterrichts, die nicht mehr auf die Besonderheiten vor Ort Rücksicht nehmen kann […].*

### Wurzeln der Kompetenzorientierung

*Pongratz (2007) macht kritisch auf die „Plastiksprache" der Kompetenzorientierung aufmerksam. Dieser für Bildung fremde Jargon (auch „Neudeutsch") ist nicht zufällig, wenn die Wurzeln des Kompetenzbegriffs betrachtet werden.*

*Das Konzept von competency-based education (CBE) ist in den USA in den 1970er Jahren im Kontext der beruflichen Erwachsenen(aus)bildung und work-based learning entstanden, ausgelöst durch die Immigrationswelle von Indochina im gleichen Zeitraum. Laut dem U. S. Office of Education ist kompetenzorientierte Erwachsenenbildung „ein Prozess, der zur nachweislichen Beherrschung von Basis- und Lebensfertigkeiten führt, die das Individuum braucht, um in der Gesellschaft kompetent zu funktionieren" (siehe auch Parker & Taylor 1980).*

*Als Unterrichtsansatz wurde „kompetenzorientiertes Lernen" im Fremdsprachenunterricht für Erwachsene zunehmend an den primär für das Sprachtraining und die damit verbundene gesellschaftliche Eingliederung für neue Immigranten und Immigrantinnen zuständigen berufsbildenden Erwachsenenbildungseinrichtungen betont und eingesetzt. Eine Befürworterin des Ansatzes, K. Lynn Savage vom City College of San Francisco, definierte Kompetenzorientierung in diesem Bereich als einen „funktionalistischen Zugang zur Bildung" (1993, 15). Sie bezieht sich hier allerdings mehr auf Aus-*

Häufig wird der Diskurs über die Einführung von Bildungsstandards von Ängsten und Einwänden aller Beteiligten begleitet. Baumert (2001, 24) fasst diese Einwände grob zusammen, indem er zwei „Basiseinwände" zu standardisierten Leistungsmessungen identifiziert:

*Der erste Einwand behauptet einen Widerspruch zwischen Ganzheitlichkeit von Bildungsprozessen und den eingeschränkten Fragestellungen von Evaluationsmaßnahmen, insbesondere wenn sie mittels standardisierter Leistungserhebungen erfolgten. Der zweite Einwand besagt, dass standardisierte Untersuchungen oftmals den ihnen zu Grunde liegenden Bildungsbegriff oder das voraussetzende Fachverständnis nicht explizieren und Bildungsqualität letztlich mit dem in eins setzen, was ein Test erfasse.*

Diese Einwände sind nachvollziehbar und stellen eine Herausforderung für die Schulentwicklung dar. Eine Auseinandersetzung mit dem Thema Bildungsstandards stellt einen hohen Anspruch an Schul- und Unterrichtsentwicklung und verlangt von allen Beteiligten differenziertes Denken und eine gemeinsame Sprache. Die wesentliche Frage befasst sich mit jener Haltung, womit jeder/jede sich auseinandersetzen muss: Wenn Standards und standardisierte Leistungsmessungen da sind – welche Haltung nehmen wir ihnen gegenüber ein?

In ihrem Wesen unterscheiden sich Bildungsstandards nicht von den Standards, die jeder Mensch für sich beansprucht und verwendet, um seine eigenen Erfolge und *bildung als auf Bildung; ein Unterschied, der nur durch den Kontext gedeutet werden kann, weil das englische Wort „education" sowohl „Bildung" als auch „Ausbildung" umfasst.*

*Der funktionalistische Ansatz im CBE-Konzept liegt auf der Hand: Das CBE-Konzept ist auf den Arbeitsmarkt ausgerichtet und wird durch diesen geprägt. Ein Beispiel aus jüngerer Zeit: Das Council on Education for Public Health hat 2005 seine Akkreditierungskritierien für Ausbildungsinstitutionen im Gesundheitsbereich modernisiert und verlangt neuerlich Kompetenzdeskriptoren statt Lernziele für Akkreditierung von Studiengängen.*

*In seiner Begründung erläutert das Council die Wirkung des kompetenzorientierten Prozesses auf Institutionen. Dabei werden die veränderten Machtverhältnisse zwischen Bildungsexperten und -expertinnen und der Wirtschaft klargelegt (2005, 1). „Kompetenzbasierte Bildung ist ein institutioneller Prozess, der die Orientierung im Bildungssystem von dem, was Absolventinnen und Absolventen nach Meinung der Wissenschaft wissen sollten (lehrerzentriert), darauf lenkt, was die Lernenden in sich verändernden, komplexen Situationen wissen und tun können sollten (lerner- und/oder arbeitszentriert). Kompetenzbasierte Bildung ist an Ergebnisse (Kompetenzen) gekoppelt, die auf den Bedarf am Arbeitsplatz ausgerichtet sind, wie sie durch Arbeitgeber und Berufsorganisation definiert werden. […] Im Wesentlichen ist kompetenzbasierte Bildung ein Prozess, nicht ein Produkt."*

Misserfolge im Leben zu erkennen und zu beurteilen. Standards sind grundsätzlich im Alltag zu finden, ob Hygienestandards in der Medizin, Kriterien für die Vergabe eines Führerscheins, im Wettbewerb entstandene Werte für erfolgreiches Skispringen bei der Vierschanzen-Tournee oder persönliche ästhetische Standards für einen schönen Garten. Dort, wo beurteilt oder bewertet wird, gibt es Standards.

Im Kontext der Schule erklären Wiggins & McTighe den Standardbegriff pragmatisch: „Zu fragen: ‚Was ist der Standard?', heißt zu fragen, *wie gut* die Schülerleistung sein soll, bei *welchen Aufgaben*, basierend auf *welchem Inhalt*, damit sie als kompetent beurteilt werden kann" (2005, 350). Diese Frage stellt jede Lehrperson bewusst oder unbewusst bei jeder Bewertung von Schülerleistung. Sie wird in der Praxis ständig gestellt, nicht nur fachbezogen sondern auch im Sinne der persönlichen und politischen Bestimmungen von Bildung, wie eine Lehrerin (in einem unveröffentlichten Interview vom 16. 6. 2009) einen für sie persönlich wichtigen Standard beschreibt:

*Ich denke mir, für mich ist es ganz wichtig zu sehen, dass die Kinder sich anstrengen, dass sie sich wirklich bemühen, dass sie weiter wollen. Und für mich ist ein Ziel, dass man einfach generell so weit kommt, dass man sich anstrengt, ohne dass jemand was sagen muss, und dass sie das merken für sich selber: ich kann das, und ich kann das auch noch, wenn ich will.*

Wie Wiggins & McTighe in ihrer Fragestellung deutlich machen, ist das Zusammenspiel von Kriterien („wie gut"), Situation („welche Aufgabe") und Fachbereich

(„welcher Inhalt") ausschlaggebend. Obwohl Kompetenzbeschreibungen an und für sich inhaltslos sind, ist Inhalt unverzichtbar. Ohne Inhalt, der als „Reibebaum" nicht nur für die Entwicklung von Kompetenzen sondern auch für sich-bildende Prozesse fungiert, gibt es kein Lernen – wir lernen immer etwas. Der Inhalt im Lehrplan und die in den Standards beschriebenen Kompetenzen bilden das „Womit" und das „Wohin": Womit fahren wir und wohin geht die Reise? Die Beschreibungen oder „Deskriptoren" stellen ein Gesamtbild der zu erwartenden Handlungsfähigkeit am Ende der Reise in dem jeweiligen Fach dar. Aus diesem Grund ist die Reisemetapher im angelsächsischen Sprachraum zu finden, etwa „unpacking the standards" oder „curriculum mapping", wenn es um standardorientierte Unterrichtsentwicklung und die dazu gehörigen Lehrerkompetenzen geht (vgl. Jacobs 1997, 2004).

Wie Oelkers (2009, 1) zusammenfasst, sind Bildungsstandards zunächst

> *einfach Ziele, die für einen bestimmten Zeitraum gelten und deren Erreichung überprüft wird. Natürlich sind Leistungsziele in der öffentlichen Schule immer überprüft worden, aber im deutschen Sprachraum bislang nicht mit Hilfe von Leistungstests, die auf Kompetenzstufen hin angelegt sind und deren Ergebnisse an das System rückvermittelt werden.*

Er verdeutlicht einige wesentliche Aspekte von (Bildungs-)Standards:

▸ ihr Sinn besteht darin, dass eine gemeinsame Orientierung für das „Wohin" in Form von Leistungsbeschreibungen allen zur Verfügung steht,

▸ dass die Überprüfung, ob Leistungsziele tatsächlich erreicht wurden, nichts Neues ist,

▸ dass systemweite Leistungsüberprüfung dagegen doch neu ist und

▸ dass Leistungen durch ein Kompetenzstufenmodell differenziert festgestellt werden.

Standards standardisieren also nicht die Menschen, sondern das Ziel, und damit die Leistungsfeststellung für systemweite Leistungsüberprüfung. Der Unterschied zum Schulalltag, in dem die Lehrperson ihre eigenen Standards für die Beurteilung setzt, ist, dass Bildungsstandards eine gemeinsame Orientierung bundesweit (vor-)geben. Sie sind fremdbestimmt. Oelkers hat aus der Perspektive der Lernenden Recht: Diese Fremdbestimmung von Standards für die Beurteilung von Leistung ist für sie nicht neu; daran sind sie im Schulalltag gewöhnt und dadurch werden sie sozialisiert. Der ausschlaggebende Unterschied bei standardisierten Leistungsmessungen ist, dass Bildungsstandards aus Sicht der Lehrenden „von oben" kommen, und dies ist für sie neu. Hier ergibt sich das Spannungsfeld, das jede Lehrperson und jede Schule spürt: eine Machtprobe zwischen Bildungspolitik beziehungsweise Gesellschaft und der einzelnen Lehrperson in der Bestimmung der Referenzwerte für die Beurteilung von Leistungen und damit für die Ziele des Unterrichts und der Schule. Plötzlich werden nicht nur die Lernenden einem Controlling ausgesetzt, sondern auch Schulen und Lehrpersonen.

EINLADUNG ZUR REFLEXION

> Mit welchen Standards hatten wir bisher an unserem Standort schon zu tun?
> Inwieweit haben wir Unterricht und Beurteilungsverfahren standardisiert?
> Wie und wozu?
> Welche Chancen und Gefahren liegen in der individuellen Standardisierung
> von Leistungsbeurteilung durch die einzelnen Lehrerinnen und Lehrer?

### 2.1.5 Führen Standards zu einer Nivellierung des Niveaus?

Die Sorge über eine Nivellierung des Niveaus kommt bei der ersten Begegnung mit den Indikatoren oft zum Ausdruck, die die Leistungsbeschreibungen der Bildungsstandards bilden. Diese Sorge ist nachvollziehbar. Im ersten Moment kommen den Lehrenden die Beschreibungen zu leicht vor: „Meine Schülerinnen und Schüler können aber viel mehr! Soll ich jetzt die Latte niedriger stellen, um meine Erwartungen an die Standards anzupassen?" Allerdings ist diese erste Reaktion oft Hinweis auf Irrtümer, die zu einer Unterschätzung der Bildungsstandards führen. Das Ziel von Leistungsmessungen nach Bildungsstandards ist nicht das Niveau festzu*legen*, sondern das Niveau festzu*stellen*.

In Deutschland sind die erzielten Lernergebnisse vier verschiedenen Stufen anhand eines Kompetenzstufenmodells (siehe Abb. 8) zugeordnet, damit unter anderem eine differenzierte Leistungsfeststellung möglich ist. Das Modell besteht aus Mindest-, Regel- und Maximalstandards. *Mindeststandards* beziehen sich auf ein definiertes Minimum an Kompetenzen, das alle Schülerinnen und Schüler bis zu einem bestimmten Bildungsabschnitt erreicht haben sollten, während *Regelstandards* die Kompetenzen, die im Durchschnitt von den Schülerinnen und Schülern bis zu einem bestimmten Bildungsabschnitt erreicht werden sollten, bezeichnen. *Maximalstandards* beziehen sich auf Leistungserwartungen, die bei Weitem die Erwartungen der Bildungsstandards durch besondere Gelingensfaktoren (Lernvoraussetzungen der Lernenden sowie Lerngelegenheiten innerhalb und außerhalb der Schule) übertreffen. Da Maximalstandards nicht unbedingt als realistische Orientierung für die Unterrichtsentwicklung geeignet sind und gleichzeitig eine Orientierung nur an dem durchschnittlichen Leistungsbereich des Regelstandards nicht genügend erscheint, wurde auch der Leistungsbereich *Regelstandard plus* festgelegt.

Um dieses Kompetenzstufenmodell besser zu verstehen, ziehen wir das Bild von Expertise heran.

Einerseits ist es erfreulich, wenn Schüler und Schülerinnen viel mehr können als die Regelstandards beschreiben, andererseits ist die Frage, ob und wie ihre Kompetenz festgestellt wurde, um dies zu behaupten. Können sie ohne Vorbereitung in unvertrauten Situationen genauso kompetent handeln wie bei vertrauten Aufgaben mit entsprechender Vorbereitung und Hinweisen? Berücksichtigt die Einschätzung ihres Könnens Nachhaltigkeit oder ist sie auf Basis von Performanzen bei Übungen und

Orientierung im Unterricht

| Mindeststandards | Regelstandards | Regelstandard plus | Maximalstandard |
|---|---|---|---|
| *Arbeitskraft* | *Fachkraft* | *Meister/Meisterin* | *Künstler/Künstlerin* |
| Minimum an Kompetenzen, „elementare" Handlungsfähigkeit | durchschnittliche Kompetenzen, „fachkundige" Handlungsfähigkeit | überdurchschnittliche Kompetenzen, „meisterhafte" Handlungsfähigkeit | außerordentliche Kompetenzen durch besondere Gelingensfaktoren, „schöpferische" Handlungsfähigkeit |

Abb. 8: Modellierung von Standards, Expertise und Kompetenzen

Klassenarbeiten entstanden, die oft nur kurzfristig erhalten bleiben? Kompetenzorientierte Leistungsmessungen geben Hinweise darauf, inwieweit erworbenes Wissen und erworbene Fertigkeiten über die Unterrichtssituation hinaus den Schülern und Schülerinnen zur Verfügung stehen. In der Fachsprache heißt dies „Transfer", wofür es 4 Grade gibt:

| Grad des Transfers | Bezeichnung | Leistungsaufgaben für Transfer |
|---|---|---|
| 4 | weiter Transfer | Aufgabe nicht vertraut, ohne Anleitung und Hinweise auf Lösungsansatz |
| 3 | naher Transfer | Aufgabe nicht vertraut, mit Hinweisen auf Lösungsansatz |
| 2 | minimaler Transfer | vertraute Aufgabe, explizite Hinweise auf bzw. Anleitung nach Lösungsansätzen aus dem Unterricht |
| 1 | kein Transfer | vertraute Aufgabe mit expliziten Hinweisen und Anleitung, verlangt einfache Wiedergabe |

Abb. 9: Die 4 Transfergrade

Wichtig ist, die Orientierungswirkung von Aufgaben auf Lernprozesse zu erkennen. Wie Wiggins (2009) betont, sind es die Lernenden selbst, die Entscheidungen über Lernen auf Basis von Rückmeldung treffen. Wenn die Lernenden während Lernprozessen nicht mit einem hohen Grad des Transfers konfrontiert werden, werden sie sich beim Lernen nicht an diesem Ziel orientieren.

Die Koppelung von standardisierter Leistungsmessung an Bildungsstandards bringt uns zu der Frage: Was wird hier standardisiert und wozu? Der Begriff „standardisieren" beschreibt eine Leistungsfeststellung oder -messung, die unter uniformen Bedingungen und Prozeduren durchgeführt wird, das heißt, dass auch beispielsweise eine Klassenarbeit, die von allen Schülern und Schülerinnen der 6. Schulstufe an einer Schule zum gleichen Zeitpunkt im Fach Mathematik gemacht wird, standardisiert ist. Nicht die Menschen oder der Unterricht, sondern die (formalen) Testungen werden standardisiert. Wiggins spricht den vielfach anzutreffenden Irrtum von Standardisierung an: „Der Schüler ist nicht das ‚Produkt'; die Schülerleistungen sind das Produkt unserer Arbeit" (1998, 221). Dies gilt für den Unterricht mit oder ohne Bildungsstandards. Letztendlich können Lehrer und Lehrerinnen auch nicht wie Maschinen produziert beziehungsweise standardisiert werden. Sie sind als „Künstler der Erziehung" viel zu wichtig.

Eine Wirkung von Outputorientierung über Bildungsstandards ist der Wechsel von einer Mentalität des „Abdeckens" zum „Aufdecken" (vgl. Wiggins & McTighe 2005, siehe Abb. 10). Die Mentalität des *Abdeckens* setzt sich zum Ziel, so viel wie möglich in einem Stoffinventar (zum Beispiel Lehrplan oder Lehrwerk) „durchzumachen". Merkmale für diese Mentalität sind zum Beispiel eine Jahresplanung, die Stoff, Themen, diskrete Fertigkeiten oder Kapitel eines Lehrwerks nach einer Zeitleiste auflistet; Fachteamsitzungen, die hauptsächlich Abstimmung über den Zeitplan und Tempo hinsichtlich Prüfungsstoff erzielen; Aussagen im Unterricht wie: „Wir haben das schon bei der letzten Klassenarbeit gehabt. Kannst du dich nicht erinnern?", oder Fra-

| Merkmale des „Abdeckens" | Merkmale des „Aufdeckens" |
|---|---|
| ▸ Jahresplanung, die Stoff, Themen, diskrete Fertigkeiten oder Kapitel eines Lehrwerks nach einer Zeitleiste auflistet<br>▸ Fachgruppensitzungen, die hauptsächlich Abstimmung über den Zeitplan und das Tempo hinsichtlich des Prüfungsstoffes erzielen<br>▸ Aussagen im Unterricht wie: „Wir haben das schon bei der letzten Klassenarbeit gehabt. Kannst du dich nicht erinnern?"<br>▸ Fragen an Kollegen und Kolleginnen wie: „Wie weit bist du?"<br>▸ Lernende im Mittelpunkt des Lehrens | ▸ Jahresplanung, die wesentliche Konzepte als Orientierung und authentische Aufgaben mit relevanten Beurteilungskriterien festlegt<br>▸ Fachgruppensitzungen, in denen die Lehrpersonen sich mit Kernideen und Kernfragen des Faches auseinandersetzen<br>▸ Aussagen im Unterricht wie: „Teste deine Theorie hier nochmals und sage uns, was du entdeckst"<br>▸ Fragen an Kollegen und Kolleginnen wie: „Wie zeigt sich diese Kompetenz im Leben?", „Welche Aufgaben sind relevant?"<br>▸ Lernende im Mittelpunkt ihres eigenen Lernens |

Abb. 10: Merkmale des Abdeckens und Aufdeckens

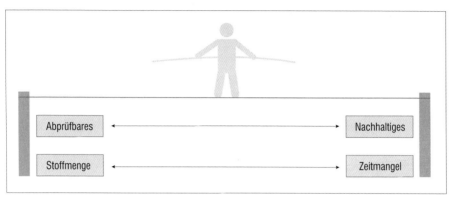

Abb. 11: Spannungsfelder in einer Kultur des „Abdeckens"

gen an Kolleginnen und Kollegen wie: „Wie weit bist du?" Diese Mentalität schließt nicht aus, dass die Lernenden im Mittelpunkt stehen, allerdings stehen sie im Mittelpunkt des Lehrens statt ihres eigenen Lernens.

Die Mentalität des *Aufdeckens* hat das Wesentliche im Auge. Lehrkräfte gestalten ihren Unterricht nach wenigen Kernideen und Kernfragen, die aus dem Kerncurriculum abgeleitet werden und essentiell für den Aufbau von fachspezifischer Kompetenz sind. Das langfristige Ziel ist, dass die Schüler und Schülerinnen Aufgaben mit einem hohen Grad des Transfers bewältigen können. Der Unterricht geht daher von authentischen Handlungssituationen aus und wird entsprechend dieser Situationen „rückwärts" gestaltet. Zwei Prinzipien spielen dabei eine wichtige Rolle: (1) Lernen kann nicht gelehrt werden, und (2) Lernprozesse sind weitgehend unplanbar. Der Unterricht wird daher nicht verplant, sondern Flexibilität in der Planung bewusst mitgedacht, um Freiraum für Unerwartetes beim Lernen (sowohl Schwierigkeiten als auch Leichtigkeit) zu sichern.

Aus der Perspektive des Aufdeckens können Lehrer und Lehrerinnen Prioritäten setzen, um das Spannungsfeld Stoffmenge – Zeitmangel aufzulösen. Was ist absolut notwendig für die Schüler und Schülerinnen zu wissen, zu können und zu verstehen, damit sie in unserer Gesellschaft handlungsfähig sind und in Zukunft diese mitgestalten können? Die Priorisierung steuert die Auswahl der wesentlichen Inhalte, damit Stoff nicht dominiert und Zeit für den Kompetenzerwerb und formative Leistungsbeurteilung auf dem Weg gewonnen werden kann. Vor allem geht es darum, leicht Abprüfbares wie Fakten oder Informationen, welche leicht vergessen oder bei Bedarf nachgeschlagen werden können, durch Nachhaltiges zu ersetzen.

EINLADUNG ZUM MITDENKEN

Wie können wir sicherstellen, dass

▸ Lernende Zeit zum Lernen und Reflektieren haben?

▸ Lehrende Zeit zum Planen, Unterrichten und Reflektieren haben?

Was brauchen wir an Kompetenzen und Qualifizierung, um Nachhaltiges zu beurteilen statt Kurzfristiges abzuprüfen? Verfügen wir über diese Kompetenzen? Wenn nein, wie können wir sie entwickeln?

## 2.2 Umgang mit Daten als Aufgabe von Schulentwicklung

 EINLADUNG ZUM VORDENKEN

Stellen Sie sich vor, dass Sie bei Ihrem Beitrag zum Wettbewerb „Die Schule des 21. Jahrhunderts" das weiße Blatt mit Ihrem Traum einer zukünftigen Schule bereits gefüllt haben. Sie lehnen sich zurück und bewundern Ihren Prototyp.

Dann lesen Sie nochmals die Einladung zum Wettbewerb und finden Folgendes: „Begründen Sie Ihren Prototyp mit einer Zusammenfassung der wichtigsten Belege und Hinweise (Evidenz) auf einem A4-Blatt. Besonderer Wert wird auf eigene Erkenntnisse aus Ihrer Abteilung für Forschung und Entwicklung gelegt."

Was tun Sie? Welche Belege haben Sie dafür, dass Ihr Prototyp erfolgreich sein wird?

Der Umgang mit Daten nach dem Prinzip „Use what works" ist Kernstück der Qualitätssicherung und (Weiter-)Entwicklung. Aus diesem Grund ist von „datengestützter Entwicklung" die Rede. Wie der Darstellung des Entwicklungskreislaufes aus dem Beschluss der Kultusministerkonferenz vom 10. Dezember 2009 zu entnehmen ist, sind Daten zum Lernstand der Schüler und Schülerinnen von zentraler Bedeutung.

In der Folge ziehen wir den Begriff „evidenzbasiert" vor, weil wir eine Chance darin sehen, dass der Evidenzbegriff neue Möglichkeiten für die Schulentwicklung eröffnet. „Daten" beziehen sich üblicherweise auf vereinbarte (Daten-)Bestände oder Messergebnisse, die meistens numerisch (als Zahlen- oder Prozentwerte) formuliert werden. „Evidenz" hingegen ist ein neudeutsches Wort für „Beleg" in verschiedenen Formen. Evidenz umfasst jene Daten, Informationen und Wahrnehmungen, die als Entscheidungsgrundlage fungieren können, wie etwa:

▸ *demografische Informationen:* Daten und Fakten, die eine Schule, deren Schüler und Schülerinnen, Mitarbeiter und Mitarbeiterinnen, Eltern und Einzugsgebiet beschreiben, zum Beispiel Gender-Statistik, Durchschnittsalter des Kollegiums oder Durchschnittseinkommen der Bevölkerung

▸ *Schülerleistung:* Daten und andere Belege aus externen und internen standardisierten Leistungsprüfungen, Leistungsaufgaben der Schüler und Schülerinnen, Portfolios, Projektergebnisse, Lernzielkataloge, Pensenbücher und so weiter

‣ *Wahrnehmungen:* Daten und andere Belege darüber, was Menschen über etwas denken, etwa Daten aus einer Elternbefragung, einer Umfrage bei der Schulkonferenz oder aus Gesprächen zwischen Tür und Angel

‣ *Schulprozesse:* Abläufe wie Rückmeldung oder Einteilung von Lehrpersonen, Organisation von Fachunterricht beziehungsweise fächerübergreifenden Bereichen, Gestaltung von Stundentafeln ermitteln Informationen und weisen gleichzeitig auf organisatorische Faktoren hin

‣ *fremde Praxis:* Erfahrungen von anderen, wie Forschungsergebnisse, Berichte, Schulporträts

So gesehen gehört die Arbeit mit Evidenzen zum Schulalltag. Die Schulleitung gestaltet und modifiziert Prozesse und Strukturen nach Hinweisen aus dem Kollegium, Anregungen der Eltern oder Ideen von anderen Schulen. Lehrer und Lehrerinnen arbeiten kontinuierlich mit Daten über die Leistungsentwicklung ihrer Schüler und Schülerinnen, um Hinweise für nächste Schritte in der Praxis zu bekommen. Schüler und Schülerinnen orientieren sich besonders stark an Evidenz, weil der Lernprozess durch Rückmeldung und Belege des aktuellen Lernstandes erst in Gang gehalten werden kann. Wenn von „datengestützer Schulentwicklung" die Rede ist, ist vorwiegend der Umgang mit (Mess-)Daten aus standardisierten Überprüfungen (Leistungstests, Vergleichsarbeiten, Schulinspektion u. Ä.) gemeint.

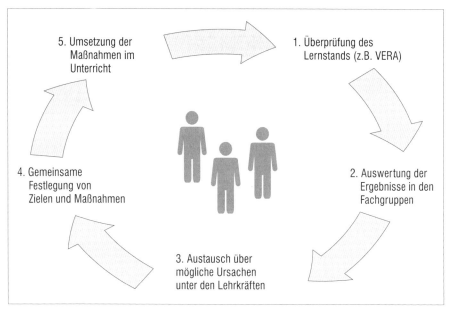

Abb. 12: Datengestützter Entwicklungskreislauf an einer Schule (KMK 2009, 12)

Evidenzgesteuerte Entscheidungsfindung gehört eigentlich zum Alltag. Bei jeder Entscheidung ziehen wir Informationen heran, an denen wir uns orientieren. Wenn wir unterwegs sind und Hunger haben, überlegen wir uns, wie hungrig wir sind, welche Optionen zur Verfügung stehen und wie viel Geld wir haben. Dazu können weitere Überlegungen hinzukommen, wie Gesundheitsbewusstsein, Nahrungsallergien oder wie viel Zeit bis zur nächsten geplanten Mahlzeit bleibt. Evidenzgesteuerte Entscheidungsfindung bedeutet im Grunde, überlegt und informiert zu handeln.

Evidenzbasierte Entwicklung und Innovation ist außerhalb des Schulwesens nichts Neues. Konsumentenprodukte sind schon längst an Evaluierungsergebnissen und Qualitätsstandards orientiert. Medizinische Behandlungen werden durch evidenzbasierte Entscheidungsprozesse bestimmt. Organisationen in der Industrie und Technologie führen Innovationsabteilungen unter dem Namen „Forschung und Entwicklung", um neue Erkenntnisse zu gewinnen und einen Marktvorteil zu sichern. Aber auch die großen Erfinder und Erfinderinnen haben ihre Erfindungen auf Basis von Daten und Beweisen (weiter-)entwickelt. Edison hat die Glühbirne nicht über Nacht dank einer Blitzsekunde der Inspiration entworfen, sondern an der Entwicklung der Glühbirne monatelang in seinem Labor „Menlo Park" mit mehreren Mitarbeitern gearbeitet. Erfindungen und Neuentwicklung sind selten Ergebnisse von Zufällen.

Evidenzbasierte Schulentwicklung für die Sicherung und Weiterentwicklung von Schulqualität findet idealtypisch in einem Kreislauf statt (Abb. 12). Dies bedeutet, dass Entscheidungen auf Basis von Daten und anderen Belegen getroffen werden. Den Zielen, worauf die Schule sich richtet, kommt eine neue Bedeutung zu, weil Evaluation nur mit klaren Zielformulierungen realisiert werden kann. Um evidenzbasierte Entscheidungen zu treffen, müssen Ziele auf der Basis von Kriterien und Indikatoren formuliert und in den Schulentwicklungsprozess eingebunden werden. Der Kreislauf kommt erst dann richtig in Gang, wenn die gewonnenen Erkenntnisse und darauf basierte Entscheidungen in strategischen Planungen und Prozessgestaltungen eingebettet werden. Die eigentliche Neuerung liegt nun darin, dass die (Selbst-)Wahrnehmung der Schule infrage gestellt wird und nicht Intuition und Mutmaßungen, sondern Belege den Entscheidungen zugrunde liegen. Irritationen, ausgelöst durch evidenzbasierte Entwicklungsprozesse, sind nicht nur zu erwarten, sondern zu erzielen, damit Reibungsflächen entstehen und Veränderungsprozesse in Gang kommen.

Gleichzeitig werden die mitgestaltenden Menschen an der Schule herausgefordert, mit Irritationen konstruktiv umzugehen, auch wenn sie zunächst Enttäuschung und Widerstand auslösen. Eine Schulkultur, die von der Dynamik des dialogischen Miteinanders lebt und an dem Prinzip „Use what works" (mehr darüber in Kapitel 2.1) orientiert ist, ist förderlich. Entlastung kommt von einer Schritt-für-Schritt-Herangehensweise nach dem Motto „Think big, start small, but start". Zunächst braucht die Schule Entwicklungsstrukturen, die von den spezifischen Gegebenheiten an der Schule abhängig sind. Ist die Schule sehr klein, werden wahrscheinlich alle mit dem Anliegen betraut und an der Planung und Prozessgestaltung beteiligt. Wenn die Schule größer ist, stellt sich die Frage, ob eine Steuergruppe für die strategische Planung

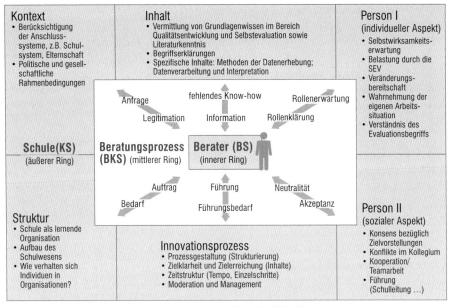

**Kontext**
- Berücksichtigung der Anschlusssysteme, z.B. Schulsystem, Elternschaft
- Politische und gesellschaftliche Rahmenbedingungen

**Inhalt**
- Vermittlung von Grundlagenwissen im Bereich Qualitätsentwicklung und Selbstevaluation sowie Literaturkenntnis
- Begriffserklärungen
- Spezifische Inhalte: Methoden der Datenerhebung; Datenverarbeitung und Interpretation

**Person I**
(individueller Aspekt)
- Selbstwirksamkeitserwartung
- Belastung durch die SEV
- Veränderungsbereitschaft
- Wahrnehmung der eigenen Arbeitssituation
- Verständnis des Evaluationsbegriffs

**Schule(KS)**
(äußerer Ring)

**Beratungsprozess (BKS)** (mittlerer Ring)

**Berater (BS)**
(innerer Ring)

Anfrage  fehlendes Know-how  Rollenerwartung
Legitimation  Information  Rollenklärung

Auftrag  Führung  Neutralität
Bedarf  Führungsbedarf  Akzeptanz

**Struktur**
- Schule als lernende Organisation
- Aufbau des Schulwesens
- Wie verhalten sich Individuen in Organisationen?

**Innovationsprozess**
- Prozessgestaltung (Strukturierung)
- Zielklarheit und Zielerreichung (Inhalte)
- Zeitstruktur (Tempo, Einzelschritte)
- Moderation und Management

**Person II**
(sozialer Aspekt)
- Konsens bezüglich Zielvorstellungen
- Konflikte im Kollegium
- Kooperation/ Teamarbeit
- Führung (Schulleitung ...)

Abb. 13: Dimensionen bei der Schulentwicklungsberatung (Holzäpfel 2008, 26)

und Evaluationsgruppen für die operativen Aufgaben eingerichtet werden sollen. Dies schließt die volle Beteiligung von allen Akteuren und Akteurinnen nicht aus, allerdings benötigt es die inhaltliche und prozesshafte Einbindung von allen in die Arbeit der Gruppen. Ansonsten besteht die Gefahr, dass eine Konsumentenhaltung gegenüber Evaluationsgruppen entsteht und Verantwortung nicht von jeder einzelnen Person wahrgenommen wird.

 EINLADUNG ZUR REFLEXION

- ▸ Wer wird in unsere Schulentwicklungsprozesse eingebunden und wie?
- ▸ Welche Strukturen und Rollen haben wir geschaffen?
- ▸ Welche brauchen wir noch?

### 2.2.1  Ziele setzen, selbst evaluieren

Die Selbstevaluation ist ein Instrument für die Qualitätsentwicklung am eigenen Standort. Sie liefert wichtige Informationen und bildet damit die Grundlage für Entscheidungen über Prozesse, Strukturen und Strategien, die zum Ziel führen. Somit löst die Selbstevaluation Entwicklungsprozesse aus, treibt sie voran oder gibt Hinweise, wie sie korrigiert werden sollen.

Datengestützte Entwicklung erfordert neue methodische Kompetenzen, unter anderem die Formulierung von Fragen, die zur treffsicheren Datengewinnung führen, aber auch methodische und statistische Kompetenzen, um Informationen aus den Daten zu gewinnen, Know-how für die Erarbeitung von Instrumenten sowie die Kompetenz des Interpretierens, damit Daten zu Taten werden. Unterstützung für die erste Selbstevaluation in Form von Beratung, Instrumenten und Beispielen werden von den jeweiligen Bundesländern und anderen Organisationen (zum Beispiel EIS-Evaluationsinstrument in Baden-Württemberg) zur Verfügung gestellt.

In der Planung des Gesamtprozesses sind drei Dimensionen bedeutsam: Person, Prozess und Inhalt (Abb. 13). Wie werden die Betroffenen zu Beteiligten? Welche zwischenmenschlichen Aspekte sollen berücksichtigt werden, welche individuellen, persönlichen? Wie können wir Prozesse entsprechend unseren Zielen planen und strukturieren? Wie können wir unser Anliegen konzipieren? Auf welcher Grundlage beruht es? Welche Informationen brauchen wir und wie bekommen wir sie?

Die Aspekte von Betroffenheit und Beteiligung stehen im Zusammenspiel mit Personen, Prozessen und Inhalten. Wie Entscheidungen im Rahmen von Schulentwicklung getroffen werden, wirkt sich wesentlich auf die Ablaufprozesse aus. Wenn Schulentwicklungsprozesse formal begründet werden („Wir haben eine Aufgabe zu erfüllen") oder Entscheidungen von wenigen Personen getroffen werden („Die Schulleitung hat es entschieden"), ist kaum Beteiligung an Prozessen und Mitgestaltung von Inhalten zu erwarten. Bewegung wird bei dieser Herangehensweise mehr von formalen Strukturen als Personen, Prozessen und Inhalten ausgelöst. Intensive Auseinandersetzung aller Betroffenen und gemeinsame Entscheidungsfindung in bewussten Prozessen hingegen ermöglichen Beteiligung, damit die Betroffenen zu Beteiligten werden.

In einem nächsten Schritt können von Entwicklungsanliegen und selbstbestimmten Inhalten abgeleitete Ziele formuliert werden. Ziele sind Fundament der Selbstevaluation und steuern Schulentwicklungsprozesse. Gute Ziele sind realistisch und spezifisch und lassen sich in Arbeitsschritte und Teilziele unterteilen. Um den Erfolg zu beurteilen, müssen Kriterien festgelegt und Indikatoren bestimmt werden. Eine allgemeine Orientierung geben Indikatoren und Merkmale von Schulqualität in den Referenzrahmen der jeweiligen Bundesländer.

Bei der Zielformulierung gilt die bekannte SMART-Formel weiterhin:

▸ Ist das Ziel klar und simpel?
▸ Ist es messbar?
▸ Ist es aktiv?
▸ Ist es realisierbar?
▸ Ist es terminierbar?

Beispiel einer SMART-Zielformulierung: Wir bieten allen Schülern und Schülerinnen die Voraussetzung, dass sie bis zum Abschluss des Schuljahres die Lernziele erreichen, indem wir

▸ Methoden für die Erstellung von Lernprofilen unserer Schüler und Schülerinnen auswählen und verwenden;

▸ formative Leistungsbeurteilungsformen in allen Fächern auswählen, entwickeln und erproben, damit wir ein Best-Practice-Modell für unsere pädagogische Arbeit erhalten;

▸ Qualitätsprozesse für den Vergleich von Ergebnissen aus externen Leistungstests mit unseren internen Leistungsfeststellungen innerhalb des Schuljahres festlegen und anwenden.

 EINLADUNG ZUM MITDENKEN

Analysieren Sie die Dimensionen *Person*, *Prozess* und *Inhalt*.
▸ *Person:* Wer sind derzeit Betroffene? Wer sind Beteiligte?
Welche zwischenmenschlichen Aspekte müssen wir berücksichtigen?
▸ *Prozess:* Welche Prozesse sind bereits vorhanden? Entsprechen unsere Prozesse unseren Zielen?
▸ *Inhalt:* Inwieweit ist unser Entwicklungsanliegen artikuliert und konzipiert?
Auf welcher Grundlage? Welche Ziele haben wir uns gesetzt? Auf welcher Basis?
Erfüllen sie die SMART-Kriterien?

## 2.2.2 Schulqualität erkunden

Die Erkundung der Qualität an der eigenen Schule stellt einen hohen Anspruch an alle Akteure und Akteurinnen. Wenn sich die evidenzbasierte Schul- und Unterrichtsentwicklung zum Ziel setzt, Qualität zu erkunden, dann gilt es, nicht nur das *Was* in Form einer Evaluation zu erheben, sondern vor allem das *Wie* zu erkunden, da „*Was* eine ‚gute‘ Kindertageseinrichtung beziehungsweise eine ‚gute‘ Schule ist, entscheidet sich allein danach, wie gut sie jeweils ist" (Neumann & Honig 2009, 192). Die Frage für das Erkunden von Qualität an der eigenen Schule lautet daher: Wie machen wir das, was wir machen? Qualität ist weniger ein objektives Merkmal als ein anstrebenswerter Zustand. Nach Honig ist der Ausdruck Qualität eine Metapher, eine „realitätsstiftende Fiktion", die „zunächst lediglich gesellschaftliche Erwartungen an die professionellen Leistungen des Bildungs-, Sozial- und Gesundheitswesens" ausdrückt.

Evidenzbasierte Schulentwicklung erfordert Qualitätssorge am eigenen Standort, von der Feststellung des Bedarfs zu der Auswertung und Interpretation von Evidenz. Der bewusste Einsatz von quantitativen und qualitativen Methoden hängt von der Zielsetzung ab. Wenn zum Beispiel Informationen über das Wohlbefinden der Schüler und Schülerinnen als ein Wirksamkeitsfaktor auf Bildungs- und Lernprozesse erforscht werden sollen, gibt es mehrere Möglichkeiten, zu Evidenz zu kommen, wie zum Beispiel in der Tabelle Abb. 14 abgebildet.

Im Zwischenbericht zur Auswertung der Pilotierung von Entwicklungsbegleitung bei der Einführung von Selbstevaluation identifiziert Holzäpfel (2006) Mängel in der Arbeit mit datenunterstützter Schulentwicklung im System. Einerseits beschränkten sich die Erhebungen an den Schulen auf ein begrenztes Repertoire an Instrumenten,

| Rückmeldungsformen | Wahrnehmungen, Einsichten und Rückmeldungen der Beteiligten werden mittels unterschiedlicher Instrumente wie Zielscheiben, Einschätzbögen u. Ä. eingeholt |
|---|---|
| Gespräche | Gespräche mit Augenmerk auf ein bestimmtes Thema, ob zwischen Tür und Angel, während Pausen, in formellen Settings |
| Beobachtungen | Beobachtungen und Wahrnehmungen von Situationen und Interaktionen, mittels formalisierter Checklisten oder informeller Notizen protokolliert |
| Fotodokumentation | Fotos, die von Beteiligten nach einem bestimmten Thema oder einer bestimmten Frage gemacht werden, um ihre Wahrnehmung zu zeigen |
| Fragebögen | Erhebungen, ob mit offenen Fragen, Multiple Choice oder Antworten auf einer Skala |
| Interviews | Fact-Findung und die Gewinnung von Einsichten durch Interviews, ob von einem Leitfaden gesteuert oder offen |
| Shadowing | die stumme Begleitung von Beteiligten, um das Geschehen mit ihnen aus ihrer Sicht zu erleben, meistens kombiniert mit Protokollieren von Eindrücken, Handlungen, Aussagen usw. |
| World Café | nutzt die kollektive Intelligenz einer Gruppe durch strukturierten Austausch zu bestimmten Fragen und das Festhalten von Ergebnissen |
| Classroom Walk-Throughs | zehnminütige Durchgänge der Schulleitung im Unterricht, um einen Kurzeindruck des Geschehens zu gewinnen |
| Fokusgruppen | Kleingruppen von Beteiligten mit besonderen Einsichten und Expertisen, die sich mit bestimmten Fragen auseinandersetzen und ihre Meinungen und Erfahrungen dazu austauschen; werden meistens protokolliert oder aufgenommen |
| Lernerportfolios | eine Sammlung von Belegstücken von Wert, die Einsichten in die Entwicklung und Erfahrungen der Lernenden geben, ob fachspezifisch oder fächerübergreifend |
| Schulportfolios | eine Sammlung von Belegstücken von Wert, die sowohl quantitative als auch qualitative Einsichten in das Was und Wie der Schule geben |

Abb. 14: Instrumente zum Erforschen der Schule

was möglicherweise auf mangelnde Kompetenz bei der Gewinnung von Evidenzen in der Schulentwicklung hinweist. Andererseits weist Holzäpfel auf Mängel in der Beraterkompetenz, insbesondere in statistischen Berechnungen, Interviews, qualitativer Datenerhebung und Auswertung qualitativer Daten hin.

## Anleitung für die Thesen-Interview-Methode

*1. Thesen werden auf einzelne Blätter geschrieben und vervielfältigt, damit alle Teilnehmer und Teilnehmerinnen jeweils eine These bekommen. Zum Beispiel, wenn 25 Personen die Thesenarbeit machen und 5 Thesen vorhanden sind, werden jeweils 5 Blätter pro These vorbereitet.*

*2. Jede Person bekommt ein Thesenblatt und hat 10 Minuten Zeit, 3 bis 5 Kommentare, schulische Erfahrungen, gefühlsmäßige Reaktionen oder Widersprüche zu ihrer These einzuholen. Sie machen Notizen zu den Aussagen auf ihrem Blatt.*

*3. Die Thesengruppen setzen sich anschließend zusammen und erstellen aus den Interviewergebnissen eine Positionierung oder Zusammenschau, die sie durch ihre eigene Erfahrung anreichern.*

*4. Die Zusammenfassungen werden präsentiert. Diskussionen über Hinweise für next practice, Handlungsbedarf und neue Einsichten werden im Plenum moderiert.*

Quantitative Datenerhebungen dienen in den meisten Fällen der Frage nach dem *Was*. Hierzu können die Mathematiklehrkräfte an der Schule heraus einen wesentlichen Beitrag zur Schulentwicklung leisten. Ihre Expertise bei der Auswertung von Daten steht jeder Schule zur Verfügung. Darüber hinaus gibt es Möglichkeiten, große Datenmengen auf das Wesentliche zu reduzieren, etwa durch Fragen wie:

▸ Was fällt auf?
▸ Was überrascht?
▸ Wo sind Abweichungen sichtbar?
▸ Was sind die größten Diskrepanzen?
▸ Was sind die drei bedeutsamsten Ergebnisse?

Diese Reduzierung kann im Schulentwicklungsteam oder im Kollegium erfolgen.

Die Arbeit mit qualitativen Daten aus Interviews, Gesprächen, Shadowing, Protokollen und anderen Quellen, die nicht durch Zahlen repräsentiert werden können, stellt eine andere Herausforderung dar. Nach der Leitfrage „Wie machen wir das, was wir machen?" werden Belege für das Wie gesammelt. Im Vergleich zum Umgang mit quantitativen Erhebungen, verlangt die Auswertung von diesen Belegen andere Kompetenzen. Hier können eventuell Kollegen und Kolleginnen mit entsprechender Erfahrung und Expertise besonders hilfreich sein. Grundsätzlich geht es um die Erkennung von Mustern und Themen, die mehr oder weniger formal kodiert werden können. Folgende Fragen unterstützen den Prozess der Auswertung:

▸ Was fällt auf?
▸ Welche Muster sind erkennbar?
▸ Welche Themen sind wiederkehrend?
▸ Was scheint wesentlich zu sein?
▸ Welche Botschaft haben diese Belege für uns?

| Thesenformulierung | Auf Basis der Auswertung werden 5 bis 7 Thesen in präzisen, vollständigen Sätzen formuliert, die als Grundlage für Reflexion und Diskussion im Kollegium dienen. |
|---|---|
| 3 wesentliche Punkte | In einem Team oder mehreren Gruppen wird die Auswertung analysiert und es werden 3 wesentliche Punkte (Themen, Bilder, Botschaften) auf Kärtchen geschrieben und zur Diskussion gestellt. |
| Priorisierung | Mit Klebepunkten werden die ausgehängten Ergebnisse von den Beteiligten nach Wichtigkeit bewertet. |
| Mengendiagramm (Venn-Diagramm) | Ein Mengen- bzw. Venn-Diagramm besteht aus überlappenden Kreisen o.Ä. und ermöglicht die Darstellung von verschiedenen Mustern, Themen oder Dingen, die auch Gemeinsamkeiten (als Überlappungen dargestellt) haben. |
| Metaphern und Analogien | Die Beteiligten formulieren Metaphern oder Analogien als Interpretation der Ergebnisse. |
| Ordnen bzw. Cluster bilden | Evidenzen werden nach bestimmten Begriffen bzw. Wertigkeiten geordnet, um Zusammenhänge, Über-/Unterordnungen u.Ä. sichtbar zu machen. |
| Darstellen, aufstellen | Zusammenhänge, Abhängigkeiten u.Ä. werden durch das Dar- und Aufstellen von Figuren bzw. durch Personen sichtbar gemacht. |

Abb. 15: Methoden zur Verdichtung und Interpretation von Erkenntnissen

Nach der Auswertung der Evidenzen ist der nächste Schritt die Analyse und Interpretation der Ergebnisse. Hier kommt wieder die Leitfrage ins Spiel: „Wie machen wir das, was wir machen?" Eine Vielzahl von Methoden für die Auswertung im Kollegium oder im Team steht zur Auswahl – etwa die Formulierung von Thesen (siehe Abb. 15; sie können aber auch selbst entwickelt werden). Das Ziel ist, brauchbare Erkenntnisse und Einsichten für die Weiterentwicklung zu gewinnen. Dafür ist eine aussagekräftige Verdichtung erforderlich, die sich sowohl am Was als auch am Wie orientiert. In der Übersicht in Abb. 15 finden sich Möglichkeiten dafür.

 EINLADUNG ZUM AUSPROBIEREN

Das Formulieren von Thesen ist eine wichtige Kompetenz. Thesen-Interviews sind eine Methode für die Auseinandersetzung mit Erkenntnissen in Form von Thesen. Sie werden als vollständige Sätze formuliert und sollen die Erkenntnis präzise ausdrücken. Beispiele von Thesen finden Sie im Kasten „Turnaround Schools", S. 136.

## 2.3 Schulinterne Curriculumentwicklung[2]

 EINLADUNG ZUM VORDENKEN

Stellen Sie sich vor, Ihr Prototyp einer zukunftsweisenden Schule ist weitgehend fertig und Sie haben Belege aus eigener Erfahrung für Ihr innovatives Schuldesign zusammengestellt. Sie lesen nochmals die Einladung zum Wettbewerb und finden Folgendes: „Zeigen Sie das Wechselspiel zwischen Lernen und Lehren anhand eines Beispiels aus dem Schulalltag an Ihrer Schule. Mit welchen Lerninhalten setzen sich die Lernenden an Ihrer Schule auseinander und weshalb? In welchen Settings? In welchen Situationen? Mit wem? Mit welchem Ziel?"

### 2.3.1 Der Unterricht im Fokus der Schulentwicklung

Seit Mitte der 1980er Jahre breitete sich auch im deutschsprachigen Raum die Einsicht aus, dass „gute Schulen" im Rahmen einer eher zentralistisch orientierten Bildungspolitik „top down" nicht zuverlässig zu erreichen sind und dass sich die Qualität von Schulen vor allem „vor Ort" erweisen muss. Helmut Fend (1986) prägte den Begriff von der „Einzelschule als pädagogischer Entwicklungs- und Handlungseinheit", die als „Verantwortungsgemeinschaft" einen gestalterischen Aufforderungscharakter in sich trägt. Bis weit in die 1990er Jahre hinein kam es zur verstärkten Adaption von Modellen und Konzepten der Organisationsentwicklung vor allem aus dem skandinavischen, angloamerikanischen und niederländischen Raum.

Die Schulforschung folgte dieser Bewegung und befasste sich mehr und mehr – auch empirisch – mit Voraussetzungen und Merkmalen von Schulqualität. Vor allem die Qualität einzelner Schulen stand dabei im Mittelpunkt des Interesses. Selbstverständlich waren dabei auch Unterricht und Unterrichtsqualität im Blick; insgesamt aber herrschte die Hypothese vor, dass in einer gut entwickelten Schulorganisation auch der Unterricht gut wird und dass die Unterrichtsfachleute in der Schule sich nur möglichst intensiv an der schulischen Organisationsentwicklung beteiligen sollten, um dadurch auch ihren Unterricht zu verbessern.

Auf der anderen Seite war der Unterricht nicht aus dem Blick geraten – im Gegenteil: Es wurde weiter an fein ausdifferenzierten Lehrplänen gefeilt (in Deutschland hat es bis in die letzten Jahre der 1990er Jahre hinein allein weit über 3.000 Lehrpläne gegeben!), wurden innovative Unterrichtskonzepte entworfen und erprobt und wurde nicht nur fachspezifisch sondern auch fachübergreifend und fächerverbindend gearbeitet. Leitend war die Hypothese, dass so gestalteter Unterricht auch die Schulqualität verbessern würde.

---

2  Teile dieses Kapitels sind Überarbeitungen aus Priebe & Schratz (2004 und 2007).

„Beide Seiten" hatten sich im Blick, wussten voneinander, lebten aber arbeitsteilig, ohne ihre je spezifischen Fragestellungen mit dem komplementären „anderen" Bereich zu verbinden und im Verbund zu arbeiten. Die Schulentwickler wiesen darauf hin, dass nach vielen Jahren der Unterrichtsdominanz nun die Fragen nach Schulentwicklung und Schulqualität im Kontext der Organisationsentwicklung ins Zentrum rücken müssten. Der Unterricht solle dabei natürlich nicht vergessen werden. Die Unterrichtsentwickler blieben bei ihren didaktisch-methodischen Innovationen, bei detailliert ausdifferenzierten Lehrplänen und appellierten an die Lehrkräfte, dabei auch die Kooperation untereinander nicht zu vergessen. Diese Arbeitsteilung spiegelt sich noch heute in den Aus- und Fortbildungscurricula wider: Es gibt weder den Studieninhalt „Schulentwicklung Mathematik" noch „Mathematik als Schulentwicklung". Es wird diese möglicherweise auch nicht geben. Dennoch ist die Verbindung von Unterrichts- und Schulentwicklung ein zentrales Anliegen für Qualitätssteigerung. Diesem Anspruch stellt sich dieses Kapitel des Buches.

Blicken wir über den Zaun: Die amerikanische school-effectiveness-Forschung richtete ihren empirischen Fokus stark auf das Bedingungsgefüge von Merkmalen effektiver Schulen. Trotz der unzähligen Befunde darüber, was eine „gute Schule" ausmacht, gibt es nach Hilbert Meyer (2004) keine „Effektivitätsautomatik": Eine Schule erzielt sehr gute Ergebnisse über ein bestimmtes Set an Merkmalen, bei einer anderen sind diese Merkmale weniger stark ausgeprägt, dennoch weist sie möglicherweise hervorragende Leistungen auf. Insofern hat sich die Suche nach einer effektiven Schule wie eine Jagd nach dem Einhorn erwiesen – als eine Suche nach dem Mythos einer (nicht vorhandenen) Gesamtheit (vgl. MacBeath 1999, 9). Der Schulalltag lässt sich schwer nach einem idealisierten Bild von Schule modellieren, da Unterricht immer vom Bedingungsgefüge derer abhängt, die über Bildungsprozesse Wissen, Können und Haltungen erwerben. Dieser Konstruktionsprozess ist nicht nur von Fach zu Fach unterschiedlich, sondern geprägt von den persönlichkeitsbedingten Lernvoraussetzungen der Schülerinnen und Schüler und den didaktischen Möglichkeiten und – zunehmend – Grenzen der Lehrenden.

Um den Unterricht, Lehren und Lernen, als „schulische Kernaufgabe" systematisch ins Zentrum der Schulentwicklung zu rücken, um die Qualität von Unterricht und Schule systematisch zu verbinden, genügt es nicht, dass die Schulentwickler an Unterrichtsfachleute *appellieren*, sich an der Schulprogrammarbeit zu beteiligen. Genauso wenig genügt es, dass die Unterrichtsentwickler in der Schule jeweils ihr Fach ausgestalten und an die anderen Fachvertreterinnen und -vertreter sowie an die Schulprogrammverantwortlichen Kooperationsappelle richten. Auf den Grundlagen der verbindlichen Vorgabe systematischer Verbindung von Unterrichts- und Schulentwicklung unter den Zielkonstrukten der Bildungsstandards und deren Evaluation sowie der Fähigkeit und Bereitschaft aller Beteiligten zur professionellen und systematischen Verbindung von Unterrichts- und Schulentwicklung geht es nachfolgend um ein brauchbares Handlungsgerüst, mit dem Wege in diese Zusammenarbeit möglich werden.

EINLADUNG ZUR DISKUSSION

▸ Welche gemeinsamen Zielstellungen werden von allen Lehrpersonen verfolgt?
▸ Woran lässt sich dies erkennen?
▸ Wo findet sich an der Schule der Ort, an dem curriculare Absprachen stattfinden?

## 2.3.2 Fachgruppen als „schlafende Riesen" der Schulentwicklung

Was die Struktur und Gliederung schuleigener Curricula betrifft, so sollten alle Fächer in deren Entwicklung einbezogen sein. Dabei kann es in einer Schule von Vorteil sein, in den Fächern zu beginnen, für die Bildungsstandards und Kerncurricula vorliegen. Günstiger ist allerdings, wenn in allen Fächern gemeinsam daran gearbeitet wird, weil dann alle Lehrerinnen und Lehrer miteingebunden sind.

Fachcurricula und fachliche Arbeitspläne sind Teile eines schuleigenen Curriculums, das – nach und nach, mehr und mehr – alle Fächer und Lernbereiche einbezieht und das zugleich über die Fächer hinweg Anschlussmöglichkeiten und Verbindungen aufzeigt. Schuleigene Curricula sollten die einzelnen Facharbeitspläne auf der Grundlage durchgängiger gemeinsamer Planungskriterien in einen schuleigenen Sinnzusammenhang stellen, den die Schulen jeweils in eigenen Zielen und Schwerpunkten festlegen und formulieren. Das schuleigene Curriculum ist der unterrichtsbezogene Teil des Schulprogramms und damit dessen Kernbereich. Im Schulprogramm führt die Schule ihr schuleigenes Curriculum mit den extracurricularen Vorhaben zusammen.

### Schuleigene Curricula

*Schuleigene Fachcurricula und fachliche Arbeitspläne als Teile des schuleigenen Curriculums könnten und sollten jeweils jahrgangsbezogen*

▸ *die Kompetenzbereiche beziehungsweise die angestrebten Kompetenzen der Schülerinnen und Schüler angeben,*
▸ *Inhalte und Themen ausführen im Anschluss an Kern-Curricula und vorliegende Lehrpläne einschließlich der fächerübergreifenden Verbindungsmöglichkeiten,*
▸ *den Einsatz vorliegender Aufgabenbeispiele planen,*
▸ *Vorschläge zu Methoden und zum Medieneinsatz sowie zu Sozialformen des Lehrens und Lernens machen,*
▸ *Maßnahmen zur Diagnostik und Leistungsmessung festlegen und dabei Klassenarbeiten, Parallelarbeiten und Vergleichsarbeiten sowie die Beteiligung an länderübergreifenden Lernstandserhebungen einbeziehen,*
▸ *Konzepte und Maßnahmen zur individuellen Förderung und Forderung vorschlagen,*
▸ *Vereinbarungen zur Klassenführung festhalten und*
▸ *Evaluationsmaßnahmen angeben.*

Schuleigene Curriculumentwicklung stellt an den Schulen vor allem die Fachgruppen[3] vor veränderte und neue Aufgaben und Anforderungen. Hans-Günter Rolff (2007, 83) bezeichnet sie als die „schlafenden Riesen" der Schulentwicklung: „Sie schlafen, weil sie nur einmal pro Schulhalbjahr tagen und dann nur die nötigsten Organisationsfragen klären, und sie sind Riesen, weil sie über ein großes Potenzial zur Unterrichtsverbesserung verfügen" (Rolff 2007, 84). Von ihrem Potential her bilden sie die ideale Voraussetzung für Schulentwicklung durch Curriculumentwicklung, da alle Lehrpersonen der Schule in mehreren Fachgruppen oder Fachschaften vertreten sind, wodurch sich unterschiedliche Möglichkeiten der Synergie ergeben. Da sich viele Lehrpersonen durch ihre isolierte Unterrichtsarbeit, die durch die Aufbauorganisation von Schule und Unterricht („Ich und mein Unterricht", „Ich und meine Klasse") verstärkt wird, noch vielfach als „Einzelkämpfer und Einzelkämpferinnen" beziehungsweise „Einzelkünstler und Einzelkünstlerinnen" verstehen (vgl. Schratz 2009b, 87), ist den Betroffenen das Entwicklungspotential vielfach nicht bewusst.

Siskin (1994) hat die Rolle von Fachgruppen in der Sekundarstufe untersucht und herausgefunden, dass es hinsichtlich der Verbindlichkeit und Einbeziehung von Mitgliedern in gemeinsame Aufgaben und Aktivitäten vier unterschiedliche Muster gibt (siehe Abb. 16).

Abb. 16: Kategorien von Fachgruppen an Schulen (nach Siskin 1994, 176)

---

[3]  Der Begriff „Fachgruppe" wird hier und im Folgenden für alle Gruppen von Fachlehrerinnen und Fachlehrern eines Faches sowie für fachübergreifende Arbeitsgruppen und Teams verwendet.

▸ „Vereinbarte" Fachgruppen sind nach Goodson & Marsh (1996, 59) ideal, da alle Mitglieder einen hohen Anspruch an Verbindlichkeit nach den Zielen der Fachschaft haben und zusammenarbeiten, um diese Ziele zu erreichen. Weniger günstig sind „gebündelte" Fachgruppen, da deren Mitglieder dann zusammenarbeiten, wenn es notwendig sein sollte, etwa wenn Fachkonferenzen einberufen werden. Insgesamt aber dominieren die individuellen Interessen über denen der Gruppe. Austausch findet in eingeschränktem Maß statt, die einzelnen Lehrpersonen sind aber auf ihre Autonomie im Unterricht bedacht. Dieser Typ ist gegenwärtig an den meisten Schulen anzutreffen.

▸ „Gespaltene" Fachgruppen zeigen zwar eine hohe Verbindlichkeit im Hinblick auf gemeinsame Ziele, es gibt aber unterschiedliche Interessengruppen innerhalb des Gesamtteams, was zu unterschiedlichen Loyalitäten führt. Der Grund dafür können Auffassungsunterschiede zu inhaltlichen oder curricularen Themen und Vorgaben sein, aber auch unterschiedliche Prioritäten bei bestimmten Fragestellungen und Vorgangsweisen.

▸ Die ungünstigste Konstellation stellt die „fragmentierte" Fachschaft dar: Ihre Mitglieder fühlen sich keinem gemeinsamen Ziel verbunden und sind nicht in gemeinsame Aktivitäten einbezogen. Die einzelnen Fachlehrerinnen und -lehrer arbeiten für sich und tauschen sich kaum über inhaltliche oder unterrichtsorganisatorische Aspekte aus. Durch diese Fragmentierung erwarten sich die Einzelnen möglichst viel Autonomie für ihre eigene Unterrichtstätigkeit.

Diesen unterschiedlichen Mustern liegen innere und äußere Einflüsse sowie individuelle und soziale Dimensionen zugrunde. Romhardt (2002, 63) hat in seiner Vier-Sphären-Matrix diese Dimensionen zusammengeführt, wodurch sich ein Analyserahmen mit vier Quadranten ergibt, mit dessen Hilfe sich vielfältige Probleme von Wissensgemeinschaften, wie sie Fachgruppen darstellen, beleuchten lassen (siehe Abb. 17).

Der *erste Quadrant* (links oben) in Abb. 17 bezieht sich auf das subjektive Wissen im eigenen Fachbereich, es konstituiert das tiefe Verständnis in der persönlich-fachlichen Auseinandersetzung mit der Welt (inneres Wissen). So hat beispielsweise die Auseinandersetzung mit fremdsprachlicher Literatur die eigene Persönlichkeit der Englischlehrerin weit über den schulischen Unterrichtsgegenstand hinaus geprägt. Dieses verinnerlichte Fachwissen prägt den Habitus der einzelnen Lehrperson und bestimmt ihre Haltung im Unterricht.

Der *zweite Quadrant* (rechts oben) lenkt den Blick auf die Fähigkeiten, das Fach im Unterricht zu vermitteln. Dazu wenden die Lehrenden theoretische Modelle der Fachdidaktik an, versuchen ihre fachlichen Inhalte an Bildungsstandards auszurichten und ihre didaktisch-methodischen Fähigkeiten umzusetzen. Der Blick ist hier auf Begriffe, Konzepte und Theorien gelenkt, die es ermöglichen, innerhalb einer Fachgemeinschaft in gegenseitigen Austausch zu treten.

Der *dritte Quadrant* (links unten) symbolisiert die Sphäre der Fachkultur, in der es um das gegenseitige Verständnis der Mitglieder einer Fachschaft geht: die ausgespro-

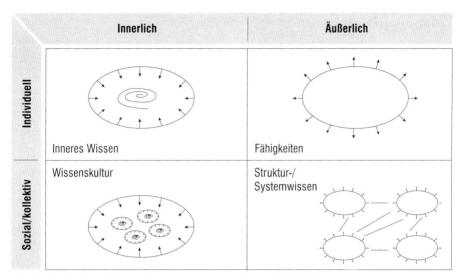

Abb. 17: Vier-Sphären-Matrix von Wissensgemeinschaften (Romhardt 2002, 57)

chenen und unausgesprochenen Regeln, die die Zusammenarbeit bestimmen. „Diese kollektiv erlebten Maßstäbe markieren eine wahrnehmbare Differenz zu einem ‚Draußen'" (Romhardt 2002, 60), zum Beispiel gegenüber einer anderen Fachkultur. Im Mittelpunkt stehen geteilte Werte, sogenannte basic beliefs, über den Stellenwert des Faches innerhalb des Reigens der Unterrichtsfächer an der Schule.

Der *vierte Quadrant* (rechts unten) steht für das äußere Struktur- und Systemwissen, das heißt, es geht „um die strukturelle Passung von Organisations- und Kommunikationsstrukturen sowie die Erhaltung der Funktionalität" in der Fachgruppe (ebenda, 62). Fragen der Zusammenarbeit, der gemeinsamen Entwicklung und Qualitätssorge stehen im Mittelpunkt und bestimmen die Arbeit einer Fachschaft.

Je nach Ausprägung der einzelnen Quadranten auf individueller und kollektiver Ebene sowie innerlich und äußerlich finden sich unterschiedliche Konstellationen von Fachschaften, wie sie oben (Abb. 16) exemplarisch aufgezeigt wurden. So hat jede Fachgruppe an einer Schule ihr spezielles Profil mit besonderen Stärken und Schwächen, was sich auch in der schulinternen Curriculumentwicklung auswirkt. Rolff (2007, 84) sieht für Fachgruppen und Bildungsgangkonferenzen folgende vier wesentliche Funktionen, die in Einklang mit dem Leitbild beziehungsweise Schulprogramm stehen sollten:

▸ Verantwortung für die fachliche Qualitätsentwicklung in ihrem Fach,
▸ Mitverantwortung für die Personalförderung in ihrem Fach,
▸ Verantwortung der eigenen Infrastruktur und
▸ Interessenvertretung der fachlichen Anliegen nach innen und außen.

## Grundannahmen zur schulbezogenen Curriculumentwicklung

1. *Veränderungsstrategien, die sich aufgrund von Reformen von außen ergeben, müssen darauf angepasst sein, dass Schulen unterschiedlich sind.*
2. *Entwicklung braucht Zeit und muss systematisch geplant werden.*
3. *Der Fokus von Schulentwicklung muss sowohl schulorganisatorische Maßnahmen der Schule berücksichtigen als auch spezifische pädagogische und curriculare Aspekte.*
4. *Ziele dürfen nicht zu eng definiert werden (also nicht etwa auf Ergebnisse von Standardtests u. Ä.).*
5. *Veränderungsstrategien müssen auf die jeweils am Standort herrschende Konstellation der Zusammenarbeit innerhalb und außerhalb der Schule Rücksicht nehmen.*
6. *Es ist eine handhabbare Balance zwischen top-down- und bottom-up-Strategien erforderlich (vgl. auch Schratz & Steiner-Löffler 1998, 44).*
7. *Implementation ist nicht genug – nachhaltige Entwicklung benötigt eine institutionalisierte Form der Verankerung.*

(nach Frost u. a. 2000, 6)

Fachliche Curriculumentwicklung stellt in der Schule für die Fachgruppen und Fachkonferenzen die Voraussetzung der Aufgabe gemeinsamer Konzipierung, Durchführung und Auswertung von Unterricht im Rahmen eigener Arbeitspläne dar, die im Hinblick auf Bildungsstandards und Zielkompetenzen für eine ganze Schulstufe zu entwickeln sind. Damit ist die kollegiale Kooperation nicht länger nur gut gemeinter Appell zur Zusammenarbeit, sondern grundlegende Voraussetzung der Arbeit einer Fachgruppe. Fachkonferenzen sollten sich darum zu Fachteams als Professionelle Lerngemeinschaften entwickeln (vgl. Kapitel 3), die systematisch, kontinuierlich und verantwortlich alle Fragen und Aspekte ihrer jeweiligen Fächer aufarbeiten.

Die Fachkonferenzleitungen können bei dieser Aufgabenstellung der Fachteams nicht länger nur locker koordinieren oder bloße Sprecherfunktionen haben und organisatorisch für gelegentliche Treffen ihrer Fachgruppen sorgen, sondern werden Leitungs- und Entwicklungsaufgaben professionell wahrnehmen müssen, sowohl bei der internen Arbeit ihrer Fachteams als auch bei der übergreifenden Curriculumentwicklung der Schule und deren Integration ins Schulprogramm. In diesem Sinne gehören Fachkonferenzleitungen, wie die Leitungen von Steuer- und Schulprogrammgruppen auch, zum „mittleren Management" der Schule, mit denen die Schulleitung intensiv bei der Unterrichts- und Schulentwicklung zusammenarbeitet.

Vor allem die Fachteams als Professionelle Lerngemeinschaften klären und artikulieren ihren Unterstützungsbedarf im Hinblick auf die veränderten und neuen Aufgaben fachlicher Unterrichts- und Curriculumentwicklung. Die Schulleitungen sind gemeinsam mit den Fachkonferenz- und Steuergruppenleitungen dafür verantwortlich, dass die festgestellten Fortbildungs- und Beratungswünsche der einzelnen Teams in einer schuleigenen Fortbildungsplanung zusammengeführt und mit Fortbildungsinstituten und anderen Unterstützungseinrichtungen kommuniziert und konkret vereinbart werden.

Diese neuen Aufgaben bei der schuleigenen Curriculumentwicklung, die sich verändernden Rollen und Verantwortlichkeiten von Fachkonferenzen, Fachteam- und Schulleitungen sind vielfach noch mit offenen Fragen verbunden und gelegentlich auch mit Skepsis. Die weit verbreitete und seit alters her praktizierte Rolle von Lehrkräften vorrangig als individuelle Einzelgänger (und häufig auch als „Einzelkämpfer"), die durch Ausbildung und schulische Alltagspraxis eingeübt wird und zu dementsprechenden Selbstkonzepten und beruflichen Mentalitäten führt, steht den Anforderungen kooperativer, kollegialer Schul- und Unterrichtsentwicklung vielfach entgegen. Schuleigene Curriculumentwicklung als kontinuierliche und systematische Arbeit professioneller Fachteams braucht Zeit und Raum für Lernprozesse der Fachkonferenzen und ihrer Leitungen, in denen neue Kompetenzen angeeignet und neue Selbstverständnisse entwickelt werden können. Ebenso bedürfen diese Lernprozesse der Fachgruppen intensiver Unterstützung durch die Schulleitungen und externe Fortbildung und Beratung im Hinblick auf Fachdidaktik und -methodik, Lehr- und Lernpsychologie sowie Teamentwicklung.

Bildungsreformen sind anstrengend. Schuleigene Curriculumentwicklung ist es auch. Aber durch Arbeitsteilung in Fachkonferenzen wird reale Entlastung möglich. Beispielsweise können jeweils einzelne oder mehrere Mitglieder eines Fachteams nach gemeinsam vereinbarten Kriterien fachliche Planungen für die Jahrgangsstufen übernehmen. Alle Teammitglieder sind aktiv an Ausarbeitungen beteiligt, bringen entsprechend etwas ein und erhalten die Beiträge anderer Teammitglieder. Kollegiale Vereinbarungen bei der unterrichtlichen Umsetzung der gemeinsamen Vereinbarungen zum Beispiel bei Klassenführung, Regeln und Hausaufgaben oder bei der gemeinsamen Reflexion von Rückmeldungen aus Lernstandserhebungen können mit weiteren Entlastungen verbunden sein und für die Schülerinnen und Schüler zu mehr Orientierung über die gestellten Anforderungen und Regeln führen.

Die Qualität der Unterrichtsplanung, deren Umsetzung und Ergebnisse können verbessert werden, weil Expertise und Erfahrungen von sowie die Zusammenarbeit mit Kolleginnen und Kollegen über das Potential jeweils einzelner Lehrkräfte hinausgehen. Kooperative Unterstützung und Beratung im Fachteam können nicht nur in sachlicher Hinsicht mit Arbeitsteilung und Qualitätszuwachs verbunden sein, sondern auch kollegial mit psychischer und sozialer Entlastung, mit Stressreduktion und erhöhter Motivation und Leistungsbereitschaft. Und damit können Zusammengehörigkeitsgefühl und Sozialklima, Identifikation mit der eigenen Schule, mit dem eigenen Leitbild und den gemeinsamen Werten gefördert werden. Und schließlich fördern diese Gewinne aus kollegialer Unterrichtsentwicklung und Schulentwicklung auch die Ausgangslage für schulexterne Evaluationen im Hinblick auf Qualität und Selbstbewusstsein der Schulen; sie sind in jeder Hinsicht besser aufgestellt.

Schulinterne Curriculumarbeit als wichtiges Element von Schulentwicklung baut nicht nur auf das Fachwissen der einzelnen Lehrerinnen und Lehrer, sondern vor allem darauf, wie sich das individuelle Wissen mit dem der anderen Mitglieder der Fachgruppe vernetzt und wie der Unterricht der einzelnen Lehrperson durch die „Weisheit der Gruppe" angereichert wird. Darüber hinaus sollte der Blick über den Tellerrand des Faches hinaus das Gesamtensemble der Fächer im Auge haben (vgl. MacGilchrist u. a. 1997, 40). So sollte etwa die Fachgruppe Mathematik wissen, wie die Geografielehrerinnen und -lehrer den Umgang mit Daten in der Statistik unterrichten. Ähnlich sollte die Fachgruppe Kunst in Erfahrung bringen, wie die Historikerinnen und Historiker mit den Künstlern der Periode umgehen, die sie gerade behandeln.

 EINLADUNG ZUR DISKUSSION

> ▸ Welche gemeinsamen Zielstellungen werden im Fachteam von allen Lehrpersonen verfolgt?
> ▸ Welche Formen des Austauschs gibt es zwischen den Fachteams?
> ▸ Wie erleben die Schülerinnen und Schüler die Zusammenarbeit der Lehrkräfte in Fach- beziehungsweise Jahrgangsteams?

### 2.3.3  Schuleigene Curricula: Das Rückgrat von Schul- und Unterrichtsqualität

Mit der Bildungsplanreform bekommt die Curriculumarbeit neue Bedeutung und erfordert Arbeit sowohl in Fachteams als auch im Kollegium, um schuleigene Curricula zu erstellen. Diese sind Rückgrat von Schul- und Unterrichtsqualität. Fachspezifische Klärung, orientiert an den Bildungsstandards als extern bestimmten Zielen für die curriculare Entwicklung, ist der erste Schritt in den Fachkonferenzen. Das Spannungsfeld zwischen Fremd- und Selbstbestimmung ist Teil des Prozesses. Manche Kollegen und Kolleginnen reagieren möglicherweise mit gesundem Widerstand. Andere werden vielleicht mit einem additiven Ansatz an die Arbeit herangehen, um Bildungsstandards in den bestehenden Stoff und die vertraute Unterrichtsplanung zu integrieren oder einzufügen. Und andere werden die Chance nutzen, um ihr Curriculum komplett zu erneuern. Das ist das eigentliche Ziel.

Nach dem alten Sprichwort führen viele Wege nach Rom, aber nicht jeder Weg ans Ziel. Ohne den gegebenen Freiraum können Lehrende nicht fach- und zielgerecht das Curriculum auf die Gegebenheiten an ihrem Standort entwickeln, auf der anderen Seite schränken standardisierte Leistungsbeschreibungen diesen Freiraum ein. Die langfristig zu erreichenden Ergebnisse in den Anforderungen der Bildungsstandards bilden die wesentlichen messbaren Ziele, die im Unterricht erreicht werden sollen. Als „Reiseveranstalter" gestalten und planen die Fachteams die Reise, möglicherweise sogar in Absprache mit den Reisenden. Der Weg ändert sich je nach Reisegruppe und den unterwegs erlebten Geschehnissen (um im Bild der Metapher „Reisen" zu bleiben). Allerdings ist dieser Freiraum begrenzt, weil der Weg zu einer bestimmten Destination über die jeweiligen Fachbereiche führt.

Aus diesem Grund ist eine vom Ziel abgeleitete Wegbestimmung im Rahmen der Curriculumentwicklung nicht nur sinnvoll, sondern Voraussetzung für die Qualitätsentwicklung und weitere Qualitätssicherungsprozesse im Rahmen der Unterrichtsentwicklung. Es geht darum, das Fach mit neuen Augen zu sehen, durch „konzeptionelle Linsen", und zwar aus der Perspektive der nachhaltigen Kompetenzen, die im Unterricht zu fördern und fordern sind. Dabei können die folgenden Fragen hilfreich bei der Wegbestimmung sein:

▸ Wohin wollen wir? Wohin sollen wir?
▸ Wie kommen wir dorthin?
▸ Was brauchen wir dafür?
▸ Was bringen wir mit und was erwerben wir nach Bedarf unterwegs?
▸ Welche Stolpersteine und Herausforderungen begegnen uns möglicherweise auf dem Weg?
▸ Was gibt es für Sehenswürdigkeiten auf dem Weg?
▸ Was wollen wir auf keinen Fall missen?
▸ Wo macht es Sinn, etwas länger zu verweilen?
▸ Wo können wir Kilometer gewinnen?
▸ Gibt es Alternativrouten?
▸ Wie lange brauchen wir?

Standardorientierte Curriculumentwicklung stellt die Sicherung und Steigerung der Qualität der Lernergebnisse in den Mittelpunkt. Dies setzt entsprechende Lernerlebnisse voraus. Ähnlich wie Reiseerlebnisse Erinnerungen vermitteln, führen besondere Lernerlebnisse zu besonderen Lernergebnissen. Es erfordert einen „rückwärtigen" Prozess, in dem Inhalte und Aktivitäten von den Aufgaben und Beurteilungskriterien bei der Planung abgeleitet werden. Ein „rückwärtiger" Entwicklungsprozess, der von den aus Bildungsstandards abgeleiteten langfristigen Kompetenzen ausgeht, ist das „rückwärtige Design" nach Wiggins & McTighe (2005) (Abb. 18, S. 82): Der Unterricht wird rückwärts von dem erzielten Lernergebnis gestaltet, um vorwärts in eine wünschenswerte Richtung arbeiten zu können.

Wiggins, ein Experte für Leistungsbeurteilung, legte bereits 1998 das ausführliche Konzept einer „bildenden Leistungsbeurteilung" (educative assessment) vor. Aufgaben und Kriterien für die Leistungsbeurteilung werden vor der Unterrichtsplanung festgelegt, um dafür relevante Inhalte zu definieren sowie zu priorisieren und den Unterricht entsprechend zu gestalten. Diese Phase des „rückwärtigen" Prozesses stellt die gewohnte Praxis von Unterrichtsplanung auf den Kopf: Statt der Anpassung des bisherigen Unterrichts an die neuen Standards führt die Curriculumentwicklung in diesem Prozess zu einer *Erneuerung* des Faches und damit zu einer Erneuerung der Praxis. Bildungsstandards und Kompetenzziele werden nicht als zusätzliche Aufgabenformate hier und da mit der aktuellen Praxis *verknüpft*, sondern weniger förderliche Lernerfahrungen werden durch neue, zielgenauere Alternativen *ersetzt*. Der Prozess ermög-

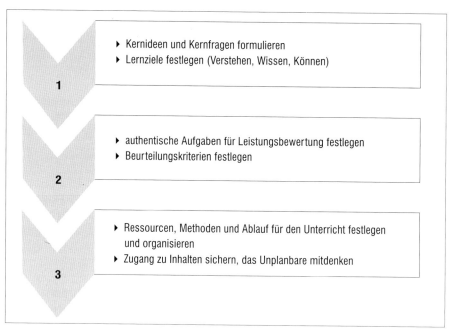

Abb. 18: „Verstehen nach Plan" – der rückwärtige Prozess für curriculare Entwicklung

licht ein „Entrümpeln" des Fachunterrichts, um das Wesentliche besser in den Blick zu bekommen. Die unverzichtbaren Inhalte, die das Fach ausmachen, werden klarer, der Sinn des Faches (wieder-)belebt. Die Lehrkräfte blenden zunächst methodisch-didaktische Fragen aus, da sie erst bei der Umsetzung des Curriculums im Unterricht relevant sind. Stattdessen nehmen sie ihre Rolle als Fachexperten ein, und zwar nach dem einfachen Prinzip: Wo ein starkes, klares Curriculum dem Unterricht zugrunde liegt, werden Lehren und Lernen entsprechend ertragreich sein. Die schuleigenen Curricula sind das Rückgrat für die Qualität schulischen Lernens und Lehrens.

Die KMK-Unterlagen zu den Bildungsstandards konkretisieren die Bildungsbeiträge der einzelnen Fachgebiete, für die es Standards gibt, wie die Ausschnitte im Kasten auf S. 86 f. zeigen. Bei Fächern, in denen keine Bildungsstandards existieren, steht diese Vorarbeit nicht zur Verfügung. Fachteams sind herausgefordert, den Sinn ihres Faches selbst zu artikulieren. Dafür sind zunächst folgende Fragen hilfreich:

▸ Was ist Fach X?
▸ Was bedeutet es, X „zu tun"? Wie handelt ein Experte oder eine Expertin in diesem Fach?
▸ Was bedeutet es, wie eine Lehrperson für X zu denken?
▸ Wozu X lernen?
▸ Was ist in diesem Fach oder Fachbereich lernenswert?

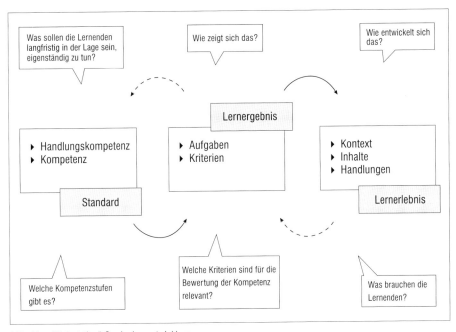

Abb. 19: „Rückwärtige" Curriculumentwicklung

In den im Kasten auf S. 86 f. aufgeführten KMK-Bildungsaufträgen für die einzelnen Fächer finden sich zahlreiche Antworten auf diese Fragen. Die rückwärtige Curriculumentwicklung trägt somit in hohem Maße dazu bei, dass das Bildsame in den Fächern in der Planung und Durchführung des Unterrichts zur Sprache kommt.

 EINLADUNG ZUM AUSPROBIEREN

Im Rahmen einer Fachkonferenz sind grundlegende Fragen zum Fach der erste Schritt in die gemeinsame curriculare Entwicklung. Es gilt, die Rolle der einzelnen Fachbereiche in der Gesellschaft (wieder) bewusst zu machen, damit Curricula und die Gestaltung von Unterrichtsprozessen an nachhaltigen Kompetenzen orientiert sind.
Die Kernfrage dabei lautet:
Welche Rolle spielt mein Fach in der Gesellschaft?
Sie finden in Abb. 20, S. 84 eine Aufstellung von spezifischen Bereichen in den Fächern, die mit dieser Frage analysiert werden können. Ziel ist es, so viele konkrete Beispiele mit starkem Lebensbezug wie möglich zu sammeln.

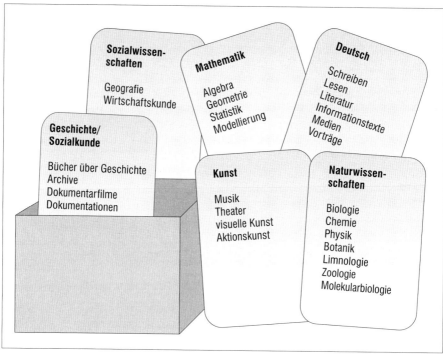

Abb. 20: Welche Rolle spielt mein Fach in der Gesellschaft?

### 2.3.4 Curriculumentwicklung durch eine „konzeptionelle Linse"

Nach dem Lernverständnis der Kompetenzorientierung ist Lernen ohne Verstehen kein Lernen. Verstehen wird erst im Erfolg bei der Lösung einer komplexen Aufgabe sichtbar. Bei der Unterrichtsentwicklung geht es daher um Fragen wie: Was sollen die Lernenden verstehen? Was ist absolut unverzichtbar, wenn sie als mündige, lernfähige Bürger und Bürgerinnen die Schule verlassen sollen? Wenn sie als gebildete Menschen ihren weiteren Weg in der „Welt" machen sollen? Ist es hinreichend, dass sie die Daten über die Weltkriege und die Namen der Hauptakteure „wissen"? Oder dass sie die Formel für den Pythagoräischen Lehrsatz wiedergeben können? Bedeutet „gebildet zu sein", dass sie in der Lage sind, eine Million in der *Millionenshow* zu gewinnen?

Es steht außer Zweifel, dass ein breites Wissen zum „Gebildet-Sein" gehört, aber gebildete Menschen machen etwas mit ihrem Wissen und ihr Wissen macht etwas mit ihnen. Sie sind in der Lage, mit ihrem Wissen flexibel und situationsadäquat umzugehen. Sie können ihr Wissen nicht nur vermitteln, sondern auch anwenden, mit ihren Erfahrungen und ihrem Vorwissen verknüpfen und integrieren, unterschiedliche Perspektiven einnehmen, sich in das Wissen einfühlen und vor allem ihr Wissen interpretieren und daraus Neues machen. Das Neue in der Innovation entsteht durch dieses

Zusammenspiel. McTighe & Wiggins (2004) entwickelten für den Unterricht die sogenannte Verstehenswabe (Abb. 21), um diese Facetten beim Lernen zu integrieren.

Die sogenannte konzeptbasierte curriculare Entwicklung (vgl. Erickson 2008) hat
als Ziel, Lehren verstehensorientiert auszurichten. Fachteams werden aufgefordert,
ihr Fach durch konzeptionelle Linsen zu sehen. Konzepte sind die Gedankengerüste,
worauf komplexes Verstehen und Handlungskompetenz aufgebaut werden können.
Das Wort „Konzept" stammt aus dem Lateinischen, dem Wort „concipere", das „erfassen", „in sich aufnehmen" bedeutet. Die Auslegung eines Fachgebiets kann auf das
„conceptus", das Erfasste, als Basis für inhaltsreiches Lernen nicht verzichten. Sonst
bleiben die Inhalte eine Auflistung von Informationen, und die Lernenden sind auf
sich gestellt, sie sinnerfassend „in sich aufzunehmen".

Erickson (2008; siehe Abb. 22) definiert Konzepte als „organisierende Prinzipien"
und unterscheidet zwischen „Makrokonzepten", die fächerübergreifend anwendbar
sind, und „Mikrokonzepten", die fachspezifisch zu verstehen sind. Konzepte im Fachteam auszuarbeiten, führt zu reger Diskussion und zu einem inhaltsreichen Fachdiskurs, ein Prozess, auf den nicht verzichtet werden sollte! Dennoch hilft es, Beispiele
für solche Konzepte als Orientierung für die Entwicklungsarbeit heranzuziehen. Wir

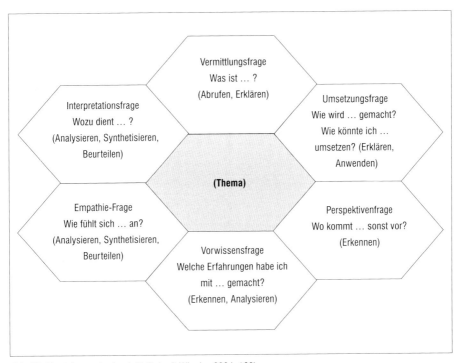

Abb. 21: Verstehenswabe (nach McTighe & Wiggins 2004, 166)

**Aus den Bildungsstandards für Deutsch:**

*"Texte verstehen, ihnen weiterführende, sachgerechte Informationen entnehmen, sich mündlich und schriftlich in unterschiedlichen Situationen verständigen, verschiedene Schreibformen beherrschen, Medien fachbezogen nutzen und vor allem interessiert und verständig lesen und auch Kreativität entfalten, das sind Voraussetzungen, die für die Teilhabe am gesellschaftlichen Leben, für die eigenverantwortliche Bewältigung der Anforderungen von Schule, Alltag, Gesellschaft und Arbeitswelt und für die Fortsetzung der Schullaufbahn notwendig sind."*

(KMK 2005b, 8)

**Aus den Bildungsstandards für Mathematik:**

*"Der Auftrag der schulischen Bildung geht über den Erwerb fachspezifischer Kompetenzen hinaus. Zusammen mit anderen Fächern zielt Mathematikunterricht auch auf Persönlichkeitsentwicklung und Wertorientierung."* Der Unterricht soll entsprechend gestaltet werden, *"damit mathematisches Wissen funktional, flexibel und mit Einsicht in vielfältigen kontextbezogenen Situationen angewendet werden kann. Schülerinnen und Schüler sollen auf diese Weise Mathematik als anregendes, nutzbringendes und kreatives Betätigungsfeld erleben, in dem auch Hilfsmittel, insbesondere elektronische Medien entsprechend sinnvoll eingesetzt werden."*

(KMK 2005c, 8)

**Aus den Bildungsstandards für die erste Fremdsprache:**

*"Angesichts der zunehmenden persönlichen und medialen Erfahrung kultureller Vielfalt ist es Aufgabe auch des Fremdsprachenunterrichts, Schülerinnen und Schüler zu kommunikationsfähigen und damit offenen, toleranten und mündigen Bürgern in einem zusammenwachsenden Europa zu*

stellen im Folgenden eine Liste von Makro- und Mikrokonzepten für die Fachbereiche Naturwissenschaften, Deutsch und Mathematik vor (siehe Abb. 23).

Konzepte sind für Erickson die Basis für Generalisierungen, die zu Theorien führen. Eine Generalisierung ist die Synthese von zwei Konzepten, die Transfer ermöglicht. Ein Thema im Fachunterricht so zu behandeln nimmt eine bestimmte Perspektive ein: Inhalte werden durch eine „konzeptionelle Linse" betrachtet. Erickson stellt in Folge die „Wissensstruktur" wie in Abb. 22 dar: Themen haben zwei Wirkungen. Einerseits *bündeln* sie Fakten in einem sinnverleihenden Kontext und andererseits *thematisieren* sie Konzepte. In Ericksons Darstellung von Wissensstruktur wird klar, dass ein „breites Wissen" nicht nur eine Sammlung von abrufbaren Fakten ist, sondern eine Sammlung von Fakten nach Themenbündeln, die mit Konzepten verknüpft sind. Erst dann steht ein „breites Wissen" im Sinne von „gebildet zu sein" zur Verfügung.

*erziehen. Mit der Fähigkeit, eigene Sichtweisen, Wertvorstellungen und gesellschaftliche Zusammenhänge in ausgewählten Kontexten mit denen anderer Kulturen tolerant und kritisch zu vergleichen, und mit der Bereitschaft, Interesse und Verständnis für Denk- und Lebensweisen, Werte und Normen und die Lebensbedingungen der Menschen eines anderen Kulturkreises aufzubringen, erleben die Schülerinnen und Schüler einen Zuwachs an Erfahrung und Stärkung der eigenen Identität. Der Fremdsprachenunterricht trägt zu dieser Mehrperspektivität der Persönlichkeitsentwicklung vor allem bei durch Orientierungswissen zu exemplarischen Themen und Inhalten sowie durch den Aufbau von Fähigkeiten zur interkulturellen Kommunikation."*

(KMK 2005d, 8)

**Aus den Bildungsstandards für Biologie:**

*„Naturwissenschaftliche Bildung ermöglicht dem Individuum eine aktive Teilhabe an gesellschaftlicher Kommunikation und Meinungsbildung über technische Entwicklung und naturwissenschaftliche Forschung und ist deshalb wesentlicher Bestandteil von Allgemeinbildung. [...] Das Verständnis biologischer Systeme erfordert zwischen den verschiedenen Systemen gedanklich zu wechseln und unterschiedliche Perspektiven einzunehmen. Damit gelingt es im Biologieunterricht in besonderem Maße multiperspektivisches und systemisches Denken gleichermaßen zu entwickeln. In diesem Systemgefüge ist der Mensch Teil und Gegenüber der Natur. Dadurch dass der Mensch selbst Gegenstand des Biologieunterrichtes ist, trägt dieser zur Entwicklung individuellen Selbstverständnisses und emanzipatorischen Handelns bei. Dies ist die Grundlage für ein gesundheitsbewusstes und umweltverträgliches Handeln sowohl in individueller als auch in gesellschaftlicher Verantwortung."*

(KMK 2005e, 8)

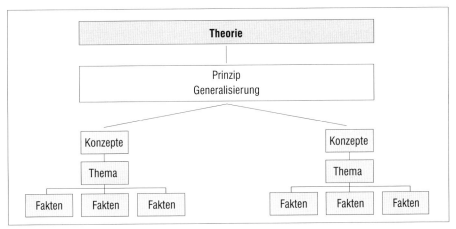

Abb. 22: Wissenstruktur nach Erickson (2008, 31)

EINLADUNG ZUR REFLEXION

▸ Wie fühlt es sich an, über ein „breites Wissen" zu verfügen?
▸ Welche Rolle spielen Erkennen und Verstehen bei der Fähigkeit zu handeln?

EINLADUNG ZUM AUSPROBIEREN

Nach der Auseinandersetzung mit grundlegenden Fragen zum Fach bei einer Fachkonferenz ist der nächste Schritt die Konkretisierung des Wesentlichen für das Curriculum. Mit den Bildungsstandards und Rahmenlehrplänen als Grundlage werden die wichtigsten Themen, Teilbereiche und Konzepte des Faches identifiziert.
Probieren Sie es aus:
Analysieren Sie Ihr Fachgebiet. Listen Sie die Themen auf und versuchen Sie, die darin enthaltenen Konzepte zu benennen. Diese werden dann die Basis für die Formulierung der Kernideen des Curriculums.

| Makrokonzepte | | |
| --- | --- | --- |
| **Naturwissenschaften** | **Deutsch (Literatur)** | **Mathematik** |
| Änderung | Änderung | Änderung |
| System | System | System |
| Ordnung | Beziehungen | Ordnung |
| Interaktion | Interaktion | Beziehung |
| Wirkung | Wirkung | Wirkung |
| Zusammenspiel | Zusammenspiel | Zusammenspiel |

| Mikrokonzepte | | |
| --- | --- | --- |
| **Naturwissenschaften** | **Deutsch (Literatur)** | **Mathematik** |
| Organismus | Wahrnehmung | Funktion |
| Wellen | Charakter | Faktor |
| Hitze/Licht | Leidenschaft | Zahl |
| Energie | Liebe/Hass | Sequenz |
| Phasen | Familie | Verhältnis |
| | Konflikt | Form |

Abb. 23:  Makro- und Mikrokonzepte nach Erickson (2008, 33)

Kernideen sind auf der Konzeptebene und den spezifischen Lerninhalten übergeordnet. Sie verleihen Wissen und Können Sinn, und ihnen begegnet man im praktischen Leben immer wieder. Kernideen werden von Fachexperten als selbstverständlich angenommen, da sie gewissermaßen „einverleibt" sind und daher nicht infrage gestellt werden. Aus diesem Grund entsteht oft ein „blinder Fleck des Experten". Insbesondere spielt dieser blinde Fleck beim Unterricht eine Rolle. Die Lehrperson sieht in den Lerninhalten die Kernideen, weil sie als ausgebildete Expertin davon überzeugt ist. Experten vergessen leicht, wie es ist, nichtwissend zu sein. Die Lernenden als Novizen sind auf sich allein gestellt, wenn die Kernideen nicht artikuliert sind und sie den Bezug zum Gegenstand nicht herstellen können. Mit der Formulierung von Kernideen als Teil des Curriculums wird Verstehensorientierung und damit Nachhaltigkeit gesichert.

Die Quelle einer Kernidee liegt in den Lerninhalten. Sie sind meist unartikulierte Ideen, die in Konzepten, Themen, Problemen, Prozessen und so weiter mitschwingen, wie in Abb. 24 aufgeführt. Allerdings braucht eine Kernidee gewissermaßen eine In-

| Konzepte | | Literarische Probleme |
|---|---|---|
| **Freund** Funktion Demokratie | **Genre** Knappheit Wahrnehmung | Unmenschlichkeit der Menschheit |
| **Gesellschaftliche Themen** | | **Probleme** |
| Nichtwähler in einer Demokratie Natur vs. Mensch | | Wie Gleichberechtigung gesichert werden kann Wie Angebot Nachfrage befriedigen kann |
| **Prozesse** | | **Theorien** |
| Problemlösung Wissenschaftliches Experimentieren Entscheidungsfindung | | Natürliche Selektion Relativität |
| **Paradoxe** | | **Annahmen/Perspektive** |
| Um Frieden kämpfen Weniger ist mehr | | Kunst vermittelt Bedeutung Kapitalismus ist fehlerhaft Neutralität |

Abb. 24: Basis von Kernideen in einem Fachbereich

terpretation, damit die Idee in einem Satz, der das Wesentliche zum Ausdruck bringt, formuliert werden kann. Beispiele dafür sind:

Freundschaft hält Konflikte aus. • Demokratie lebt von der Beteiligung der Bürger und Bürgerinnen. • Für jedes Ziel gibt es eine angemessene Textform. • Das menschliche Leben hängt von der Natur ab. • Menschen versuchen immer wieder die Natur zu beherrschen. • Ressourcen sind knapp. • Wir nehmen durch unsere Sinne die Welt wahr. • Das Gute siegt (nicht immer) über das Böse. • Menschen können unmenschlich sein. • Gleichberechtigung ist ein Menschenrecht. • Problemlösungswege sind fachspezifisch. • Gute Entscheidungen sind logisch. • Die Naturwissenschaften schaffen Wissen durch Experimente und naturwissenschaftliche Methoden. • Menschen kämpfen um Frieden. • Die Stärksten überleben. • Menschen und Tiere passen sich an die Umwelt an.

Die Unterlagen zu den Bildungsstandards geben weitere Hinweise auf Kernideen, wie das folgende Beispiel aus Deutsch im Primarbereich zeigt:

> *Auftrag der Grundschule ist die Entfaltung grundlegender Bildung. Sie ist Basis für weiterführendes Lernen und für die Fähigkeit zur selbstständigen Kulturaneignung.* Dabei ist die Förderung der sprachlichen Kompetenzen ein wesentlicher Bestandteil dieses Bildungsauftrags. *Sprache ist Träger von Sinn und Überlieferung, Schlüssel zum Welt- und Selbstverständnis und Mittel zwischenmenschlicher Verständigung. Sie hat grundlegende Bedeutung für die kognitive, emotionale und soziale Entwicklung der Kinder.* Aufgabe des Deutschunterrichts in der Grundschule ist es, den Schülerinnen und Schülern eine grundlegende sprachliche Bildung zu vermitteln, damit sie in gegenwärtigen und zukünftigen Lebenssituationen handlungsfähig *sind. Deshalb fördert der Deutschunterricht in der Grundschule die sprachlichen Fähigkeiten jedes einzelnen Kindes so umfassend wie möglich und führt zum selbstständigen Lernen hin.*

(KMK 2005a, 8; Hervorhebungen von Autoren)

Aus diesem Text ergeben sich folgende Kernideen, die in einer altersgerechten Sprache als ein umfassender „Slogan" formuliert werden können:

▸ Sprache ist Schlüssel zur Bildung.
▸ Sprache ermöglicht uns, uns Kultur anzueignen.
▸ Sprache ist sinntragend.                                 Sprache öffnet Türen
▸ Sprache ist Schlüssel zum Weltverständnis.               zu anderen Welten.
▸ Sprache hilft uns, uns selber und andere zu verstehen.
▸ Sprache ist Kommunikationsmittel.

Ein mögliches langfristiges Ziel lautet: Die Schüler und Schülerinnen werden fließend und sinnerfassend lesen können und in ihrem mündlichen und schriftlichen Ausdruck gewandt werden, damit sie auf lange Sicht in der Lage sind, eigenständig neue Welt- und Selbstverständnisse zu erlangen.

Die jeweiligen Rahmenlehrpläne konkretisieren die Lerninhalte mehr oder weniger exakt. Für den Rahmenplan-Auschnitt in Abb. 25 können die folgenden Kernideen zu Lesen und Schreiben formuliert werden:

- Sprache besteht aus Wörtern und Wendungen, die sinntragende Einheiten sind.
- Wir verwenden Sprache, um unsere Gedanken und Gefühle zu vermitteln.
- Wir können das, was wir sagen, schreiben und das, was andere schreiben, lesen.
- Sprache ist wie Musik.
- Wir lesen Texte, die andere geschrieben haben.
- Wir schreiben Texte, die andere lesen werden.
- Schreiben ist Denken, Denken ist Schreiben.

 EINLADUNG ZUM AUSPROBIEREN

Auf Basis der wesentlichen Themen, Teilbereiche und Konzepte in Ihrem Fach werden Kernideen im Fachteam formuliert. Leichter ist diese Arbeit, wenn zunächst über mehreren Schulstufen ein Gesamtbild des Faches erstellt wird, das sich an den Meilenstein-Zeitpunkt Standardüberprüfung orientiert, zum Beispiel am Ende der Grundschule oder am Ende der Sekundarstufe I. Die Formulierung von Kernideen ist anstrengend und erfordert viel geistige Arbeit. Die Weisheit der Vielen im Fachteam ist unverzichtbar. Probieren Sie es aus:

- Was sollen die Schüler und Schülerinnen langfristig in der Lage sein zu tun?
- Was müssen sie dabei verstehen, um zu handeln?
- Welche Themen, Teilbereiche und Konzepte sind bei diesen Handlungen relevant?
- Was sind die Kernideen dazu?

| Text erschließen: | Textaufbau ermitteln: | Darstellungsmittel analysieren: |
|---|---|---|
| <br>- Schlüsselbegriff(e) eines Textes klären (auch Nachschlagewerke nutzen)<br>- Textteile antizipieren<br>- Text rekonstruieren<br>- Text ergänzen<br>- Text bildnerisch und/oder grafisch umsetzen<br>- Text gliedern | <br>- in Abschnitte gliedern<br>- gleich bleibende Textbausteine erkennen | <br>- sprachliche Mittel herausfinden, die einen Text charakterisieren (z. B. Gedicht, Zeilen, Reime, Strophen …)<br>- Wirkung der Darstellungsmittel besprechen (z. B. Gedicht und Sachtext zum gleichen Thema)<br>- Texte unter verschiedenen Gesichtspunkten werten (über die Verhaltensweisen der Handlungsträger nachdenken und Ich-Bezug herstellen …) |

Abb. 25: Ausschnitt „Sich mit Texten aktiv auseinandersetzen" aus dem Rahmenlehrplan Deutsch Primarbereich, Thüringen (Thüringer Ministerium für Bildung, Wissenschaft und Kultur 1999, 26 f.)

## Tipps zur Formulierung von Kernideen

▸ *Eine Kernidee ist ein präziser, vollständiger Satz. Zum Beispiel: „Freundschaft" ist ein Konzept,*
*„Kommunikation ist Basis von Beziehung" ist eine Kernidee.*
▸ *Eine Kernidee kann auf dem Kontinuum vom Novizen zum Experten verstanden werden.*
*Zum Beispiel: Ein Kind kann die Kernidee aus der Biologie „Verwandte haben gemeinsame*
*Eigenschaften" genauso verstehen wie eine Biologin auf der Universität – nur die Komplexität*
*und Tiefe des Verstehens variiert.*
▸ *Eine Kernidee ist lebenslang relevant und unabhängig von Alter, Leistungsniveau oder Trends.*
*Zum Beispiel: „Menschen und Tiere passen sich an das Klima an" gilt über den Unterricht*
*hinaus, genauso wie „Der Mensch ändert seine Umwelt".*
▸ *Eine Kernidee ändert sich nur durch neue wissenschaftliche Erkenntnisse.*
*Zum Beispiel: „Die Erde ist doch nicht flach, sondern rund!"*

„Wo ist mein Platz?" „Was brauchen wir, um miteinander zu leben?" „Was tut mir gut?" „Wie funktioniert das?" „Wie wirkt sich das aus?" „Wie kann ich mich ausdrücken?" „Was meinst du?" „Was ist fair?" „Wie viel ist zu viel?" „Wieso das?" Diese Fragen sind offene Fragen, mit denen wir uns immer wieder auseinandersetzen und für die es keine abschließenden Antworten gibt. Es sind Kernfragen, die mit fachspezifischen und fächerübergreifenden Kernideen verknüpft werden.

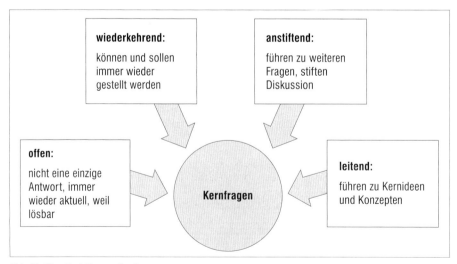

Abb. 26: Charakteristika von Kernfragen

| **Kernideen** (das langfristige Verständnis artikulieren) | |
|---|---|
| Wir brauchen Zahlen und Messinstrumente, um eine Menge zu rechnen. | Mathematische Messinstrumente sind universell. |
| Wir können eine Menge genau rechnen oder einschätzen. | Wenn wir das Messinstrument entsprechend der Situation auswählen, kommen wir zur besten Lösung. |

| **Kernfragen** (Fokus auf den Kern richten) | | |
|---|---|---|
| Welche Informationen brauche ich? | Wofür wird das Ergebnis gebraucht? | Wie kann ich das am besten messen? |
| Was heißt das ungefähr? | Was heißt das genau? | Wie kommuniziere ich mein Ergebnis? |
| Ist das wahr? | Stimmt das? | Wie kommst du darauf? |

| **Kompetenzindikatoren** (wie sich die Kompetenz zeigt [nach KMK 2005 f.]) |
|---|
| **Problemlösen**: mathematische Kenntnisse, Fertigkeiten und Fähigkeiten bei der Bearbeitung problemhaltiger Aufgaben anwenden; Lösungsstrategien entwickeln und nutzen (z. B. systematisch probieren); Zusammenhänge erkennen, nutzen und auf ähnliche Sachverhalte übertragen (ebenda, 7) |
| **Kommunizieren**: eigene Vorgehensweisen beschreiben, Lösungswege anderer verstehen und gemeinsam darüber reflektieren; mathematische Fachbegriffe und Zeichen sachgerecht verwenden; Aufgaben gemeinsam bearbeiten, dabei Verabredungen treffen und einhalten (ebenda, 8) |
| **Argumentieren**: mathematische Aussagen hinterfragen und auf Korrektheit prüfen; mathematische Zusammenhänge erkennen und Vermutungen entwickeln; Begründungen suchen und nachvollziehen (ebenda, 8) |
| **Modellieren**: Sachtexten und anderen Darstellungen der Lebenswirklichkeit die relevanten Informationen entnehmen; Sachprobleme in die Sprache der Mathematik übersetzen, innermathematisch lösen und diese Lösungen auf die Ausgangssituation beziehen (ebenda, 8) |
| **In Kontexten rechnen**: Sachaufgaben lösen und dabei die Beziehungen zwischen der Sache und den einzelnen Lösungsschritten beschreiben; das Ergebnis auf Plausibilität prüfen; bei Sachaufgaben entscheiden, ob eine Überschlagsrechnung ausreicht oder ein genaues Ergebnis nötig ist (ebenda, 9) |

Abb. 27: Von Standards zu Kernideen und Kernfragen am Beispiel Mathematik (KMK 2005 f., 7–9)

Kernfragen beleben das Wesentliche, gerade weil sie unlösbar sind. Sie ermöglichen den Lernenden, die Welt beziehungsweise das Fach zu erkunden und neue Erkenntnisse zu gewinnen. Kernfragen sind sinnstiftend und sinnverleihend. Gute Kernfragen provozieren Interesse und stellen den Lebensbezug zu den Inhalten her. Sie fokussieren das Lernen auf wenige, essentielle Kernideen, die immer wieder zurückkehren. Sie signalisieren, dass entdeckendes Lernen durch Handlung die primäre Aufgabe der Lernenden ist. Sie setzen Prioritäten. Sie führen die Lernenden zu den Kernideen und Konzepten. Beim verstehensorientierten Lernen ist der Stoff nicht der Kern, sondern es sind die Fragen.

Ein Beispiel aus dem Fach Mathematik des Primarbereichs:

*Der Mathematikunterricht der Grundschule greift die frühen mathematischen Alltagserfahrungen der Kinder auf, vertieft und erweitert sie und entwickelt aus ihnen grundlegende mathematische Kompetenzen. Auf diese Weise wird die Grundlage für das Mathematiklernen in den weiterführenden Schulen und für die lebenslange Auseinandersetzung mit mathematischen Anforderungen des täglichen Lebens geschaffen. Dies gelingt um so nachhaltiger, je besser schon in der Grundschule die für die Mathematik insgesamt zentralen Leitideen entwickelt werden. Deshalb orientieren sich die Standards nur implizit an den traditionellen Sachgebieten des Mathematikunterrichts der Grundschule: Arithmetik, Geometrie, Größen und Sachrechnen. [...]*
*Das Mathematiklernen in der Grundschule darf nicht auf die Aneignung von Kenntnissen und Fertigkeiten reduziert werden. Das Ziel ist die Entwicklung eines gesicherten Verständnisses mathematischer Inhalte. Die allgemeinen mathematischen Kompetenzen verdeutlichen, dass die Art und Weise der Auseinandersetzung mit mathematischen Fragen ein wesentlicher Teil der Entwicklung mathematischer Grundbildung ist. Deren Entwicklung hängt nicht nur davon ab, welche Inhalte unterrichtet wurden, sondern in mindestens gleichem Maße davon, wie sie unterrichtet wurden, d. h. in welchem Maße den Kindern Gelegenheit gegeben wurde, selbst Probleme zu lösen, über Mathematik zu kommunizieren usw.* (KMK 2005 f., 6)

 EINLADUNG ZUM AUSPROBIEREN

Formulieren Sie für Ihr(en) Fach(bereich) Kernfragen zu Ihren Kernideen. Dann vernetzen Sie sie mit den Kompetenzzielen beziehungsweise Lehrinhalten und formulieren Sie ein langfristiges Ziel dazu. (Verwenden Sie die Kopiervorlage auf S. 96.)

### 2.3.5 Fachgruppen und Teams leiten

Aufgrund der Rahmenvorgaben (vgl. Kapitel 1) sind Schulen heute vor allem mit der Frage konfrontiert, wie sie den Unterricht in einzelnen Fächern und fachübergreifend von einer Wissensorientierung in die geforderte Kompetenzorientierung transformieren können. Diese Umstellung erfordert ein gemeinsames Vorgehen, da die erforderliche Expertise von allen Lehrkräften erworben werden muss.

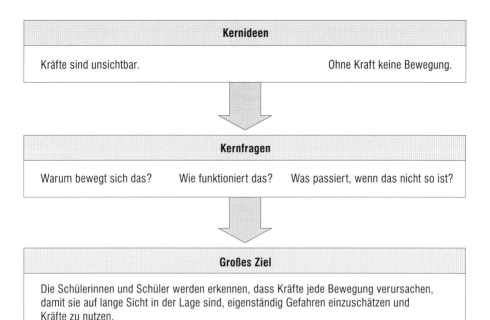

Abb. 28: Curriculum-Design zu einem Thema in Physik

Mit der Erstellung eines Curriculums ist allerdings nur der erste Schritt getan. Es ist die Basis für die Unterrichtsentwicklung. Qualitätssicherung durch ein gemeinsames Vorgehen in Fachteams ist dabei ausschlaggebend. Unterricht wird zur Kernaufgabe der Schule und das Geschehen im Unterricht Basis für die Weiterentwicklung. Klinger & Uhl-Kling (2008) haben zur Umsetzung des Curriculums und kompetenzbasierter Unterrichtsentwicklung im KMK-Projekt „for.mat" eine modellhafte Entwicklungsspirale für die Fachkonferenzarbeit entwickelt (Abb. 29, S. 97).

Das Wissen-wie-man-dran-ist hat in Organisationen einen hohen Anteil an der Arbeitszufriedenheit. Dies zeigt sich etwa daran, dass die mit den anderen Lehrern und Lehrerinnen der Klasse abgesprochenen Erziehungsregeln wirkungsvoller sind als Einzelmaßnahmen. Das Gleiche gilt für die Koordination von Fortbildungserfordernissen für spezielle Anliegen innerhalb der Fachgruppe beziehungsweise des Klassenteams (zum Beispiel Arbeit mit Bildungsstandards, Leistungsbeurteilung) oder für die Abstimmung des erforderlichen Förderbedarfs für Maßnahmen des Forderns und Förderns, nicht zuletzt auch am Sammeln von Daten zur Evaluation der Zielerreichung.

Mit Führungsaufgaben betraut ist vor allem die Schulleitung, allerdings haben im Sinne des Gesamtsystems auch die Fachgruppen- und Klassen- beziehungsweise Jahrgangsleiter und -leiterinnen Führungsaufgaben zu übernehmen, um die im Schul- oder Entwicklungsprogramm ausformulierten Entwicklungsziele zu erreichen.

# Kernideen, Kernfragen und Ziele

## Kernideen

## Kernfragen

## Inhalte

## Großes Ziel

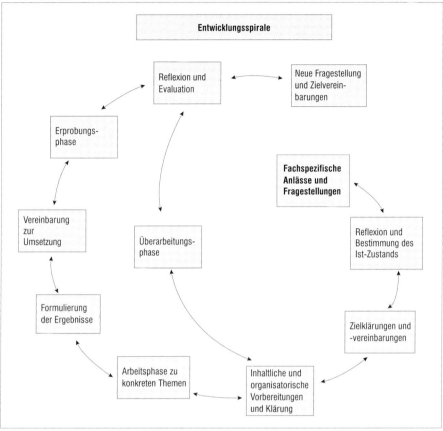

Abb. 29: Entwicklungsspirale für Fachkonferenzen (Klinger & Uhl-Kling 2008, 127)

Gerade in größeren Schulen wirkt sich die flache Hierarchie (eine Führungsperson, viele Geführte) im Hinblick auf Entwicklungsvorhaben als eher problematisch aus. Geteilte Führung (Shared Leadership) erleichtert in bestimmten Phasen zielgerichtetes Arbeiten.

Die Entwicklungsspirale (Abb. 29) soll dazu unterstützend wirken, dass Fachteams ihre Arbeit selbständig leiten können. Sie stellt den Qualitätssicherungsprozess für die Unterrichtsentwicklung dar und unterstützt die Verankerung einer neuen Kultur in der Fachgruppenarbeit.

## 2.4 Umgang mit Leistung und deren Beurteilung

 EINLADUNG ZUM VORDENKEN

Es ist so weit: Für den Wettbewerb „Die Schule des 21. Jahrhunderts" haben Sie nicht nur das weiße Blatt mit der Vorstellung Ihrer Traumschule bereits gefüllt, sondern auch das A4-Blatt mit Evidenzen, die den Erfolg Ihres Prototyps versprechen. Sie bereiten Ihre Unterlagen vor, damit Sie sie dem Wettbewerbsveranstalter senden können. Dann lesen Sie das Kleingedruckte: „Beschreiben Sie in Ihrem Einreichschreiben, wie die unterrichtlichen Prozesse im Einklang mit Leistungsbeurteilungsformen stehen, um Lernen und Leisten bestmöglich zu sichern."
▸ Was tun Sie? Haben Sie diese Informationen? Wenn nicht, was brauchen Sie dafür?

### 2.4.1 Der Grundbegriff Leistungsbeurteilung: Das Handlungsfeld der Leistungsbewertung

„Leistungsbeurteilung" ist der Grundbegriff des pädagogischen Handlungsfelds Leistungsbewertung. Dazu gehören Aktivitäten wie:

▸ Einschätzung                ▸ Kontrolle
▸ Lernstandserhebung          ▸ verbale Beurteilung
▸ Rückmeldung                 ▸ Evaluierung
▸ Korrektur                   ▸ Benotung

Das Wort „Assessment" wird zunehmend in deutschsprachigen Ländern verwendet. „Assessment" ist im englischen Sprachraum der Überbegriff für Leistungsbeurteilung in der Pädagogik. Das Wort stammt von dem lateinischen „assessere" ab und bedeutet „neben dem Richter sitzen". Leistungsbeurteilung in diesem Sinne bedeutet, nicht nur ein Urteil über eine Leistung zu liefern, sondern auch Begleitung und Wahrnehmung neben der Richterrolle. Bei uns wird „Assessment" häufig in berufsbezogenen Kontexten verwendet. Sogenannte Assessment-Zentren für Jugendliche werden zunehmend an der Schnittstelle zwischen Schule und Hochschule beziehungsweise Arbeitsmarkt angeboten, oft in Zusammenarbeit von Schulen, Arbeitsmarktservice und Arbeitgeber.

Assessment-Zentren kommen ursprünglich aus der Wirtschaft, wo sie im Rahmen von Recruiting und Personalentwicklung eingesetzt werden. Das primäre Ziel ist, die Kompetenzen der Kandidaten und Kandidatinnen nach „Benchmarks" einzuordnen. Diese Maßstäbe sind festgelegte Referenzwerte für bestimmte Kompetenz- und Tätigkeitsbereiche, die eine vergleichende Analyse für Evaluierung ermöglichen – in anderen Worten, sie sind Standards. Assessment-Zentren bieten aber auch Analyse- und Beurteilungsverfahren für die Feststellung von Stärken und Potentialen, meistens über eine Mischung aus Potentialanalysen oder Persönlichkeitsinventaren, Gesprächen und Simulationen von komplexen Berufs- und Alltagssituationen, die sowohl allein als auch in Teams zu bewältigen sind. Die Ergebnisse des Einsatzes solcher Instrumente dienen der Rückmeldung und der Orientierung sowohl für die Kandidatinnen und Kandidaten selber als auch für die Personalentwicklerinnen und Personalentwickler.

Die Komplexität, die in Alltagsituationen gegeben ist, fehlt oft in der schulischen Leistungsbewertung. Stattdessen werden Inhalte und Fertigkeiten isoliert, damit sie leicht ab- und überprüfbar sind. Diese Praxis gewinnt nur mangelnde Belege für die Feststellung von Kompetenz und wirkt kontraproduktiv auf die Lernkultur, wenn Kompetenz erzielt werden soll.

In letzter Zeit wird im englischen Sprachraum zunehmend der Begriff „assessment literacy" (Stiggins u. a. 2005) verwendet, den wir hier als „Leistungsbeurteilungs-kompetenz" übersetzen. Der Begriff deutet auf die Kompetenz, eigene und fremde Leistungen nach internen und externen Standards zu bewerten. Leistungsbeurteilungskompetenz in diesem Sinne kann als Selbstbeurteilungskompetenz verstanden werden und gilt als Grundkompetenz. Das Ziel im Rahmen von Bildungsprozessen ist es, die Fähigkeit zu fördern und fordern, (eigene) Leistungen nach allgemeingültigen Kriterien über die (eigenen) subjektiven Standards hinaus zu bewerten. Sie ist damit keine individuelle Aktivität, sondern erfordert Kommunikation mit anderen Menschen, die jeweils aufgrund ihrer Besonderheit eigenen Kriterien unterliegen.

Leistungsbeurteilungskompetenz deutet auch auf spezifische Inhalte und Fertigkeiten für den Lehrberuf, die über diese Grundkompetenz hinausgehen. Leistungsbeurteilungskompetenz ist zentral für die erfolgreiche Gestaltung von Lern- und Lehrprozessen in der Schule (vgl. Stiggins & Chappius 2002; Popham 2003). Curriculumexperten sehen Aufgaben und Kriterien für die Leistungsbewertung als Basis für die curriculare Entwicklung und Unterrichtsgestaltung (Wiggins 1998; Black & Wiliam 1999; Erickson 2008) und die Leistungsbewertung als Treiber von Lernprozessen und Lernerfolg (u. a. Kleber 1992; Earl 2003; Winter 2008). Die Wichtigkeit von einem mit standardisierten Leistungsmessungen kalibrierten, aber dennoch abgekoppelten Leistungsbeurteilungssystem für Lern- und Lehrprozesse wurde im angelsächsischen Raum bereits erkannt (vgl. Stiggins 2008).

Mit dem *European Portfolio for Student Teachers of Languages* (Newby u. a. 2007) hat der Europarat ein berufsbegleitendes Instrument für die Selbst- und Fremdeinschätzung von pädagogischen Kompetenzen für Fremdsprachenlehrer und -lehrerinnen entwickelt. Darin werden drei Bereiche für die Beurteilung von Lernprozessen und Lernergebnisse festgelegt:

▸ designing assessment tools: entsprechende Aufgaben für die Beurteilung auswählen, Aktivitäten für das Monitoring von Lernfortschritt im Unterricht einsetzen, mit den Lernenden entsprechende Leistungsbeurteilungsprozesse und -prozeduren vereinbaren

▸ evaluation: Lernerhebungen machen und deren Ergebnisse für die weitere Unterrichtsgestaltung interpretieren, Leistungsrückmeldung schriftlich und mündlich geben, Lernfortschritt dokumentieren, Kompetenzniveaus für die Leistungsfeststellung anwenden, valide Testinstrumente für die Leistungsfeststellung verwenden

▸ self- and peer-assessment: Selbstbeurteilungskompetenz fördern

Obwohl das European Portfolio for Student Teachers of Languages einen wertvollen Beitrag zur Professionalisierung von Fremdsprachenlehrern und -lehrerinnen macht,

### Die Mehrdeutigkeit des Leistungsbegriffs

*In der englischen Sprache wird unter „achievement", „accomplishment", „activity", „effort", „performance", „results" und „work" unterschieden, die alle auf Deutsch mit einem einzigen Wort „Leistung" übersetzt werden. Während die Schülerleistung im Sinne von effort (Bemühung/Bestreben/ Anstrengung), activity (Vorgang/Aktivität) oder work (Arbeit) sich auf das beziehen, was die Lernenden im Lernprozess leisten, bezieht sich die Schülerleistung im Sinne von achievement sowohl auf das Lernergebnis als auch den Lernerfolg. Weil das Lernergebnis formal beurteilt wird, schwingt das Spannungsfeld der Messbarkeit bei dieser Bedeutung von Schülerleistung mit. Im Sinne von accomplishment bezieht sich die Schülerleistung auf die Vollendung eines Lernprozesses und die Wirksamkeit des Lernens als Errungenschaft; diese Bedeutung von Schülerleistung wird daher häufig von Lehrern und Lehrerinnen verwendet, um die Leistung der Lernenden zu honorieren.*

finden wir diese Bereiche für eine vollständige Darstellung von Leistungsbeurteilungskompetenz nicht ausreichend. Anlehnend an das Gedankengut von Earl, Paradies, Wiggins, Stern, Stiggins und Popham lässt sich das komplexe Feld von Leistungsbeurteilungskompetenz in der Pädagogik wie in Abb. 30 darstellen.

Abb. 30: Leistungsbeurteilungskompetenz

EINLADUNG ZUR SELBSTEINSCHÄTZUNG

Arbeiten Sie mit der folgenden Selbsteinschätzung (S. 102) und schätzen Sie sich selbst zwischen den beiden Polen (Novize – Experte beziehungsweise Novizin – Expertin) ein.

 EINLADUNG ZUR REFLEXION

Wo stehen wir?

In Anlehnung an Wormeli (2006) stellen wir folgende Reflexionsfragen in Bezug auf Funktionen und Ziele der Leistungsbewertung zur Diskussion:

▸ Woraus besteht unser Leistungsbeurteilungssystem? Welche Funktionen haben die verschiedenen Aspekte?

▸ Welche Wirkung hat unser Leistungsbeurteilungssystem auf unsere Praxis, auf das Lernen, auf die Lernenden?

▸ Wie schaut die Zusammensetzung von formativer und summativer Leistungsbewertung in unserer Praxis aus? Wird die Dynamik von feeding back – feeding forward im Sinne einer förderlichen Lernkultur gestärkt?

▸ Welche Leistungen (sollen) zählen?

▸ Was heißt Kompetenz in den jeweiligen Fachlehrplänen und Bildungsstandards?

▸ In welchem Ausmaß sind die Kompetenzstufen der Bildungsstandards in unsere Praxis integriert?

▸ Bekommen wir die Informationen, die wir brauchen, von unseren Leistungsbewertungsinstrumenten? Wenn nicht, was wollen wir erfassen und wie können wir das machen?

▸ Was sagt unser Zeugnis aus?

## 2.4.2 Funktionen und Wirkungen von Leistungsbewertung: Auf den Mix kommt es an

Leistungsbewertung hat mehrere Funktionen (vgl. Kleber 1978, 1992). Leistungsbewertung bestimmt durch ihre *Orientierungsfunktion* die Lernkultur und hat auch eine *Sozialisierungsfunktion*. Im Mittelpunkt steht üblicherweise ihre *Beurteilungsfunktion*, die oft Lehrpersonen gefühlsmäßig in die Rolle eines Richters mit enormer Verantwortung bringt. Genauso wichtig ist allerdings die *Rückmeldungsfunktion* von Leistungsbewertung, sowohl für die Lernenden als auch für die Lehrenden. Sie hat auch eine *Selektionsfunktion* in Form von Berechtigungen für den Aufstieg im Bildungssystem, die langfristig eine Wirkung auf Berufschancen und den sozialen Aufstieg hat. Sie kann eine behavioristische *Disziplinierungsfunktion* haben, um Leistungsdruck auf die Lernenden durch Belohnung oder Bestrafung zu erzeugen. Letztlich verbirgt sich in der Leistungsbewertung das Potential einer *Demokratisierungsfunktion*, wenn die Lernenden Leistungsbeurteilungssysteme für ihre Lerngemeinschaft mit der Lehrperson mitbestimmen und mitgestalten.

# Selbsteinschätzung

| Ich kann ... | Novize/<br>Novizin | Experte/<br>Expertin |
|---|---|---|
| | |⎢⎢⎢⎢⎢⎢⎢⎢⎢⎢⎢⎢⎢⎢⎢⎢⎢⎢⎢⎢⎢⎢⎢⎢| |
| ... die Funktionen und Wirkungen von Leistungsbewertung analysieren. | |⎢⎢⎢⎢⎢⎢⎢⎢⎢⎢⎢⎢⎢⎢⎢⎢⎢⎢⎢⎢⎢⎢⎢⎢| |
| ... summative und formative Leistungsbeurteilung definieren und setze sie in meiner Praxis sinnvoll ein. | |⎢⎢⎢⎢⎢⎢⎢⎢⎢⎢⎢⎢⎢⎢⎢⎢⎢⎢⎢⎢⎢⎢⎢⎢| |
| ... Aufgabenformate und Beurteilungsmodi nach ihrer Funktion zielgerecht anwenden. | |⎢⎢⎢⎢⎢⎢⎢⎢⎢⎢⎢⎢⎢⎢⎢⎢⎢⎢⎢⎢⎢⎢⎢⎢| |
| ... Gütekriterien für Leistungsevaluierung in meiner Praxis anwenden, um Qualität zu sichern. | |⎢⎢⎢⎢⎢⎢⎢⎢⎢⎢⎢⎢⎢⎢⎢⎢⎢⎢⎢⎢⎢⎢⎢⎢| |
| ... ein zielgerechtes Leistungsbeurteilungssystem für meinen Unterricht entwickeln und anwenden. | |⎢⎢⎢⎢⎢⎢⎢⎢⎢⎢⎢⎢⎢⎢⎢⎢⎢⎢⎢⎢⎢⎢⎢⎢| |
| ... Instrumente für die Leistungsbeurteilung situations-gemäß und zielgerecht auswählen und anwenden. | |⎢⎢⎢⎢⎢⎢⎢⎢⎢⎢⎢⎢⎢⎢⎢⎢⎢⎢⎢⎢⎢⎢⎢⎢| |
| ... authentische Aufgaben nach einem hohen Grad des Transfers formulieren. | |⎢⎢⎢⎢⎢⎢⎢⎢⎢⎢⎢⎢⎢⎢⎢⎢⎢⎢⎢⎢⎢⎢⎢⎢| |
| ... zielgerechte Beurteilungskritierien und -raster für die Evaluierung von Leistungen entwickeln und anwenden. | |⎢⎢⎢⎢⎢⎢⎢⎢⎢⎢⎢⎢⎢⎢⎢⎢⎢⎢⎢⎢⎢⎢⎢⎢| |

EINLADUNG ZUM MITDENKEN

▸ Studieren Sie die Funktionen der Leistungsbeurteilung in Abb. 31:
▸ Welche Funktionen sind in der eigenen Praxis besonders ausgeprägt?
▸ Wie wirkt sich das auf die Lernenden, auf die Lehrenden aus?
▸ Was bedeuten diese Erkenntnisse hinsichtlich der Schulkultur?

### 2.4.3  Ziele der Leistungsbeurteilung

Bei der Gestaltung eines (neuen) Leistungsbeurteilungssystems sind *formative, summative* und *konstitutive* Ziele zu berücksichtigen, die sich durch ihre Beziehung zum Lernen unterscheiden: Leistungsbewertung *von, für* oder *als* Lernen. Während summative Leistungsbewertung die Leistung in den Mittelpunkt stellt und primär eine Beurteilungsfunktion hat (Beurteilung *von* Lernen), hat formative Leistungsbewertung eine Rückmeldungsfunktion, wofür Lernen im Mittelpunkt steht (Bewertung *für* Lernen). Leistungsbewertung erfüllt ein konstitutives Ziel, wenn die Lernenden die Leistungsbewertung mitbestimmen und selbst Leistungen evaluieren (Bewertung *als* Lernen). Sowohl formative als auch konstitutive Leistungsbeurteilung setzen Transparenz der Beurteilungskriterien voraus.

| Funktion | Fragen |
|---|---|
| Orientierung | Worauf wird Wert gelegt? Wie gehe ich mit Erfolg und Misserfolg um? Wie gehe ich mit Rückmeldung um? |
| Sozialisierung | Wie stehe ich im Vergleich zu anderen? Wie kann ich mich bewähren? Wie bewerte ich Leistung? Wie gebe ich eine konstruktive Rückmeldung? |
| Beurteilung | Wie gut ist die Leistung? In Bezug worauf? Nach welchen Kriterien? |
| Rückmeldung | Für Lernende: Wurden die Lernziele erreicht? Wo stehe ich? Was ist noch zu tun? Für Lehrende: Was ist der aktuelle Lernstand? Was ist noch zu tun? |
| Selektion | Welches Potential hat der Schüler/die Schülerin? Wofür ist er/sie geeignet? Welche weiterführenden Schulen kommen infrage? |
| Disziplinierung | Was ist belohnenswert? Was ist zu bestrafen? |
| Demokratisierung | Was sagen die Lernenden zur Bewertung ihrer Leistung? Was ist aus ihrer Sicht sinnvoll und stimmig? |

Abb. 31:  Funktionen der Leistungsbeurteilung

### Von „feeding back" zu „feeding forward"

*„Feedback" ist eine Rückmeldung, die eine kritische Beurteilung einer Leistung beinhaltet. Im Bereich der Kybernetik ist Feedback ein Signal, welches einem System rückgemeldet wird, damit das System sich selbst kontrollieren kann. Ursprünglich bezeichnetete „Feedback" den schrillen Ton, der durch eine Schleife zwischen Mikrofon und Lautsprecher verursacht wird. Feedback kann als „Lärm" oder Störung verstanden werden, die eine Wirkung auf das nächste Geschehen oder die folgende Handlung hat.*

*Da summative Beurteilung auch eine kritische Rückmeldung über eine Leistung ist, wurde in letzter Zeit im englischen Sprachraum der Begriff „feeding forward" im pädagogischen Bereich eingeführt, um den formativen Aspekt von Leistungsbeurteilung zu betonen. Rückmeldung in diesem Sinne weist auf die Zukunft hin und unterstützt die Lernenden beim Reflektieren sowie in der Selbstevaluierung und Selbstbestimmung.*

*In ihrem Artikel „Feed Up, Back and Forward" betonen Fisher und Frey (2009), dass ein förderliches Rückmeldungssystem drei Aspekte berücksichtigt:*

▸ *Die Lehrperson „feeds up" durch transparente sinngebende Ziele, damit die Lernenden wissen, worum es geht, und die Lehrperson selbst für sich Leistungsbeurteilung am Ziel orientieren kann.*

▸ *Während der Lernprozesse gibt die Lehrperson (und geben eventuell auch Mitschüler und Mitschülerinnen) klare Rückmeldung zum Lernfortschritt der Lernenden. Diese Rückmeldung beinhaltet Vorschläge für nächste Lernschritte und Impulse zur Reflexion, damit die Lernenden sich mit ihrer Leistungsentwicklung auseinandersetzen und nächste Schritte selbst weiter bestimmen.*

▸ *Feeding forward nach Fisher und Frey gilt primär für die Lehrperson selbst. Informationen über den Lernstand der Schüler und Schülerinnen helfen der Lehrperson, auf die Lernenden einzugehen und die nächsten Schritte im Unterricht gemäß deren Bedarf zu bestimmen. Dies setzt hohe Flexibilität voraus, da die tatsächlichen Ergebnisse des geplanten Unterrichts nicht vorhersehbar sind und der Unterricht nach den unverhersehbaren Ergebnissen nicht im Voraus geplant werden kann.*

Summative Leistungsbewertung erfolgt in einer Leistungsphase zum Beispiel durch Klassenarbeiten oder andere schriftliche Aufgaben und dient der Evaluierung des Lernergebnisses. Im Mittelpunkt der summativen Leistungsbeurteilung steht Leistung und der Prüfungsmodus mit den unterschiedlichen Aufgabenformaten, die in den jeweiligen Fachbereichen zu finden sind. Die Evaluierung wird in Form von Beurteilungskategorien wie „durchschnittlich" oder „sehr gut", Zahlen wie „17 aus 20 Punkten" oder „83 %", Kompetenzstufen wie „mittleres Niveau" oder „Niveau B1" oder auch Ziffernoten ausgedrückt.

Die formative Leistungsbewertung dient der Bestimmung der nächsten Schritte durch Hinweise auf den aktuellen Lernstand der Lernenden, um die mögliche Kluft zwischen dem Anspruch von Lehren und dem dadurch bewirkten Lernen zu beleuchten und Entscheidungen über die nächsten Schritte im Lernprozess zu unterstützen.

Rückmeldung (Feedback) hat in diesem Sinne eine feeding-forward-Wirkung. Das Ziel der formativen Leistungsbewertung ist daher nicht nur Informationen über den Ist-Stand zu gewinnen, sondern auch Hinweise für nächste Schritte oder Interventionen. Formative Leistungsbewertung dient dem Lernen am meisten dann, wenn die Ergebnisse einen Lernschub auslösen. In diesem Sinne gehört die formative Leistungsbewertung zum unplanbaren Bereich des Unterrichts. Das, was geplant ist, hat unvorhersehbare Wirkung auf die Lernenden, die erst durch gezieltes Beobachten und genaues Hinschauen erfahren werden kann.

Wichtig dabei ist, dass das Feedback den Lernzielen entspricht – eine banale aber trotzdem wichtige Erkenntnis, die mit „opportunity to learn" (siehe S. 52) verknüpft ist. Wenn insgesamt am Ende die Beurteilung von Leistung kompetenzorientiert ist, die Rückmeldung während des Lernens aber auf Teilbereiche, isolierte Inhalte oder gar psychologische Faktoren wie Motivation des einzelnen Schülers eingeschränkt ist, wird das Lernen nicht zielgerichtet gesteuert. Positive Rückmeldung zum Auswendiggelernten wird Auswendiglernen stärken, positive Rückmeldung als Motivationsmittel für weiteres Mitmachen im Unterricht wird Abhängigkeit fördern.

Formative Leistungsbewertungen können unterschiedliche Ausdrucksformen haben, von informeller, kurzer mündlicher Rückmeldung bis hin zu formalisierten Lernzielkatalogen zur Selbsteinschätzung und -kontrolle. Methoden für die formative Leistungsbeurteilung sind vielfältig und fallen unter die Überschrift „Lernstandserhebung" beziehungsweise „Lerndiagnose". Punktuelle Leistungsfeststellungen jeglicher Form sowie Lehrer-Schüler-Gespräche und Pensenbücher gehören dazu.

Darüber hinaus können die Lernenden ihren eigenen Lernfortschritt und ihre „Prozessleistung" (Winter 2008) mittels Lerntagebüchern, Lernportfolios und peer conferences dokumentieren, verfolgen und reflektieren. Diese Instrumente, die weitgehend unter der Kontrolle und Urheberschaft der Lernenden stehen, sind Teil der Leistungsbewertung *als* Lernen. Sie sind integrative Bestandteile von Lernprozessen und stärken Eigenständigkeit durch Reflexion und Interpretation des eigenen Lernens und Leistens. Das Spannungsverhältnis zwischen tradierter Leistungsbeurteilung und der vielfach geforderten „neuen Lernkultur" (Schratz 1996; Winter 2008) baut auf die Vorstellung von „Schule als Lebensraum" nach einem Verständnis von Demokratie, welches von einer bestimmten Form des Zusammenlebens ausgeht. Leistungsbewertung als Lernen ist somit gelebte Demokratie, vorausgesetzt die Schüler und Schülerinnen erhalten nicht nur individuellen Freiraum für isolierte Entscheidungen, sondern können die Organisation, Prozesse und Inhalte des Lernens mitbestimmen. Dieser Kulturwandel braucht einen neuen Umgang mit den Schülerleistungen, ein neues Leistungsbewertungskonzept, das Leistung neu definiert und Prozessleistung im Rahmen von selbständigem und sozialem Lernen bei komplexen Aufgaben sichtbar macht (vgl. Winter 2008).

Leistungsbewertung *als* Lernen – die wir „konstitutiv" nennen – ist im konventionellen Unterricht kaum zu finden. Peschels (2002a, 2002b) Stufenmodell veranschaulicht die bestimmende Kraft von Kultur und Struktur bei der Öffnung des Unterrichts, bei der das Konstitutive zur Geltung kommt. Die höchste Stufe – die sozial-integrative Öffnung – ist die Verwirklichung von Basisdemokratie und Schülermitgestaltung, das heißt, die zum Zusammenleben notwendigen Absprachen entspringen einem

> *dauernden Findungs- und Evaluationsprozess. Regeln werden nicht implizit als „gemeinsames" Ergebnis vorgegeben, sondern die sozialen Normen liegen in der Verantwortung aller Beteiligten. Normverstöße werden dadurch nicht als persönliches Defizit angesehen, sondern dienen als (nicht vom Lehrer initiierte oder missbrauchte) Reflexionsmöglichkeit. Der Lehrer ist gleichberechtigtes Mitglied der Gemeinschaft und unterliegt den gleichen Regeln und Absprachen.*
>
> (Peschel 2002b, 237)

Von dieser Vision zurück zur Realität: Die summative Leistungsbewertung ist weiterhin der treibende Faktor im Unterricht, der durch die Notwendigkeit von Benotung verstärkt wird. Earl (2003) weist auf diese Dominanz von summativer Leistungsbeurteilung (*von* Lernen) in der Praxis hin. Sie konstatiert übermäßig viel summative Leistungsbewertung im Schulalltag und plädiert für mehr formative Leistungsbewertung (*für* Lernen), um eine positive Lernkultur und vor allem individuelle Lernprozesse zu stärken.

 EINLADUNG ZUR SELBSTEINSCHÄTZUNG

▸ Wie schaut der aktuelle Mix in Ihrer Praxis aus? Welcher Mix scheint sinnvoll?

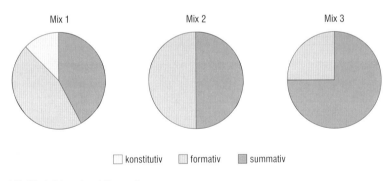

konstitutiv ▢ formativ ▢ summativ

Abb. 32: Leistungsbeurteilungsmix

### 2.4.4 Auf der Suche nach Evidenz von Kompetenz

Das Zeitalter der Kompetenzorientierung bringt verstärkt den Fachbegriff „Transfer" (siehe S. 60) ins Gespräch, der Merkmal von Kompetenz ist. Ohne Evidenz von Transfer kann Kompetenz nicht festgestellt werden. Es ist an dieser Stelle hilfreich, zwischen der Feststellbarkeit einer Kompetenz, die durch die Aufgabenform bestimmt wird, und dem Niveau einer Kompetenz zu unterscheiden. Aufgaben mit einem hohen Grad

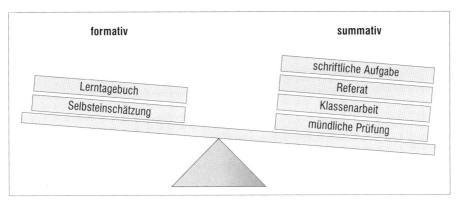

Abb. 33: Formative und summative Leistungsbeurteilung in Balance?

von Transfer lassen die erworbenen Kompetenzen erkennen und ermöglichen damit die Evaluierung des Kompetenzniveaus. Damit sind unvertraute Aufgaben gemeint, die komplex zu lösen sind und eigenständige Lösungswege erfordern. Aufgaben mit einem niedrigen Grad des Transfers (Hinweise auf Lösungswege, Anleitungen, Vereinfachung oder „Bereinigung" von Komplexität, die eigenständige Handlung reduzieren) werden Leistungen von niedrigem Kompetenzniveau ergeben – auch wenn das tatsächliche Kompetenzniveau höher ist.

Kurz gesagt: „Man bekommt, was man erfragt." Wenn der Sinn einer Aufgabe die Feststellung von Kompetenz ist, sollte es darüber Informationen geben, inwieweit die Lernenden in der Lage sind, eigenständig ihr erworbenes Wissen und Können bei neu(artig)en Aufgaben anzuwenden. Dies setzt Verstehen voraus, denn nur wenn der Kontext des Wissens und Könnens verstanden wird, können diese handlungsorientiert angewendet werden. Aus diesem Grund werden „Handlungsfähigkeit" und „Anwendungskompetenz" häufig im Zusammenhang mit Kompetenzorientierung thematisiert.

Die Frage ist, inwieweit die Leistungsbewertung von Transfer für die Beurteilung von Kompetenz in der Praxis berücksichtigt wird. Wenn hauptsächlich diskrete Teilbereiche (dekontextualisiertes Wissen und Können) überprüft werden, lässt sich Kompetenz nicht zeigen – auch wenn sie vorhanden ist. Abgesehen von den fehlenden Informationen für eine standardorientierte Leistungsbewertung führt die Dominanz von einfachen Überprüfungen zu einer Lernkultur, die sich an leicht überprüfbaren Inhalten und Fertigkeiten orientiert. Der Kompetenzaufbau wird dadurch behindert. Die Lernenden (und deren Eltern) erkennen schnell, was für einen Erfolg bei der Benotung zählt und reagieren entsprechend darauf. Sie priorisieren Lerninhalte und Lernziele nach der Leistungsbewertung, auch wenn die Aussagen der Lehrperson („Fehler sind Helfer" oder „Kompetenz hat Vorrang") etwas anderes behaupten.

Ein kompetenz- und damit standardorientiertes Leistungsbewertungskonzept braucht daher Aufgabenformen und Kriterien, die kompetenzorientiert sind. Fragen wie: Welche Leistungen zählen in unserer Leistungsbeurteilung? Wie werden sie evaluiert? Unterstützt die Auseinandersetzung mit der derzeitigen Praxis und deren Wirkung auf die Lernkultur die Erreichung der Lernziele durch die Lernenden? Hier hilft es, derzeitige Formen der Leistungsbewertung festzuhalten, um sie dann mit „entschulten" Aufgaben aus fachentsprechenden Lebensbereichen heranzuziehen. Dazu ein Beispiel aus der Mathematik.

Die Gegenüberstellung in Abb. 34 zeigt die zwei unterschiedlichen Perspektiven: Was *lernt* ein Mathematiker beziehungsweise was *tut* ein Mathematiker? Was haben Investitionsstrategien, Antilopen, DNA, Computeranimation und Klimaerwärmung

| Übliche Formen der Leistungsbewertung und deren Kriterien | Aufgaben außerhalb der Schule und deren Kriterien |
|---|---|
| **Mündliche Mitarbeit:** Aufzeigen und Antworten während des Unterrichts. Kriterium: Korrektheit<br>**Hausaufgaben:** Arbeitsblätter für das Trainieren von bestimmten Formeln. Kriterien: Regelmäßigkeit, Vollständigkeit, Qualität<br>**Schriftliche Übung:** Überprüfung von Teilbereichen. Kriterien: Korrektheit bei Teillösungen, Lösungswege, Folgefehler; Art der Darstellung; Präzision<br>**Klassenarbeit:** Aufgaben in einfachen, mittleren und schwierigen Aufforderungsbereichen. Kriterien: Korrektheit bei Teillösungen, Lösungswege, Folgefehler; Art der Darstellung, Präzision; Genauigkeit in der Ausdrucksweise und sprachliche Richtigkeit<br>**Heftführung:** Regelmäßigkeit, Vollständigkeit, Qualität<br>**Referat:** Inhalt, sprachlicher Ausdruck<br>**Lerntagebuch:** Erkundung und Reflexion über mögliche Lösungswege von mathematischen Aufgaben. Kriterien: Vielfalt der Lösungswege, Gedankengänge und Entscheidungen, Art der Darstellung, Präzision, Genauigkeit in der Ausdrucksweise und sprachliche Richtigkeit | **Im Gespräch** mögliche Lösungswege, um ein Problem zu lösen. Kriterien: Relevanz und Effizienz der Lösungswege, Erfolg bei der Lösung<br>**Rechnungsaufgaben** im Alltag, z. B. beim Einkaufen, Abschluss eines Kreditvertrags, statistische Auswertungen. Kriterium: Korrektheit, um Vergleiche als Entscheidungsgrundlage zu ziehen, mit dem Ziel bestmögliche Konditionen für sich selber zu sichern.<br>**Einschätzungen von Gewicht, Menge, Größe, Wahrscheinlichkeit,** z. B. bei Möbelkauf oder Zimmereinrichtung. Kriterium: relative Treffsicherheit nach gemeinsamen Referenzwerten (Kilogramm, Meter usw.)<br>**Kalkulation von Gewicht, Menge, Größe,** z. B. Terrasse bauen oder Garten gestalten. Kriterium: Korrektheit, methodische Angemessenheit |

Abb. 34: Schulische und authentische Aufgaben in Mathematik

mit Mathe zu tun? Alle sind mögliche Anlässe zur Anwendung von mathematischen Kenntnissen oder Aufgabenbereichen für Mathematiker, ob es um die zukünftigen Aktienwerte an der Börse geht, die maximale Geschwindigkeit eines Tiers beim Laufen unter Berücksichtigung seines Schrittmusters, die Knotenbildungsmuster von Molekülen in biochemischen Prozessen, die Dimensionen und der Mittelpunkt einer Form für die Programmierung von Bewegungsabläufen auf einem Bildschirm oder wie Eis durch salzgesättigtes Wasser fließt.

Gewöhnlich wird in der Schule der Fokus auf das gelenkt, was man lernt, oder besser: das, was man nach dem Lehrplan lernen soll. Kompetenzorientierung verlangt allerdings Augenmerk auf das, was man tut, sowohl inter- als auch intradisziplinär. Je förderlicher die Disposition des Lernenden bei der Vernetzung seines mehr oder weniger verinnerlichten Wissens und Könnens ist, desto kompetenter kann er in einer Situation handeln. Diese Kompetenz lässt sich allerdings nur bei entsprechenden Aufgaben zeigen, etwa bei der Lösung zur Frage, wie ein riesiger Eisberg sich im Meer bewegen wird, um mögliche Wirkungen auf das Klima einzuschätzen. Daher ist im Zeitalter der Kompetenzorientierung von „authentischen" Aufgaben die Rede.

Authentische Aufgaben sind gewissermaßen „entschulte" Aufgaben, die an Handlungen von realen Aufgaben im Alltag orientiert sind, um Kompetenz sichtbar zu machen. Im Rahmen von formativer oder summativer Leistungsbewertung empfiehlt es sich, Aufgaben für die Beurteilung von Kompetenz von Aufgaben im realen Leben abzuleiten. Beispiele:

▶ Ernährung: Erstellung eines gesunden und schmackhaften Speiseplanes für eine Woche in einem Sommerlager
▶ Naturwissenschaften: Vorbereitung eines Themenbereiches für einen runden Tisch von Klimaexperten im Fernsehen
▶ Mathematik: Eine statistische Auswertung von Klassenergebnissen eines Sportwettbewerbs vorbereiten, um ein gerechtes Ranking der Ergebnisse der Presse mitzuteilen
▶ Englisch als Fremdsprache: Eine Veranstaltung zum Schulschluss auf Englisch planen und durchführen
▶ Deutsch: Einen Weblog zu einem Interessengebiet vier Wochen lang schreiben und sich dabei auf aktuelle Nachrichten und Entwicklungen beziehen
▶ Geografie: Eine Vorschau über Bevölkerungstrends der nächsten 100 Jahre für die regionalen Planungsbehörden vorbereiten

Wenn die zu überprüfendenden Inhalte und Fertigkeiten an diesen Beispielen nicht gleich erkennbar sind, ist das kein Zufall. Inhalte und Fertigkeiten sind bei Aufgaben mit hohem Transfergrad nicht leicht zuzuordnen, weil sie Kompetenz sichtbar machen, und dazu gehört die eigenständige Anwendung von Wissen und Können, um eine Aufgabe zu erfüllen. Sie verzichten auf deutliche Hinweise zu den Inhalten und Lösungswegen. Es geht nicht nur darum, *was* die Lernenden gelernt haben, sondern *wie* sie mit Wissen und Fertigkeiten, die sie erworben haben, ohne Hinweise umgehen, um sie handelnd umzusetzen.

Es mag sein, dass diese Aufgaben auf den ersten Blick schwierig erscheinen, vielleicht zu schwierig auf der Basis von Praxiserfahrung. Dies ist das Entscheidende für die Umsetzung im Unterricht: Praxiserfahrungen sind nicht mehr dienlich, wenn diese Praxis im Unterricht nicht verstehens- und kompetenzorientiert war. Dort wo hauptsächlich vereinfachte Übungen mit Richtig-falsch-Antworten für die Beurteilung von Fertigkeiten und Wissen eingesetzt werden, wird Kompetenz nicht gefördert und gefordert. Neue Praxiserfahrung muss erst durch Erprobung gewonnen werden.

Konventionelle Aufgaben, die meistens die Eigenschaften einer Übung haben, sind hiermit allerdings nicht ausgeschlossen. Wichtig für die Lehrperson ist, den Unterschied zwischen authentischen Problemlöseaufgaben und Übungen zu erkennen, damit sie sinnvoll und bewusst eingesetzt werden. Hierzu hilft die Tabelle in Abb. 35, um authentische Problemlöseaufgaben und Übungen zu unterscheiden (angelehnt an Wiggins & McTighe 2005):

| | authentische Aufgabe | Übung |
|---|---|---|
| **Aufgabenstellung** | Problem klar, aber wenig bis keine Hinweise auf Lösungen | einfache bzw. vereinfachte Aufgabe mit spezifischen Hinweisen und Anleitungen zum Lösungsweg |
| **Lösungswege** | mehrere Möglichkeiten | ein bester Lösungsweg |
| **Situation** | komplex, mit verschiedenen Variablen, die unter Umständen in Konkurrenz stehen | vereinfacht und dekontextualisiert, damit es eine einzige Variable für diskrete Übung von Wissen oder Können gibt |
| **Ergebnis** | Ziel ist eine angemessene Lösung | Ziel ist die richtige Antwort |
| **Beurteilung** | Fokus auf Logik bzw. Rechtfertigung des Lösungsweges und der Lösung | Fokus auf richtig/falsch bei der Auswahl des Lösungsweges und der Lösung |

Abb. 35: Authentische Aufgaben und Übungen im Vergleich

Erwerb und Beurteilung von Kompetenz – das komplexe Zusammenspiel von Erkentnissen, Fertigkeiten und fachspezifischen Lösungsansätzen – setzt komplexe Aufgaben voraus. Nur so kann Kompetenz sich zeigen, damit Evidenzen für die Beurteilung überhaupt vorhanden sind. Die Orientierung an authentischen Aufgaben als Lernergebnis steuert auch die Auswahl an Lernerlebnissen während des Lernprozesses. Praxiserfahrung reicht unter Umständen nicht aus, wenn bisher vereinfachte Übungen für

Lernen und Leisten verwendet wurden. Orientierung an Beweis von Kompetenz führt zur Praxiserneuerung und ist Kern des rückwärtigen Designs.

 EINLADUNG ZUR REFLEXION

> ▶ Im Sinne von Bildung: Was ist es, das die jeweiligen Fächer bewirken sollen?
> ▶ Was macht Ihr Fach aus? Was bedeutet es, wie ein Experte in Ihrem Fach zu denken und zu handeln?

 EINLADUNG ZUM GESTALTEN

> ▶ In welchen Situationen werden die Erkenntnisse, die Fertigkeiten und die Denkweisen und Lösungsansätze in Ihrem Fach angewendet?
> ▶ Welche Aufgaben machen das Zusammenspiel von Erkenntnissen, Fertigkeiten und Lösungsansätzen (Kompetenz) sichtbar?
> Verwenden Sie das Schema auf S. 112, um authentische Aufgaben als Aufträge für die Leistungsbeurteilung zu definieren. Berücksichtigen Sie dabei, dass die Aufgabe entsprechende Evidenz für die Beurteilung von Kompetenz ergeben soll; es geht nicht (nur) darum, interessante Aufgaben zu stellen, sondern die erzielte Kompetenz sichtbar zu machen.

### 2.4.5 Kriterien transparent machen

Im rückwärtigen Prozess befinden sich Lehrpersonen zunächst in der Rolle eines Assessors anstatt der eines Didaktikers. Curriculum und Unterricht von authentischen Aufgaben abzuleiten ist eine Abweichung von der traditionellen (und in der Ausbildung geübten) Planungsvorgabe für den Unterricht. Planung spielt hierbei eine geringere Rolle, weil die Gefahr besteht, den Unterricht durch detaillierte Aufbereitung der Stoffinhalte und Aktivitäten zu verplanen und Zeit und Raum für das Eingehen auf die Lernbedürfnisse und -erfordernisse der Schüler und Schülerinnen zu vernachlässigen. Der rückwärtige Prozess entlastet dadurch Lehrende und Lernende vom Zeitdruck.

Für die Beurteilung der Performanz bei der Bewältigung authentischer Aufgaben sind Kriterien unverzichtbar. Sie ermöglichen Transparenz im Beurteilungsprozess und ermöglichen Lehrenden und Lernenden ein gemeinsames Verständnis für Qualität zu entwickeln, damit Beurteilung nachvollziehbar ist und sogar von den Lernenden selbst gemacht werden kann.

Beurteilungskriterien sind in der konventionellen Praxis oft auf Perfektion oder Korrektheit ausgerichtet. Im Zeitalter der Kompetenzorientierung ist die Beurteilung ein vielschichtiger Prozess. Unter Umständen sind neue Kriterientypen notwendig, um in der Beurteilung der erbrachten Leistung gerecht zu werden. Vor allem die kaum beobachtbaren Aspekte wie Disposition oder Wirkung sind mitzudenken. Wiggins

## Authentische Aufgaben finden

Das folgende Schema zur Definition authentischer Aufgaben ist angelehnt an
Wiggins & McTighe (2005) und McTighe (2009).

| | |
|---|---|
| **Auftrag** | Deine Aufgabe ist … <br> Das Ziel ist … <br> Das Problem oder die Herausforderung ist … <br> Die zu bewältigenden Hürden sind … |
| **für wen?** | Deine Kunden sind … <br> Das Zielpublikum ist … <br> Du musst … überzeugen … |
| **in welcher Rolle?** | Du bist … <br> Du bist mit … beauftragt. <br> Du arbeitest als … |
| **in welcher Situation?** | Die Situation, in der du dich befindest, ist… <br> Die Herausforderung liegt darin, … |
| **Ziel des Auftrags** | Du wirst … gestalten, um … <br> Du musst … entwickeln, damit … |
| **Beurteilungs- kriterien** | Deine Leistung muss … <br> Dein Produkt wird nach … beurteilt werden. <br> Deine Leistung muss folgende Standards erfüllen: … |

stellt das in Abb. 36 gezeigte Beispiel einer allgemeinen Kriterientypologie als Orientierung für die Arbeit im Kollegium vor (1998, 130 f.).

Auf Basis der Kriterientypen können Beispiele von Beurteilungskriterien nach Typ generiert werden, was in Weiterführung der Typologie in Abb. 37 erfolgt.

 EINLADUNG ZUM AUSPROBIEREN

▸ Was sind Ihnen wichtige Kriterientypen zur Beurteilung der Schülerleistung und wie zeigen sie sich?
▸ Wie könnten Sie diese Beispiele verwenden, um die Qualitätsziele im Schulprogramm zu verbessern?

*Beispiel einer Auftragsdefinierung:*
Die Aufgabe wurde für ein fächerübergreifendes Thema „Ich und meine Welt" vorbereitet, welches Deutsch, Geografie und IT bündelt.

| Auftrag | Tourismusprospekt |
|---|---|
| **für wen?** | Tourismusverband |
| **in welcher Rolle?** | Marketingexperte/-expertin |
| **in welcher Situation?** | Die Gemeinde will ein neues Tourismuskonzept realisieren, in dem die Region als idealer Urlaubsort für Familien gestärkt wird. |
| **Ziel des Auftrags** | Familienfreundlichkeit der Region hervorheben, Region als Urlaubsort attraktiv präsentieren, Interesse wecken |
| **Beurteilungs-kriterien** | Gestaltung/Layout; Professionalität (Korrektheit); inhaltliche Qualität; Erfüllung des Auftrags |

*Auftrag:*
Du bist Marketingexperte/Marketingexpertin und bist von der Gemeinde beauftragt, einen Tourismusprospekt zu entwerfen. Die Gemeinde will ein neues Tourismuskonzept realisieren, in dem die Region als idealer Urlaubsort für Familien gestärkt wird. Der Prospekt soll dieses Ziel unterstützen: die Region soll als attraktiver, familienfreundlicher Urlaubsort präsentiert werden und das Interesse von Eltern erwecken. Die Gemeinde erwartet sich eine kreative und wirkungsvolle Gestaltung, professionelle Texte und inhaltliche Qualität.

Ein Beurteilungsraster ist ein Werkzeug für Leistungsfeststellung und Leistungsbewertung. Ein analytisches Raster zeigt die Kategorien oder Teilleistungen zur Beurteilung einer Leistungsaufgabe und die spezifischen Kriterien für die jeweiligen Kategorien. Ein holistisches Raster ist weniger spezifisch; es beschreibt die Leistung ganzheitlich für die Bewertung. Abb. 38 und 39 (S. 116 f.) sind Beispiele für die unterschiedlichen Raster.

Raster sind dann sinnvoll, wenn die Leistungsaufgabe authentisch ist und Bewertungskriterien gebraucht werden, um ein gemeinsames Verständnis von Qualität und Anforderungen zu bilden, zum Beispiel bei Präsentationen, Aufsätzen, Diskussionen, Projekten, Portfolios. Sie sind weniger für Leistungsaufgaben wie Multiple Choice, Lückentexte oder Richtig-falsch-Aufgaben geeignet, wo es um eine einzige richtige Antwort geht oder Wissen und Anwendung objektiv geprüft werden.

| Kriterientyp | Beschreibung |
|---|---|
| Wirkung der Performanz | Erfolg der Performanz nach dem Zweck und Sinn, den Zielen und erzielten Ergebnissen |
| Arbeitsqualität und Kunstfertigkeit | Allgemeine Qualität und Geschick, Organisation und Strenge der Arbeit |
| Angemessenheit der Methoden und des Verhaltens | Qualität der Prozesse und Form der Präsentation, vor und während der Performanz |
| Validität des Inhalts | Korrektheit der verwendeten Ideen, Fertigkeiten oder Materialien |
| Grad der Expertise | Gewandtheit, Komplexität oder Reife des verwendeten Wissens |

Abb. 36: Beispiel einer allgemeinen Kriterientypologie als Orientierung

Der größte Vorteil von Rastern ist Transparenz. Sie machen die Erwartungen und Anforderungen klar und geben Orientierung. Sie sind auch für die Entwicklung von Lernautonomie förderlich, weil die Lernenden selbst die Qualität ihrer Leistung anhand des Rasters beurteilen können. Klare, transparente Kriterien sind auch für die Lehrperson entlastend: Sie reduzieren Wiederholung in der Leistungsrückmeldung, erleichtern die Bewertung und eliminieren Fragen wie: „Wieso haben Sie 3 Punkte abgezogen?"

Die Entwicklung von Rastern liefert auch einen Beitrag zur Unterrichtsqualität. Für die einzelne Lehrperson helfen Raster, den Unterricht auf das Wesentliche und auf Kompetenzen zu orientieren; wenn Raster im Lehrerteam entwickelt werden, findet Unterrichtsentwicklung statt und die Qualität von Leistungsbeurteilung (Verlässlichkeit, Objektivität und Validität) wird gesteigert.

### Raster-Entwicklung Schritt für Schritt

▸ Leistungsaufgabe festlegen
▸ Kategorien für die Bewertung der Aufgabe identifizieren
▸ Qualitätsgrade festlegen
▸ Kriterien für jeden Qualitätsgrad formulieren
▸ Punkte für jeden Grad und Gesamtpunktezahl für die Aufgabe festlegen

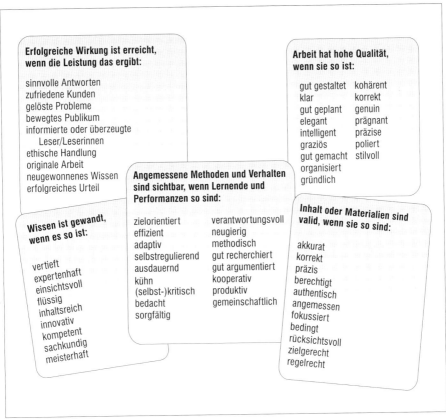

Abb. 37:  Beispiele von Beurteilungskriterien nach Kriterientypen (adaptiert nach Wiggins 1998, 131)

Die Entwicklung eines Rasters setzt die Aufgabe voraus. Manche Raster können für mehrere Aufgaben verwendet werden, andere werden für eine bestimmte Aufgabe nach Bedarf entwickelt. Die Kategorien sind die Elemente der Aufgabe oder Teilleistungen, die zu bewerten sind oder die Kriterientypen, die zum Leistungsbeurteilungssystem der Schule gehören. Sie können je nach Art der Leistungsaufgabe unterschiedlich sein.

Nachdem die Kategorien oder Kriterien allgemein festgelegt worden sind, braucht es Beschreibungen für die Qualitätsgrade. Die Zahl der Grade muss festgelegt werden. Dabei hilft es, zuerst Stichwörter für die Qualitätsgrade festzulegen, zum Beispiel „ausgezeichnet", „gut", „durchschnittlich", „genügend". Es muss nicht zwangsmäßig 4 oder 5 Grade geben; manche Raster haben nur 3 (zum Beispiel „sehr gut", „gut", „akzeptabel"), andere haben 5 oder mehr.

| Kriterien | 4 Punkte | 3 Punkte | 2 Punkte | 1 Punkte |
|---|---|---|---|---|
| **Inhalt** | Das Plakat beinhaltet alle angeforderten Elemente und auch zusätzliche Informationen, die zur Qualität beitragen. | Das Plakat beinhaltet alle angeforderten Elemente. | Ein Element fehlt, sonst beinhaltet das Plakat alle angeforderten Elemente. | Einige Elemente fehlen. |
| **Bezeichnungen** | Alle wichtigen Elemente sind klar bezeichnet und die Bezeichnungen sind von einem Meter Entfernung lesbar. | Fast alle wichtigen Elemente sind klar bezeichnet und die Bezeichnungen sind von einem Meter Entfernung lesbar. | Viele wichtige Elemente sind klar bezeichnet und die Bezeichnungen sind von einem Meter Entfernung lesbar. | Bezeichnungen sind zu klein oder sind nicht vorhanden. |
| **Grafiken (Relevanz)** | Alle grafischen Elemente sind relevant für das Thema und stärken die Botschaft oder Informationen. Quellen für Grafiken sind angegeben. | Alle grafischen Elemente sind relevant für das Thema und die meisten stärken die Botschaft oder Informationen. Quellen für Grafiken sind angegeben. | Alle grafischen Elemente sind relevant für das Thema. Nicht alle Quellenangaben sind vorhanden. | Grafiken sind nicht relevant oder einige Quellenangaben sind nicht vorhanden. |
| **Design** | Das Design ist außerordentlich attraktiv. | Das Layout ist attraktiv. | Das Layout ist attraktiv, obwohl manche Teile nicht schön gestaltet sind. | Das Design ist nicht ansprechend oder das Layout nicht gelungen. |
| **Rechtschreibung** | Es gibt keine Rechtschreibfehler. | Es gibt 1–2 Rechtschreibfehler. | Es gibt 3–4 Rechtschreibfehler. | Es gibt mehr als 4 Rechtschreibfehler. |

Abb. 38: Beispiel eines analytischen Rasters zur Bewertung eines Plakats

| | |
|---|---|
| **sehr gut**<br>**40 Punkte** | Das Plakat beinhaltet alle erforderlichen Elemente und auch zusätzliche Informationen, die zur Qualität beitragen. Alle wichtigen Elemente sind klar bezeichnet und die Bezeichnungen sind von einem Meter Entfernung lesbar. Alle grafischen Elemente sind relevant für das Thema und stärken die Botschaft oder Informationen. Quellen für Grafiken sind angegeben. Das Design ist außerordentlich attraktiv. Es gibt keine Rechtschreibfehler. |
| **gut**<br>**30 Punkte** | Das Plakat beinhaltet alle erforderlichen Elemente. Fast alle wichtigen Elemente sind klar bezeichnet und die Bezeichnungen sind von einem Meter Entfernung lesbar. Alle grafischen Elemente sind relevant für das Thema und die meisten stärken die Botschaft oder Informationen. Quellen für Grafiken sind angegeben. Das Layout ist attraktiv. Es gibt 1–2 Rechtschreibfehler. |
| **befriedigend**<br>**20 Punkte** | Ein Element fehlt, sonst beinhaltet das Plakat alle erforderlichen Elemente. Viele wichtige Elemente sind klar bezeichnet und die Bezeichnungen sind von einem Meter Entfernung lesbar. Alle grafischen Elemente sind relevant für das Thema. Nicht alle Quellenangaben sind vorhanden. Das Layout ist attraktiv, obwohl manche Teile nicht schön gestaltet sind. Es gibt 3–4 Rechtschreibfehler. |
| **genügend**<br>**10 Punkte** | Einige Elemente fehlen. Die Bezeichnungen sind zu klein oder nicht vorhanden. Grafiken sind nicht relevant oder einige Quellenangaben sind nicht vorhanden. Das Design ist nicht ansprechend oder das Layout nicht gelungen. Es gibt mehr als 4 Rechtschreibfehler. |

Abb. 39: Beispiel eines holistischen Rasters zur Bewertung eines Plakats

Für jede Kategorie sollen Beschreibungen von den Qualitätsgraden formuliert werden. Diese Beschreibungen sind die Kriterien für die Bewertung und machen diese transparent und klar. Sie sind kurze und prägnante Beschreibungen oder „Deskriptoren" der Leistungsqualität, zum Beispiel „außerordentlich kreativ/originell", „kreativ", „berechenbar", „kopiert/vom Beispiel abgeleitet". Kriterien sollen idealerweise positiv oder neutral formuliert werden, zum Beispiel statt „nicht kreativ" eine Beschreibung von einer nicht kreativen Leistung – „berechenbar" oder „üblich" oder „von einem Beispiel kopiert". Manche Kriterien wie Rechtschreibfehler oder Erfüllung der Anforderungen berücksichtigen die Menge oder Häufigkeit, zum Beispiel „keine Fehler", „1–2 Fehler", „3–4 Fehler", „mehr als 4 Fehler" oder „alle Anforderungen", „fast alle Anforderungen", „die Hälfte der Anforderungen", „weniger als die Hälfte der Anforderungen". Je konkreter die Menge durch genaue Zahlen erfasst wird, desto klarer ist die Beschreibung.

Punkte für jeden Qualitätsgrad und die Gesamtpunktezahl werden im letzten Schritt festgelegt. Manche Raster verwenden einfach 1–4 Punkte, andere basieren auf einer Gesamtzahl von 100 Punkten.

EINLADUNG ZUM AUSPROBIEREN

Nehmen Sie den nächsten Schritt zur Transparenz in der Beurteilung. Entwickeln Sie im Fachteam einen Raster für eine Aufgabe, am besten eine Aufgabe, die öfters gestellt wird, wie beispielsweise bei Referat, Aufsatz, Problemlösungsaufgabe, Portfolio. Ähnlich wie bei der Formulierung von Kernideen wird ein reger Austausch und möglicherweise ein Ringen um Kriterien entstehen! Die Arbeitsschritte aus S. 114, „Raster-Entwicklung Schritt für Schritt" sind eine Anleitung für die Arbeit im Fachteam.

# 3 Menschen bewegen: Professionelle Lerngemeinschaften

*In dir muss brennen,
was du in anderen entzünden willst.*
(Augustinus)

KTC: 28

## 3.1 Kollegiales Lernen als Grundlage unterrichtsbezogener Schulentwicklung

Die noch so gut durchdachte Entwicklung eines Unterrichtsfaches – auch im Hinblick auf verbindliche Bildungsstandards und Kompetenzen – greift zu kurz, wenn nicht zugleich sehr konkret die Verbindung mit anderen Fächern und Lernbereichen bedacht und gestaltet wird. Eine Schule wird erst dann zur „Lernenden Schule", wenn zugleich die Beiträge der einzelnen Fächer und Lernbereiche im Hinblick auf Bildung und Erziehung als Aufgabe für die pädagogische Schulentwicklung gesehen werden. Innovative Unterrichtskonzepte bleiben häufig blass und vage, wenn es um die verbindliche Beteiligung an der Schulentwicklung und am Schulprogramm geht. So präzise und klar jeweils im Bereich des Faches argumentiert wird, so unscharf bleiben die fachbezogenen Angaben zur Schulentwicklung. Hier zeigen sich die Grenzen von Fachexpertise im Zusammenhang mit fachübergreifenden Anliegen: Schulentwicklung benötigt den Schritt vom „Ich und mein Fach" zum „Wir und unsere gemeinsamen Aufgaben".

Bei der Verwirklichung dieses Anliegens geht es vor dem Hintergrund der Bildungs- und Erziehungsziele in den Lehrplanvorgaben um das Suchen nach dem Gemeinsamen im Speziellen des jeweiligen Fachverständnisses. Im Buch *Serena: Oder wie Menschen Schule verändern* (Schratz u. a. 2002, 33) resümiert die 17-jährige Schülerin Serena als Hauptakteurin: „Jeder von uns rennt umher und tut irgend etwas. Wenn wir gemeinsam darüber nachdenken würden, was wir tun, wie wir es tun und warum wir das tun, dann könnte unsere Schule besser werden." Und etwas später erklärt sie: „Was wir machen, ist nichts anderes, als dass die Schule begonnen hat, über sich selbst nachzudenken."

In diesem Abschnitt geht es genau um diese Frage: Wie gelingt das „Gesamtkunstwerk" Schule, dessen Entwicklung in hohem Maß von der Expertise einzelner Fachlehrkräfte abhängt, die aber erst im Gesamtensemble der Entwicklung des jeweiligen Schulstandorts voll wirksam werden kann. Werfen wir zunächst einen Blick in die Schulrealität: Im Kasten auf S. 121 wird eine Schulleiterin vorgestellt, die sich das Ziel gesetzt hat, die ersten Schritte in der Qualitätsentwicklung an ihrer Schule zu setzen.

 EINLADUNG ZUR DISKUSSION

- ▸ Welches Grundproblem steht hinter der Auseinandersetzung der Schulleiterin mit Teilen ihrer Kollegenschaft?
- ▸ Wie lassen sich die Argumente der Kolleginnen und Kollegen gegen das Anliegen der Schulleiterin erklären?
- ▸ Welche Vorgangsweise wäre für Frau Mertes zielführender?

Frau Mertes hat ihre ersten, eher ernüchternden Erfahrungen machen müssen, als sie versuchte, kollegiale Unterrichtsentwicklung zum Thema von Schulentwicklung

## Kollegiale Unterrichtsentwicklung als Schulentwicklung – Erste Schritte

*Als Frau Mertes, die Leiterin der städtischen Realschule, ihre Ausführungen in der Gesamtkonferenz zum Thema „Unterrichtsqualität und Unterrichtsentwicklung" mit der Feststellung abschließt: „Und darum müssen wir uns an die Ausarbeitung fachlicher Arbeitspläne in einem eigenen Curriculum unserer Schule machen!", gibt es einen Eklat. Gerade hat sie ausgeführt, dass voraussichtlich im nächsten Jahr eine externe Evaluation durch die Schulinspektion ansteht und dass dabei mit Sicherheit die Unterrichtsqualität der eigenen Schule in den Blick kommen wird. Darum hat sie vorgeschlagen, die Weiterentwicklung des Unterrichts durch gemeinsame Facharbeitspläne voranzubringen.*

*Die Reaktionen im Kollegium sind heftig: „Was sollen wir denn noch alles machen?!", ruft Herr Gerber laut in die Runde. „Ich habe mit Deutsch und Englisch zwei Fächer mit jeder Menge Klassenarbeiten und Korrekturen. Ich kann nicht mehr!" „Und die Lernstandserhebungen kommen auch noch auf uns zu", unterstützt Frau Müller.*

*„Ich soll jede Schülerin und jeden Schüler individuell fördern", ereifert sich Herr Nienhagen, „ich soll auf die sozial Benachteiligten und auf die Schüler aus anderen Herkunftsländern besonders achten. Ich habe wirklich genug mit meinem eigenen Unterricht zu tun. Und jetzt verlangen Sie von mir, dass ich für die ganze Schule auch noch Arbeitspläne in meinen Fächern vorlegen soll!" „Aber nein, doch nicht jeder für sich allein, sondern wir alle gemeinsam", entgegnet Herr Wendel.*

*„Gerade haben wir unser Schulprogramm verabschiedet", sekundiert Frau Schnell, „statt endlich in Ruhe an die Arbeit zu gehen, wollen Sie jetzt auch noch Curriculumentwicklung in unserer Schule. Wozu haben wir denn die Lehrpläne?" „Und was ist mit den Bildungsstandards?", gibt Herr Gärtner zu bedenken, die müssen wir doch auch noch berücksichtigen."*

*„Aber das ist doch ganz vernünftig, dass wir den Unterricht gemeinsam planen. Beim Schulprogramm haben wir doch auch ganz gut zusammengearbeitet. Nur ist das alles zu viel auf einmal, und der Druck ist zu groß", wenden andere ein.*

*„Und Ganztagsschule sollen wir auch noch werden!", kommen weitere Zurufe. „Und dann kommt die Schulinspektion!" „Und der nächste PISA-Hammer kommt auch!" „Mit allen diesen Maßnahmen werden wir einem Industrieunternehmen immer ähnlicher…"*

*Die Schulleiterin ist irritiert. Mit dieser heftigen Reaktion hat sie nicht gerechnet. Sie schlägt vor, die Diskussion bei der nächsten Gesamtkonferenz fortzusetzen. Vorbereitend will sie gemeinsam mit den Leitungen der Fachkonferenzen und der Schulprogramm-Steuergruppe Beratung aus der Universität und einem Fortbildungsinstitut einholen.*

(Quelle: Priebe & Schratz 2007, 4)

zu machen. „Viele Wege führen zur guten Schule", heißt es zwar, die Frage ist allerdings, wie findet man den richtigen und kommt am gewünschten Ziel an. In der Schulentwicklung gibt es keinen Navigator, das heißt keinen Masterplan, der sich für jede Schule umsetzen lässt. Das ist aber zugleich die Chance dafür, dass sich jede Schule selbst erfinden kann, ja sogar muss, um *ihre* Vision zu finden und zu leben.

Die Umsetzung einer Aufgabe – etwa die Ausrichtung des Unterrichts an Bildungsstandards, die erwartete Lernergebnisse als Kompetenzen beschreiben, über die Schülerinnen und Schüler in den einzelnen Fächern bis zu einem bestimmten Zeitpunkt ihres Bildungsgangs verfügen sollen – ist für viele Lehrpersonen eine große Herausforderung. „Die Inszenierung des Lernens von Schülerinnen und Schülern – zielgerichtet auf die Einlösung geforderter Standards – dürfte isoliert arbeitenden Lehrkräften recht schwer fallen, zumal die Standards ein Novum bildungspolitischer Steuerung darstellen" (Bonsen 2007, 16).

Diese neuen Aufgaben bei der schuleigenen Curriculumentwicklung, die sich verändernden Rollen und Verantwortlichkeiten von Fachkonferenzen, Fachteam- und Schulleitungen sind vielfach noch mit offenen Fragen verbunden und gelegentlich auch mit Skepsis. Die weitverbreitete und seit alters her praktizierte Rolle von Lehrkräften vorrangig als individuelle Einzelgänger (und häufig auch als „Einzelkämpfer"), die durch Ausbildung und schulische Alltagspraxis eingeübt wird und zu dementsprechenden Selbstkonzepten und beruflichen Mentalitäten führt, steht den Anforderungen kooperativer, kollegialer Schul- und Unterrichtsentwicklung vielfach entgegen. Schuleigene Curriculumentwicklung als kontinuierliche und systematische Arbeit professioneller Fachteams braucht Zeit und Raum für Lernprozesse der Fachkonferenzen und ihrer Leitungen, in denen neue Kompetenzen angeeignet und neue Selbstverständnisse entwickelt werden können. Ebenso bedürfen diese Lernprozesse der Fachgruppen intensiver Unterstützung durch die Schulleitungen und externer Fortbildung und Beratung im Hinblick auf Fachdidaktik und -methodik, Lehr- und Lernpsychologie sowie Teamentwicklung.

Bei der Erstellung schuleigener Curricula stellen sich zunächst die Fragen: Wie können Menschen, die sehr unterschiedliche Vorstellungen darüber haben, wohin sich die Schule entwickeln soll, zu einem kohärenten Ziel kommen, und welche Systembedingungen sind dazu erforderlich? Es ist unabdingbar, die Basis für eine gemeinsame Richtungsentscheidung zu schaffen, über welche die Schule in einen Entwicklungsprozess einsteigen kann. Im Bereich Schule haben wir es einerseits mit Menschen und andererseits immer auch mit Systemen zu tun (vgl. Abb. 1).

Zur unterrichtsbezogenen Schulentwicklung gehören die Schlüsselworte *Curriculumentwicklung* und *Lernen*, die an der Schnittstelle zwischen Personal- und Systementwicklung miteinander in einer starken Wechselbeziehung stehen. In der wissenschaftlichen Diskussion hat sich der Begriff „Professionelle Lerngemeinschaft" für die Personalentwicklung der Lehrerinnen und Lehrer etabliert, nämlich die Herausforderung, Professionelle in einen gemeinsamen Arbeitsbezug zusammenzubringen. Auf Seite des Systems hat sich der Begriff „Lernende Schule" (Schratz & Steiner-Löffler 1998) eingebürgert, bei dem es um die Frage geht, wie eine Organisation strukturell lernt, die zur Erfüllung ihrer Aufgabe erforderlichen Prozesse zu verbessern.

Kollegiale Zusammenarbeit stellt das wichtige – wenn nicht das wichtigste – Verbindungsglied zwischen den Einzelaktivitäten der Lehrerinnen und Lehrer im Klassenzimmer und den Bemühungen um die Entwicklung der gesamten Schule dar. Sie

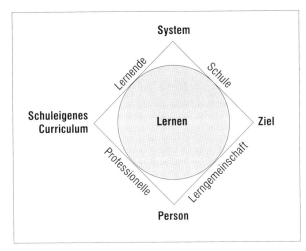

Abb. 1:
Curriculumentwicklung als
Lernen von Menschen und Systemen

ist ein unverzichtbares Element einer Lernenden Schule, „in der die Menschen kontinuierlich die Fähigkeiten entwickeln, ihre wahren Ziele zu verwirklichen, in denen neue Denkformen gefördert und gemeinsame Hoffnungen freigesetzt werden und in denen Menschen lernen, miteinander zu lernen" (Senge 1996, 11). Eine Schule als System kann allerdings nur lernen, wenn alle Akteurinnen und Akteure darin lernen. Eine wichtige Voraussetzung dafür ist unter den Lehrpersonen gelebte Kollegialität. Buhse (2005) nennt und begründet folgende drei positive Funktionen von Kollegialität:

▸ *Kollegialität als Element der komplexen Orientierung in einem sozialen System:* Kollegialität schafft für die Lehrpersonen „Sicherheit hinsichtlich der Erfüllung von Erwartungen, der gemeinsamen Sinngebung von Arbeit, der Herstellung von Zusammenhängen, der Voraussehbarkeit von Ergebnissen und somit auch der sicheren Legitimationsgrundlagen. So kommt es zu bereitwilligen Kooperationen. Wenn dies vorhanden ist, kann z. B. ein Schulleiter oder eine Schulleiterin auf Kontrollen verzichten, zumal er oder sie sowieso nicht alles kontrollieren kann." (Buhse 2005, 2) Kollegialität umfasst damit die Ebene der Erwartungen.

Im optimalen Falle entlastet Kollegialität von Misstrauen und ermöglicht in dieser Hinsicht in Schulen mehr Komplexität ohne Überforderung einzelner. Denn Kollegialität ist nach Luhmann (1972, 171) eine Form des Vertrauens in „die Identität sozialer Systeme, die in bestimmten Grenzen durch Formalisierung von Verhaltenserwartungen garantiert ist". Dieses interne Vertrauen ist ein wichtiger Aspekt von Schulkultur. In dem Moment, wo dieses Vertrauen und damit Kollegialität thematisiert werden müssen, steht es schon längst zur Disposition und gewährleistet nicht mehr die Möglichkeiten der Komplexitätsreduktion. „Verantwortung kann nur getragen werden, wo Vertrauen besteht" (Luhmann 1972/2002, 180).

▸ *Kollegialität als Erholungsfunktion, da sie den informellen Austausch untereinander ermöglicht:* Im Lehrerberuf entsteht durch die starke unterrichtliche Fixierung auf Kinder und Jugendliche – meist allein – im Klassenzimmer und die zeitlich knappe Stundentaktung hohe Belastung und Intensität. Dadurch gibt es während der üblichen Unterrichtszeit wenig Möglichkeit zur kommunikativen Verarbeitung der positiven wie negativen Erfahrungen, was zu einer stärkeren psychischen Belastung führen kann. Daher ist es ausgesprochen wichtig, in Pausengesprächen seinem aufgestauten Ärger Luft zu machen, sich gegenseitig über Vorkommnisse im Unterricht zu berichten oder sich einfach andere Erfahrungen mitzuteilen. Das Lachen hat dabei eine wichtige psychohygienische Funktion. „Durch Pausengespräche lassen sich zudem auch Klatsch und Tratsch in einem sozialen System konstruktiv steuern, sie sind ein wichtiger Beitrag zur positiven Schulkultur" (Buhse 2005, 3).

▸ *Kollegialität als wesentliche Funktion für den Erhalt des Selbstrespekts und für die Darstellungsform der Arbeitsbedeutung:* „Wenn Lehrkräfte darauf vertrauen können, bei allen Variationen doch eine verbindende gemeinsame Berufsauffassung zu teilen, wenn sie sicher sein können, ,an einem Strang' zu ziehen und miteinander im offenen Dialog zu sein, wenn sie wissen, bei Erziehungsproblemen kritisch-konstruktive Unterstützung zu erfahren und nicht ihrem Schicksal allein überlassen zu werden, dann stärkt dies die Lehrerpersönlichkeit" (ebenda). Der szenische Ausschnitt am Weg vom individuellen zum professionellen Lernen auf S. 138 f. ist ein gutes Beispiel für Kollegialität, da sich die Deutschlehrerin getraut, ihre Kollegen und Kolleginnen zum Dialog einzuladen. Sie sieht das „Problem" zwar (noch) bei den Schülerinnen und Schülern, erwartet sich aber professionelle Unterstützung für ihre Arbeit und erhält das Angebot eines Kollegen zur Beobachtung ihres Unterrichts, was bereits einen hohen Grad von verbindender Berufsauffassung vermuten lässt.

Wellendorf (1967) sieht Kollegialität als informellen „kommunikativen" Schutz, der gegen bürokratische und hierarchische Verwaltungsorganisation und gegen inkompetente Einflussnahme anderer gebildet wird. Dadurch bliebe ihre „professionelle Autonomie" als individuelle Verantwortung für den Unterricht als eines ihrer zentralen Prinzipien gewahrt, ohne – aus Kollegialität – in den Kompetenzbereich ihrer Kollegen und Kolleginnen einzugreifen. Ähnlich identifizierte Lortie (1975) das Autonomie-Paritäts-Muster, nach dem Lehrpersonen zur Erhaltung ihrer unterrichtlichen Autonomie den Gleichheitsgrundsatz als höchstes Prinzip von Kollegialität leben. Das Gehen eigener Wege wird als unkollegial angesehen, die Möglichkeiten Impulse zu geben, Erneuerung zu begünstigen oder gar Vorschläge zu machen, werden somit stark eingeschränkt. Um entwicklungs- und lernförderliche Aktivitäten setzen zu können, sind geeignete Arbeitsmodi und Strukturen erforderlich.

Nach Buhse braucht jedes soziale System interne Widersprüchlichkeiten, um in einer nicht beherrschbaren Umwelt bestehen zu können. Kollegialität erfordert demzufolge, Probleme des Dissenses, des Widerspruchs und der Abweichung in eine gemeinsame Verantwortungswahrnehmung für Schule und für die Beteiligten zu trans-

### Berufsalltag von Lehrerinnen und Lehrern

*Herr Märk ist Schulleiter an einer Hauptschule, der in letzter Zeit lokal Aufmerksamkeit für ihre Innovationen gezollt wurde. Nach einer Präsentation vor 200 Schulleiterkollegen und -kolleginnen bei einem Treffen redet er mit einem Schulentwickler, der ihm zum Erfolg gratuliert.*

*„Ja, es ist gut und schön", sagt Herr Märk, „aber zwischen uns: Ich muss aufpassen. Gerade der Deutschlehrerin an der Schule, die den Hauptteil der Entwicklung getragen hat, geht es nicht gut. Sie ist ausgebrannt. Sie fühlt sich für die Schule verantwortlich und ist seit Jahren immer bereit, neue Aufgaben zu übernehmen, Projekte durchzuführen und und und. Jetzt ist sie an ihre Grenzen gestoßen. Ich muss sie irgendwie entlasten."*

*Der Schulentwickler schaut Herrn Märk besorgt an. „Mmh. Kollegial von den anderen ist das nicht, oder? Und was machst du jetzt?"*

*„Ich habe ihr alle zusätzliche Aufgaben weggenommen", sagt Herr Märk. „Sie braucht unbedingt eine Pause, sonst verlieren wir sie."*

formieren. „Wenn wir nicht schon in der Schule lernen, wie wir gemeinsam leisten, Reibungen austragen und Verantwortung übernehmen, dann werden wir es in der Wirtschaft auch nicht schaffen", argumentiert Händeler (2007, 379). Der für die Schülerinnen und Schüler gestellte Anspruch gilt auch für das Professionsbewusstsein von Lehrerinnen und Lehrern: gemeinsam leisten, Reibungen austragen, Verantwortung übernehmen.

Zur Bewältigung ihres fordernden Berufsalltags benötigen professionsbewusste Lehrerinnen und Lehrer die Fähigkeit, von sich und der unmittelbaren Realität zu abstrahieren, von einer Außenperspektive auf sich und ihre berufliche Position zu blicken. Die Rahmenbedingungen des Berufes sind dabei als etwas historisch Gewachsenes wahrzunehmen und aus dieser Perspektive kritisch zu beleuchten. „Sie sehen *selbstbewusst* die Freiheiten dieses Berufes, aber auch dessen Zwänge und Gefahren der Selbstausbeutung. Sie grenzen sich gegenüber ausufernden Ansprüchen ab – nach außen ebenso wie nach innen. Die eigene Betroffenheit durch die berufliche Arbeit wird *selbstkritisch* wahrgenommen, und eine Abgrenzung zwischen den beruflichen Anforderungen und sich selbst als Person vorgenommen." (Schratz u. a. 2008, 132)

EINLADUNG ZUR REFLEXION

▸ Wie stark ist die Kollegialität an Ihrer Schule? Dürfen Lehrpersonen im Sinne der Schulentwicklung eigene Wege gehen?

▸ Wie wird darauf reagiert, wenn Kollegen oder Kolleginnen eine neue Rolle einnehmen, zum Beispiel als Impulsgeber/Impulsgeberin, Berater/Beraterin, Entwickler/Entwicklerin?

▸ Wie sieht es mit der Selbstausbeutung aus? Sind es immer wieder die Gleichen, die Verantwortung übernehmen und neue Entwicklungen angehen? Sind manche gefährdet „auszubrennen"? Wie gehen Sie und die Kollegen und Kolleginnen damit um?

## 3.2 Professionelle Lerngemeinschaften als Treiber von Schulentwicklung

In seinem Vorwort zu *Educators as Leaders: Establishing a Professional Learning Community in Your School* (2000) macht Roland Barth auf das ambitionierte Versprechen der drei Worte Profession – Lernen – Gemeinschaft in der Begriffskonstellation „Professionelle Lerngemeinschaft" aufmerksam:

*Das Versprechen ist zunächst, dass die Schule eine „Gemeinschaft" ist, ein Ort mit Erwachsenen und Heranwachsenden, die sich füreinander interessieren, umeinander kümmern und gegenseitig motivieren und die sich miteinander für das Gute im Ganzen – sowohl in schwierigen Zeiten als auch beim Feiern von Festen – einsetzen. Ich finde herzlich wenige Schulen, die diesen Anspruch von „Gemeinschaft" erfüllen. Die meisten sind einfach Organisationen oder Institutionen.*
*Als ob „Gemeinschaft" nicht ohnehin genug Versprechen wäre, ist eine „Lerngemeinschaft" noch mehr. Eine solche Schule ist eine Gemeinschaft, deren entscheidende, zugrunde liegende Kultur eine des Lernens ist. Eine Lerngemeinschaft ist eine Gemeinschaft, wofür die wichtigste Bedingung der Mitgliedschaft ist, dass die Person eine lernende ist – ob man Schüler/Schülerin, Lehrer/Lehrerin, Schulleiter/-leiterin, Eltern oder Mitarbeiter/Mitarbeiterin genannt wird. Alle. [...] Wenn sich die Erwachsenen in einem Schulhaus dem hohen und aufrichtigen Ziel verpflichten, ihr eigenes Lernen und das Lernen ihrer Kollegen zu begünstigen, wird einiges geschehen: Sie verlassen die Reihen der Seniorität, des weisen Priestertums, der Gelehrten und werden zu erstklassigen Mitgliedern der Lerngemeinschaft. Und wenn die Erwachsenen anfangen, ihr eigenes Lernen ernst zu nehmen, Wert darauf zu legen und es voranzutreiben, nehmen Schülerinnen und Schüler das wahr. Wenn diese sehen, dass einige der wichtigsten Vorbilder in ihrem Leben lernen, werden sie auch lernen – und leisten. Daher ist das Lernen der Erwachsenen in unseren Schulen fundamental und keine Bagatelle. Schulen sind dazu da, um das Lernen aller zu begünstigen.*

(Barth 2000, v)

EINLADUNG ZUM VORDENKEN

Die Bezeichnung „Professionelle Lerngemeinschaft" setzt sich aus drei Begriffen zusammen: Profession, Lernen, Gemeinschaft.
Welches Verständnis haben Sie von …

▸ *Profession?* (Welches Professionsverständnis, zum Beispiel: gibt es eine gemeinsame Sprache?)
▸ *Lernen?* (Individuelles und organisationales Lernen, welche Prozesse? Erfahrungen? Inhalte?)
▸ *Gemeinschaft?* (Eigensinn – Gemeinsinn, Kultur, Bedingungen, Prozesse der „Vergemeinschaftung"?)

Von Professionellen Lerngemeinschaften ist heute vielerorts die Rede. Bei der inflationären Verwendung dieses Begriffs besteht die Gefahr des „Etikettenschwindels", wenn durch Unklarheit der modische Begriff zu einer neuen Bezeichnung für alte Strukturen und Prozesse wird, ohne dass deren Gestaltungskraft erkannt und genutzt wird. „Professionelle Lerngemeinschaft" bezeichnet ein bestimmtes Verständnis einerseits von einem besonderen *Modus* für die Zusammenarbeit in einer Berufsgruppe und andererseits von einer bestimmten *Struktur*, die für Schulentwicklung nach der Vorstellung einer Lernenden Schule zunehmend an Bedeutung gewinnt. Das heißt fürs Erste: Lernen spielt eine zentrale Rolle, und das Selbstverständnis der Beteiligten ist, dass sie Lernende sind.

Hord definiert die Professionelle Lerngemeinschaft über die einzelnen Begriffe in deren Bezeichnung: *Professionelle* Lehrer und Lehrerinnen sind verantwortlich für die Realisierung eines Unterrichts, in dem die Lernenden gut lernen können. Sie sind leidenschaftlich engagiert und treiben sowohl ihr eigenes Lernen als auch das Lernen ihrer Schüler und Schülerinnen voran. *Lernen* ist die Aktivität, auf die sich Professionelle einlassen, um ihr Wissen und ihre Kompetenz weiterzuentwickeln. *Gemeinschaft* ist eine Gruppe von Individuen, die zusammenkommen und über bedeutungsvolle Aufgaben interagieren, „damit sie mit Kollegen und Kolleginnen ihr Lernen zu einem spezifischen Thema vertiefen, um geteilte Meinungen zu entwickeln und gemeinsame Ziele in Bezug auf das Thema zu identifizieren" (Hord 2009, 41).

DuFour (2002, 15) argumentiert, dass die zentrale Aufgabe der Schulleitung darin bestehe, sowohl den Modus als auch die Struktur von Professionellen Lerngemeinschaften zu fördern und fordern: Schulen benötigen dazu mehr als je zuvor Leadership durch Schulleitung, um zu gewährleisten, dass die Ermöglichung des Lernens der Schülerinnen und Schüler und Lehrerinnen und Lehrer ihre essenzielle Aufgabe ist. Professionelles Lernen in einer Lernenden Schule erfolgt in Abstimmung mit den Bedarfen ihrer Aufgaben, die vom Erfolg der Bildungsprozesse in der Klasse bestimmt werden, welche wiederum an den vorgegebenen Bildungsstandards gemessen werden. Wenn Profis lernen, die Erfüllung ihrer Aufgaben zu optimieren, tun sie dies in gegenseitiger Abstimmung, in einer Professionellen Lerngemeinschaft. Wenn Lehrkräfte sich durch das Wahrnehmen von entsprechenden Angeboten einschlägiger Weiterbildungseinrichtungen fortbilden, lernt nicht die Schule, da individuelle Fortbildung (noch) nicht *gemeinsame* Entwicklung von Schule und Unterricht bedingt. Für Stoll & Louis (2007, 3) legt der Begriff „Professionelle Lerngemeinschaft" daher nahe, dass der Fokus nicht auf dem individuellen Lernen von Lehrpersonen liegt, sondern (1) auf professionellem Lernen (2) innerhalb einer kohärenten Gruppe, das (3) auf gemeinsames Wissen fokussiert ist und (4) auf geteilten Werten und Normen basiert, die das Leben der Lehrenden, der Lernenden und der Schulleitung durchdringt.

Ähnlich bezeichnen Wenger u. a. (2002, 4; zitiert nach Arnold 2003, 82 f.) Professionelle Lerngemeinschaften als „Gruppen von Personen, die ein gemeinsames Anliegen haben, vor ähnlichen Problemen stehen oder die gleiche Leidenschaft für ein Thema empfinden und die ihr Wissen und ihre Energie auf diesem Gebiet durch kontinuierliches aufeinander bezogenes Handeln vertiefen". Huffman & Hipp (2003, 144) fassen auf Basis eigener Untersuchungen in differenzierter Form folgende fünf Dimensionen für Professionelle Lerngemeinschaften zusammen:

**Shared Leadership:**
- Führung, die das Kollegium unterstützt
- geteilte Macht, Autorität und Verantwortung
- breite Verteilung in Entscheidungsprozessen, die Anteilnahme und Verantwortung signalisiert

**Geteilte Werte und Visionen:**
- überzeugt angenommene Werte und Normen
- Fokus auf dem Lernen der Schülerinnen und Schüler
- hohe Erwartungen
- geteilte Vision leitet das Lehren und Lernen

**Gemeinsames Lernen und Anwenden:**
- Austausch von Information
- Erwerb von neuem Wissen, Fähigkeiten und Strategien
- Zusammenarbeit in der Planung, Problemlösung und im Schaffen neuer Lerngelegenheiten

**Geteilte persönliche Praxis:**
- gegenseitige Unterrichtsbesuche zum Austausch von Wissen, Fertigkeiten und Ermutigung
- Feedback zur Verbesserung des Unterrichts
- Austausch über die Lernergebnisse der Schülerinnen und Schüler
- Coaching und Mentoring

**Unterstützende Bedingungen:**
*Beziehungen:*
- wertschätzende Beziehungen
- Vertrauen und Respekt
- Anerkennung und Feiern
- Risikofreudigkeit
- gemeinsames Bemühen zur Unterstützung des Wandels

*Strukturen:*
- Ressourcen (Zeit, Geld, Material, Menschen)
- Infrastruktur
- Kommunikationssysteme

Der Erfahrungsbericht auf S. 130 f. gibt einen lebendigen Einblick in das Leben einer Professionellen Lerngemeinschaft.

 EINLADUNG ZUR REFLEXION

▸ Was fällt Ihnen in dem Erfahrungsbericht auf?
▸ Wie stellen Sie sich die Arbeit in diesen Professionellen Lerngemeinschaften im Hinblick auf Ihre Lernbedürfnisse vor?
▸ Sind die fünf Dimensionen nach Huffman und Hipp
  • Shared Leadership
  • geteilte Werte und Visionen
  • gemeinsames Lernen und anwenden
  • geteilte persönliche Praxis
  • unterstützende Bedingungen
  ersichtlich?

## 3.3 Schlüsselcharakteristika einer nachhaltigen Wirkung von Professionellen Lerngemeinschaften

Bolam u. a. (2005, 3) analysierten Veröffentlichungen, die seit 1990 erschienen sind, und kommen auf acht Schlüsselcharakteristika für nachhaltige Wirkung von Professionellen Lerngemeinschaften:
▸ geteilte Werte und Vision
▸ gemeinsame Verantwortung für das Lernen der Schülerinnen und Schüler
▸ auf das Lernen ausgerichtete Zusammenarbeit
▸ individuelles und kollektives professionelles Lernen
▸ eine reflektierte professionelle Forschungshaltung
▸ Offenheit und Dialog
▸ Differenz und Inklusion
▸ gegenseitiges Vertrauen, Respekt und Unterstützung
In ihrer weiterführenden Analyse finden sie externe und interne förderliche und hemmende Bedingungen, die Einfluss auf die Fähigkeit des Kollegiums nehmen, effektive Professionelle Lerngemeinschaften (PLGs) zu entwickeln und nachhaltig aufrechtzuerhalten. In einer Gesamtübersicht (Abb. 2, S.132 f.) stellen sie die acht Charakteristika (1 – 8) den Prozessen (9 – 12) und Wirkungen (Professionelles Lernen, Lernen der Schülerinnen und Schüler, Gemeinsames Verständnis der PLG) gegenüber. Wir gehen auf diese Charakteristika und Prozesse im Folgenden ein.

→ weiter auf S. 134

## Professionelle Lerngemeinschaften formen

Erfahrungsbericht einer Unterrichtsentwicklungsbegleiterin bei der Bildung
von interschulischen Professionellen Lerngemeinschaften in Tirol
Ein Beitrag von Birgit Schlichtherle

*Die Leitgedanken für Professionelle Lerngemeinschaften in meiner Arbeit als Unterrichtsentwicklungsbegleiterin sind: Visionen gemeinsam sehen und gehen, Schritt für Schritt, Lernen als Erfahrung, verstehensorientiertes Lernen, gemeinsam wagen, tragen und hinterfragen, an sich glauben und Vertrauen haben.*

*Die Bildung von regionalen Professionellen Lerngemeinschaften in Tirol wurde von dem Reformversuch „Neue Mittelschule" in Österreich ausgelöst. Um die „Vision" des Reformanliegens, eine gemeinsame Schule für alle 10- bis 14-Jährigen, dessen Herzstück ein starkes Curriculum und differenzierte Umsetzungsmöglichkeiten sind, um bessere Lernergebnisse zu erzielen und damit die Chancengleichheit der Schülerinnen und Schüler im Bildungsbereich zu erhöhen, an den einzelnen Schulstandorten zum Leben zu bringen, habe ich in meiner Rolle als Unterrichtsentwicklungsbegleiterin in Tirol regionale Professionelle Lerngemeinschaften gegründet. Die Teilnehmer und Teilnehmerinnen setzen sich aus Schulteams zusammen, bestehend aus Schulleitung (die Teilnahme ist freiwillig), Lerndesigner/Lerndesignerin (eine neue Rolle im System für die Förderung von Entwicklung im Sinne von Shared Leadership) und einer Kollegin/einem Kollegen. Die Schulteams stammen aus unterschiedlichen Bezirken des Bundeslandes Tirol und arbeiten gemeinsam an Curriculumentwicklung nach dem „rückwärtigen" Prozess von Wiggins & McTighe (2005) und dem Differenzierungsmodell von Tomlinson (2003). Die in beiden Modellen zum Teil als Prinzipien formulierten dargestellten Faktoren lassen sich sehr gut auf eine Professionelle Lerngemeinschaft übertragen:*

> *Ziele werden mit Fokus auf verstehendes, nachhaltiges Lernen formuliert.*
> *Aufgaben sind respektvoll, würdevoll und herausfordernd.*
> *Kontinuierliche Lernstandbeobachtung und Reflexion ist zentral für das Fördern und Fordern von Lernen.*
> *Lehrer und Lehrerinnen brauchen Flexibilität, um auf die Bedürfnisse der Lernenden eingehen zu können.*

*Die Gruppen haben sich unter anderem zu diesen Themenbereichen monatlich getroffen und nach einem kurzen Input meinerseits gearbeitet. Individuelles Lernen wurde dabei mit der Gruppe reflektiert, individuelle Erkenntnisse wurden verfeinert und ergänzt. Dort, wo Haltungen und Vorstellungen von Lernen und Unterrichtsgestaltung „brüchig" wurden, sprich: die individuellen Normen ins Wanken geraten sind, hat die Gruppe Halt gegeben. Zwei Beispiele für eine Lernsituation aus einem dieser Arbeitstreffen:*

▸ *Sibilles Körperhaltung wechselt ständig – verschränkte Arme, dann wieder der Versuch, sich über das Gehörte Notizen zu machen – ohne Ergebnis – der Körper nach vorn geneigt, um besser zu „verstehen" – der Blick ist fragend – die Wangen sind gerötet. Sibille rauft sich die Haare – und plötzlich erhebt sie ihre Stimme – „Ich werde das nie verstehen!" – verzweifelt und beinahe resignierend. „Du kannst das! Wir schaffen das! Gemeinsam! Was verstehst du nicht?" Sibille berichtet, Angelika hört zu, stellt Fragen, erläutert ihre Sichtweise.*

*Epilog: Beim nächsten Treffen berichtet Sibille mir, dass sie im Gespräch mit den Kollegen und Kolleginnen an ihrer Schule, mit denen sie zu den Inhalten des rückwärtigen Designs gearbeitet hat, plötzlich verstanden hat, wissend geworden ist und sich jetzt darauf freut, ihren Unterricht nach rückwärtigem Design zu gestalten.*

*Angelikas Apell, Lerndesign „gemeinsam zu wagen und tragen, „an sich zu glauben" hat Sibille offensichtlich Halt gegeben, und sie motiviert, Vertrauen in den Lernprozess zu haben und diesen nicht vorschnell abzubrechen.*

▸ *Während einer Fortbildung zum rückwärtigen Design wird der Unterschied zwischen schulischen und authentischen Leistungsaufgaben – dies sind Aufgaben mit Lebensweltbezug für den Schüler – besprochen. „Eine authentische Aufgabe aus Deutsch wäre dann, einen Beschwerdebrief an eine Firma schreiben zu können", meldet sich eine Kollegin. „Gibt es Situationen, in denen ein 14-Jähriger in seiner Lebenswelt mit dieser Aufgabenstellung konfrontiert ist?", fragt die Referentin. Allgemeines Kopfschütteln. Die Kollegin denkt laut, indem sie sagt: „Eigentlich nicht." Daraufhin geben einige Kollegen und Kolleginnen aus der Runde Beispiele für lebensbezogene Aufgabenstellungen.*

*Bei diesen Arbeitstreffen werden Impulse zu einem Lernthema „Schritt für Schritt" gesetzt, Umsetzungsmöglichkeiten entwickelt, diese im Unterricht ausprobiert oder es wird mit den Jahrgangsteams an den Standorten dazu gearbeitet, reflektiert und beim nächsten Treffen der Gruppe mitgeteilt. Die Erkenntnisse daraus werden von mir auf einer Online-Plattform festgehalten, damit sie der Gemeinschaft zur Verfügung stehen.*

*Der Grund dafür, die Schulleitung in diese Arbeitstreffen miteinzubeziehen, war immanent für mich, zumal meiner Ansicht nach Schulentwicklung sehr eng mit Unterrichtsentwicklung zusammenhängt. Nur wenn alle im Lernprozess Beteiligten die Möglichkeit haben, gemeinsam von- und miteinander zu lernen ist die Umsetzung von Visionen gewährleistet.*

*Am Ende der Versuchsphase haben sich die Teilnehmer und Teilnehmerinnen gewünscht, ihre Professionellen Lerngemeinschaften in gleicher Zusammensetzung fortzusetzen. Die Gruppe hat sich geeinigt, sich vier Mal jährlich zur weiteren Professionalisierung in einem vernetzten Arbeits- und Lernmodus zu treffen.*

131

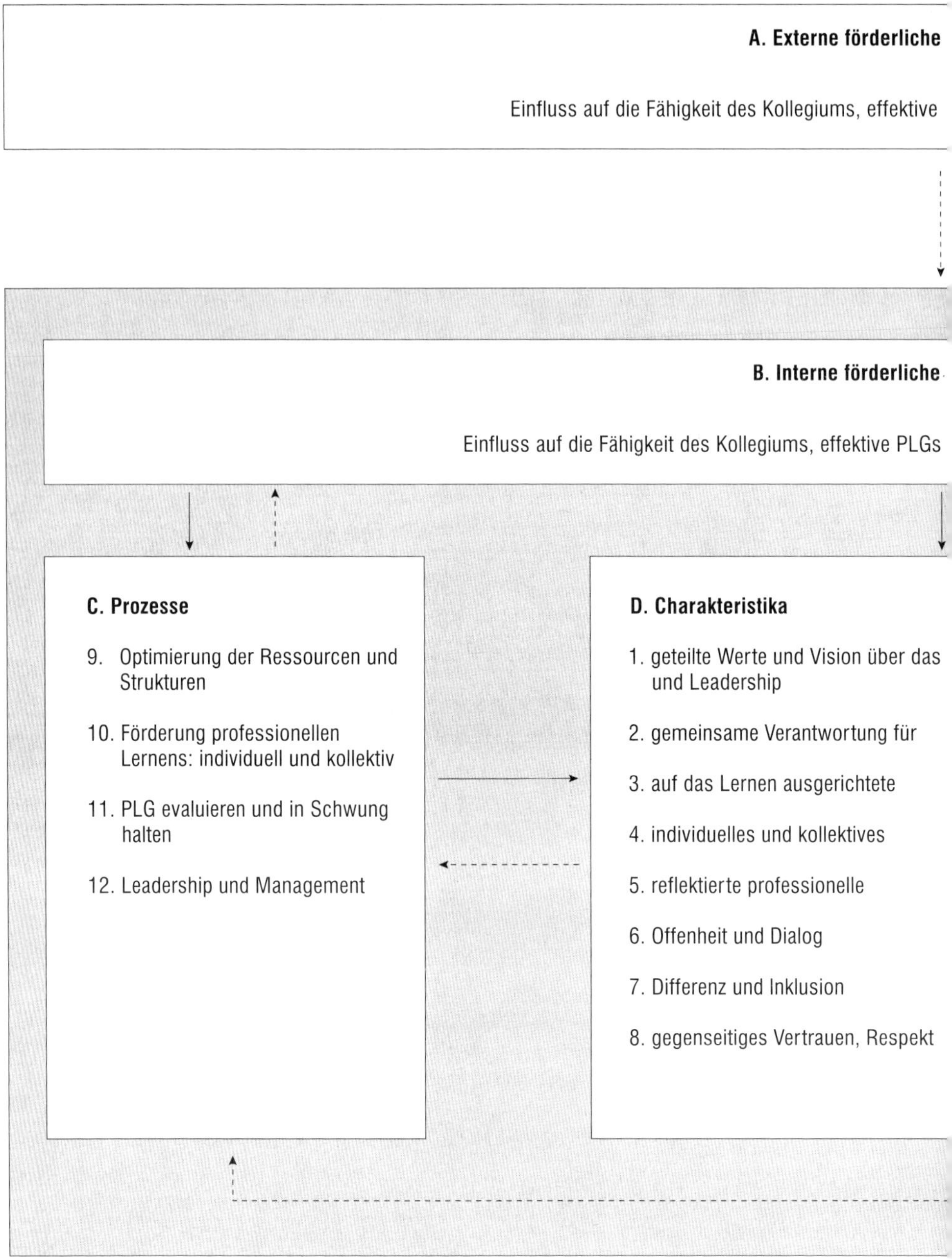

**A. Externe förderliche**

Einfluss auf die Fähigkeit des Kollegiums, effektive

**B. Interne förderliche**

Einfluss auf die Fähigkeit des Kollegiums, effektive PLGs

**C. Prozesse**

9. Optimierung der Ressourcen und Strukturen

10. Förderung professionellen Lernens: individuell und kollektiv

11. PLG evaluieren und in Schwung halten

12. Leadership und Management

**D. Charakteristika**

1. geteilte Werte und Vision über das und Leadership

2. gemeinsame Verantwortung für

3. auf das Lernen ausgerichtete

4. individuelles und kollektives

5. reflektierte professionelle

6. Offenheit und Dialog

7. Differenz und Inklusion

8. gegenseitiges Vertrauen, Respekt

Abb. 2: Prozessmodell nachhaltiger Wirkung von Professionellen Lerngemeinschaften (PLGs) (nach Bolam u. a. 2005, 8)

**und hemmende Faktoren**

PLGs zu entwickeln und nachhaltig aufrechtzuerhalten.

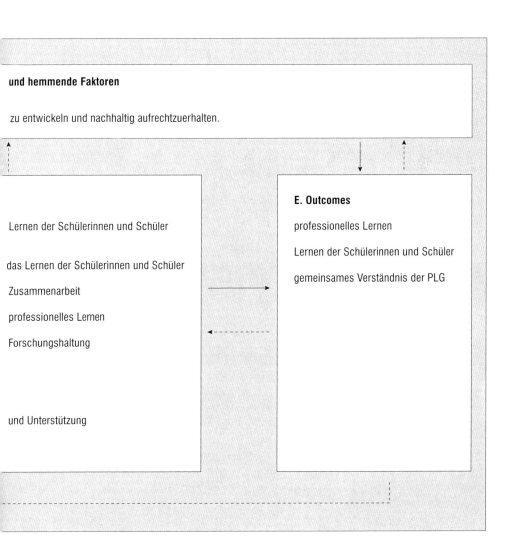

**und hemmende Faktoren**

zu entwickeln und nachhaltig aufrechtzuerhalten.

Lernen der Schülerinnen und Schüler

das Lernen der Schülerinnen und Schüler

Zusammenarbeit

professionelles Lernen

Forschungshaltung

und Unterstützung

**E. Outcomes**

professionelles Lernen

Lernen der Schülerinnen und Schüler

gemeinsames Verständnis der PLG

### 3.3.1 Geteilte Werte und Vision

Jede Schule hat eigene Ziele – darunter kurzfristige (zum Beispiel für einen Monat), manchmal sind es Jahrespläne, eher selten eine Mehrjahreskonzeption. Ganz gleich, um welchen Zeitraum es geht – Ziele sind nicht automatisch schon Programm. Wer etwas wünscht oder eine Vision hat, muss wissen, wer mitmacht, wie das Ziel zu erreichen ist und welche Zwischenschritte anstehen, um auf aktiver, kollegialer Basis am Ziel anzukommen. Vielfach haben Schulen kein explizit formuliertes Programm, und dennoch wissen die Eltern, warum sie ihr Kind in diese oder jene Schule schicken. Es spricht sich rasch herum, dass an einer Schule Werte gelebt werden.

Der Erfolg einer Professionellen Lerngemeinschaft basiert auf geteilten Normen und Werten. Dazu ist es notwendig, dass die Lehrpersonen über ihre fachlichen Standards hinaus diese Normen und Werte auch leben, zum Beispiel in ihrem pädagogischen Grundverständnis, im respektvollen Umgang mit den Schülerinnen und Schülern, den Eltern sowie im gegenseitigen Respekt, aber auch in der Verteilung der zeitlichen und räumlichen Ressourcen (vgl. Bonsen 2007, 17). Eine solche Werteorientierung zeigt sich etwa an einem

> *respektvollen und freundlichen Umgang aller untereinander und dadurch, dass sich die Kinder angenommen und wertgeschätzt fühlen. Sie werden so ernst genommen wie die Erwachsenen. Die Kinder erfahren, dass ihre Unterrichtsergebnisse – insbesondere die Ergebnisse der Projektarbeit – in der Welt der Erwachsenen etwas gelten, dass sie gebraucht werden, dass sie nicht auf Halde lernen, sondern dass das, was sie lernen, bereits jetzt einen wirklichen Wert besitzt.*
>
> (Fauser u. a. 2009, 46)

Nach Sergiovanni (2005, 22) ist eine Schulgemeinschaft wie ein Mosaik, das aus verschiedenen Elementen besteht, die durch eine gemeinsame Vision, gemeinsames Tun zusammengehalten werden. Dazu ist ein klares Konzept wichtig, das die Stärken der unterschiedlichen Akteure und Akteurinnen in eine wünschenswerte Richtung kanalisiert. Schulinterne Curriculumarbeit beginnt üblicherweise mit durch einen speziellen Anlass aufgeworfenen Fragestellungen, mit denen sich eine Fachkonferenz, eine Curriculumgruppe oder ein Jahrgangsteam zu befassen beginnt. Diese wirken meist als Druck- oder Zugkräfte: Problemdruck fordert zum Handeln, Visionen als (innere) Bilder einer wünschenswerten Zukunft ziehen an (vgl. Schratz 2003, 42).

Die Vision weist die Richtung, in welche die unterrichtsbezogene Schulentwicklung einer Schule gehen soll. Ähnlich einem Leitstern, der einem immer wieder den Weg weist, den man gehen möchte, an dem sich das Handeln und Denken ausrichtet. Man fühlt sich angezogen – nicht über den Verstand, sondern über das Herz, die Sehnsucht nach etwas Neuem. Visionsarbeit erfolgt meist über das Auslösen von inneren Bildern, welche eine entsprechende Anziehungskraft (Sehnsucht) ausüben. Ohne Visionen bleibt die schulinterne Curriculumentwicklung eine „Pflichtübung", die wenig von der eigenen Motivation, etwas zu bewegen, genährt wird. Visionen weisen über die aktuelle Arbeit hinaus, wodurch die Entwicklung Kontinuität erhält und Wirksamkeit schafft. Nach Bonsen (2007, 17) zeigen empirische Befunde, dass mit der Entwicklung Professioneller Lerngemeinschaften in der Schule isolierte Arbeitsweisen überwunden, eine höhere Identifikation der Lehrkräfte mit den Zielen und einer gemeinsamen Vision der Schule einhergehen. Werte und Normen werden dadurch vergemeinschaftet, und im Zuge des entstehenden Dialogs „entwickeln sich Schritt für Schritt Normen, die als Basis für das pädagogische Handeln in der Schule allgemein akzeptiert werden" (ebenda, 18).

Erst die dauerhafte Zusammenarbeit in Lerngemeinschaften führt zu Kulturen an Schulen, die sich in einer Qualität von Entwicklungsprozessen zeigen, bei denen individuelle und kollegiale Lernprozesse bei der Bearbeitung und Bewältigung und bei der Neubestimmung von Aufgaben ineinandergreifen und damit nachhaltige Wirkungen hinterlassen. „In diesem Kontext von Erwartungen und Erfahrungen, von Routinen und Überzeugungen, als Elemente einer geteilten Handlungsgeschichte gewinnen Probleme und Anstrengungen zu deren Lösung für die Beteiligten ihren Sinn" (Fauser u. a. 2010, 16).

 EINLADUNG ZUR DISKUSSION

Studieren Sie die folgenden Thesen für sogenannte Turnaround Schools und überlegen Sie sich zunächst:
▸ Welche Vision von Schule verkörpern sie?
▸ Welche Werten, liegen ihnen zugrunde?
▸ Welche Normen für die Praxis an Turnaround Schools lassen sich von diesen Thesen ableiten?
Die Thesen-Interview-Methode (Anleitung auf S. 70) für die Auseinandersetzung mit den Thesen im Kollegium ist empfehlenswert.

### 3.3.2 Gemeinsame Verantwortung für das Lernen der Schülerinnen und Schüler

Der Erfolg von Bildungssystemen und Lehrerbildung wird vermehrt an der Qualität der Lern- und Arbeitsergebnisse der einzelnen Schülerinnen und Schüler gemessen. Daher zeichnen sich erfolgreiche Bildungssysteme dadurch aus, dass sie auf allen Ebenen durch gemeinsame Verantwortung für das Lernen der Schülerinnen und Schüler gekennzeichnet sind. Erst wenn jeder/jede Einzelne in seinem/ihrem Bereich *Verantwortung* dafür übernimmt, zu diesem gemeinsamen Ziel beizutragen, lässt sich hohe Bildungsqualität erreichen. „Gute Schulen nehmen ihre Verantwortung für Kinder und Jugendliche nicht segmentär, sondern ganzheitlich wahr und sie verantworten sich aktiv gegenüber den Beteiligten und der Öffentlichkeit" (Fauser u. a. 2008, 27).

Lehrerinnen und Lehrer, die in eine Lerngemeinschaft eingebunden sind, empfinden eine höhere Verantwortung für die Gesamtentwicklung der ihnen anvertrauten Schülerinnen und Schüler sowie deren Lernerfolg (vgl. Hord 1997). Auf leistungsfördernde Effekte bei den Schülerinnen und Schülern verweisen auch Louis u. a.

## Thesen zu Turnaround Schools

*Turnaround Schools sind Schulen, die durch innere oder äußere Impulse eine Kehrtwendung machten beziehungsweise machen mussten, um zu überleben. Wir haben folgende Kriterien gesammelt, die den Erfolg der Turnaround Schools sicherstellten.*

▸ *Konsens im Lehrerteam muss sich an das, was den Lernenden hilft, ausrichten.*
▸ *Lehrer und Lehrerinnen sind für das Lernen der Schülerinnen und Schüler verantwortlich.*
▸ *Wir brauchen absolutes Vertrauen dem Lernprozess der Lernenden gegenüber.*
▸ *Alle Kinder haben das Potential, hohe Standards zu erreichen.*
▸ *Hoher Anspruch führt zu hohen Leistungen.*
▸ *Lernende brauchen Selbstbeurteilungskompetenz, um in Prozesse der Leistungsbewertung integriert zu werden.*
▸ *Kontinuierliche (formative) Leistungsbewertung gehört zu unserem Alltag.*
▸ *Jedes Kind hat jederzeit das Recht, die Beurteilung unter Nachweis seiner Kompetenzen zu aktualisieren.*
▸ *Noten sollen über die Eigenständigkeit des Kindes bei der Anwendung des Lehrstoffes im Kernbereich aussagekräftig sein.*
▸ *Lese- und Schreibkompetenzen müssen in allen Fächern gefördert und gefordert werden.*

(1996). Einigkeit herrscht in allen Studien darüber, dass der Erfolg für erfolgreiche Bildungsprozesse und entsprechende Schülerleistungen von einer hohen Selbstwirksamkeitsüberzeugung des Kollegiums abhängt. Für Bonsen (2007, 17) ist dazu ein „pädagogischer Optimismus" erforderlich, der von der Annahme ausgeht, „dass alle Schülerinnen und Schüler Leistungen auf einem für sie angemessenen, aber verhältnismäßig hohen Niveau erzielen können und auch widrigen außerschulischen Entwicklungsbedingungen zum Trotz gefördert werden können."

Für Fauser u. a. (2009, 24) ist „Verantwortung" als ethische Forderung mit dem pädagogischen Ziel verbunden, dass Schulen „ein verständnisintensives, kompetenzorientiertes Lernen ermöglichen, das zur bestmöglichen Entfaltung des Leistungsvermögens aller und zu einem demokratischen Leistungsethos führt, und sie sollen dabei der gewachsenen Vielfalt durch die Individualisierung der Bildungsarbeit gerecht werden." Dabei betonen sie den inneren Zusammenhang von Leistung, Vielfalt und Verantwortung als konstitutive Elemente für Bildungsqualität. Eine wichtige Maßnahme, die an guten Schulen zu finden ist, ist die „durchgängige Verantwortung von Lehrpersonen und Einrichtungen für die ihnen anvertrauten Schüler, kein Abschieben von Verantwortung (zum Beispiel nach ‚unten' durch Sitzenbleiben oder Entlassung)" (ebenda, 25).

### 3.3.3 Auf das Lernen ausgerichtete Zusammenarbeit

MacBeath u. a. (2006) sind der Frage nachgegangen, wie sich Zusammenarbeit an der Schule auf das Lernen auswirkt. Dabei haben sie herausgefunden, dass es drei Ebenen im Systembezug zu verbinden gilt (das Lernen der Schülerinnen und Schüler, das Lernen der Lehrerinnen und Lehrer – und anderer Professioneller – sowie das Lernen des Systems; vgl. Abb. 3), wenn Zusammenarbeit sich nachhaltig auf das Lernen auswirken soll. Letzteres bezieht sich zunächst auf die Schule als (teil-)autonome Handlungseinheit, im Weiteren aber auch auf das Schulsystem und dessen Teilsysteme insgesamt. Je kohärenter die Zusammenarbeit auf allen Systemebenen auf das Lernen ausgerichtet ist, umso nachhaltiger wirken sich die damit verbundenen Prozesse auf das Lernergebnis aus.

Die drei Ebenen sind im systemischen Zusammenhang zu sehen, da beispielsweise das Lernen der Lehrerinnen und Lehrer Auswirkungen auf die Bildungsprozesse der Schülerinnen und Schüler hat. Der *Fokus* sollte auf das *Lernen der Schülerinnen und Schüler* bezogen sein, das heißt, was immer gerade ansteht (zum Beispiel: in einer Konferenz eine Entscheidung zu treffen, eine Fortbildungsmaßnahme zu planen), es gilt daran zu denken: Was heißt dies in der Kette bis zu den Schülerinnen und Schülern, was heißt dies für das Lernen des Kollegiums und was heißt dies für das Lernen der ganzen Schule.

*Fokus auf Lernen* bedeutet aber auch, dass jede/jeder Einzelne eine Lernerin/ein Lerner ist und die Bereitschaft zur auf das Lernen ausgerichteten Zusammenarbeit zeigt. Lernen ist hochsensibel für die jeweiligen Kontexte, in denen es stattfindet. Änderungen der Lernumwelten haben erhebliche Effekte auf die Leistungsentwicklung sowie auf motivationale Aspekte. Lernprozesse bauen auf ein effektives Zusam-

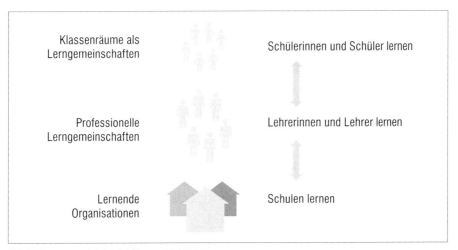

Abb. 3: Zusammenspiel der drei Ebenen des Lernens

menspiel von sozialen, emotionalen und kognitiven Aspekten. *Förderliche Bedingungen* sind nötig, um eine tragfähige Unterstützungskultur für nachhaltiges Lernen zu ermöglichen. Sie zeichnet sich durch die Qualität der Bildungsprozesse und Lernergebnisse aus und nicht über die Quantität von vermitteltem Stoff. Nicht das, was die Lehrperson unterrichtet, ist Ziel des Unterrichts, sondern das, was die Schülerinnen und Schüler lernen, denn Lernen ist nicht das Ergebnis von Lehren. Im Zentrum des Unterrichtsgeschehens steht der direkte und intensive Umgang mit den Aufgaben, die oder denen sich Lernende stellen oder die ihnen gestellt werden (vgl. Girmes 2004) sowie ein Arbeitsbündnis mit Schülerinnen und Schülern und Eltern.

### 3.3.4 Individuelles und kollektives professionelles Lernen

„Es sind Lehrerinnen und Lehrer, die schlussendlich die Welt von Schule und Unterricht verändern werden, indem sie sie verstehen." Dieser Satz, der als Inschrift auf der Ehrenplatte am Campus der Universität von East Anglia in England steht (Stenhouse u.a. 1985, Vorwort o. S.), soll das Erbe von Lawrence Stenhouse weiterleben lassen, von dem dieses Zitat stammt. Um Lehrerinnen und Lehrer als Profis von Schule und Unterricht bei ihrer Entwicklungsarbeit zu unterstützen, ist es erforderlich, vorhandene Potentiale und Talente, Innovationsgeist, Kreativität, Wissen und andere Schlüsselqualifikationen zu entwickeln und zu fördern.

Professionelle Lehrerinnen und Lehrer sind gegenüber Veränderungen aufgeschlossen und sehen diese als Herausforderung für die Schule als Organisation sowie die Arbeit im Kollegium und im Austausch mit dem Umfeld. Dazu ist es vielfach erforderlich, dass sich einzelne oder das ganze Kollegium fortbilden, um ihr professionelles Wissen zu erweitern und neue Erkenntnisse in ihrem pädagogischen Alltag umzusetzen. Hierbei kann es auch zur Konfrontation mit hinderlichen Strukturen kommen, die innovativem Handeln im Weg stehen. Kollektives professionelles Lernen ist in unserem Leadership-Verständnis immer auch Arbeit am System, das heißt, die Lehrerinnen und Lehrer gestalten die institutionellen Rahmenbedingungen ihrer Arbeit mit.

Professionelle Lerngemeinschaften bilden den strukturellen Rahmen für die (Er-) Findung des Neuen, wozu die Weisheit der Vielen (Surowiecki 2007) erforderlich ist. Die Wechselwirkung des individuellen und kollektiven Lernens in einer professionellen Gemeinschaft führt zu einer Vergemeinschaftung von Verständnissen und treibt das Lernen der Einzelnen und der Gruppe voran. Somit kommt es zu einer *De-Privatisierung des Unterrichtens* in der Schule. Die Gemeinschaft tauscht sich aus, reflektiert und setzt sich mit Inhalten auseinander, die für ihr zentrales Anliegen förderlich sind. Die Öffnung von „Ich und mein Unterricht" zum „Wir und unsere Klasse/unser Jahrgang" ist allerdings sehr sensibel und erfordert Vertrauen, was folgende Sequenz (aus Schratz u.a. 2008, 132) aufzeigt.

> *Knapp nach vierzehn Uhr. In einzelnen Klassen gibt es zwar noch Unterricht, die meisten Räume sind jedoch leer, die Sessel stehen auf den Tischen. In einem Klassenraum im ersten Stock sitzt eine Gruppe von Lehrerinnen und Lehrern in einer Gesprächsrunde. Clara S., Deutschlehrerin an*

*diesem Gymnasium, hat das Thema des Treffens angeregt, da sie in ihrer neu übernommenen 5. Klasse große Unterschiede zwischen den Schülerinnen und Schülern im Fach Deutsch festgestellt hat und sich nun von ihrer KollegInnengruppe Anregungen und Ideen holen möchte, wie sie professionell mit dieser Situation umgehen kann. Zwei Stunden lang wird heiß diskutiert, werden Sichtweisen ausgetauscht und Handlungsmöglichkeiten entworfen. Ein Kollege bietet an, sich demnächst in einer Deutschstunde in die Klasse zu setzen und zu beobachten. Dann will man einander wieder treffen und weitersehen. Clara S. ist zufrieden. Sie fühlt sich in ihrer Gruppe mit ihren Fragen gut aufgehoben.*

In diesem szenischen Ausschnitt treffen sich auf Einladung der Deutschlehrerin einige Lehrpersonen, von denen sie kollegialen Rat über das diagnostizierte Problem großer Unterschiede in den fachlichen Leistungen der Schülerinnen und Schüler erwartet. In dieser Szene zeigt sich zunächst das professionelle Selbstverständnis der Deutschlehrerin, dieses Problem nicht als persönliche Schwäche in ihrem Unterricht zu sehen, sondern ihre Kolleginnen und Kollegen mit ihrer Expertise für diese berufliche Herausforderung zu Rate zu ziehen. Eine Gruppe von Lehrerinnen und Lehrern zeigt sich aus Kollegialität bereit, sich ihrem Anliegen zu widmen und – andeutungsweise – auch Taten folgen zu lassen. Ein Kollege ist bereit, ihre persönliche Könnerschaft über einen Unterrichtsbesuch kennenzulernen und mit ihr über die gemachten Erfahrungen zu reflektieren.

Damit zeichnet sich der erste Schritt zur Öffnung der Klassentüre und zur De-Privatisierung des Unterrichtens in der Schule ab. Ein kleiner Schritt für die Kollegin, aber ein großer für die Schule. Denn damit treten die Lehrerinnen und Lehrer miteinander in einen reflexiven Dialog und tauschen sich über positive wie negative Erfahrungen sowie Probleme aus. Dies ist die Basis für die Entstehung von Professionellen Gemeinschaften als selbständiges System in der Schule. Für Schrittesser (2004, 147) wird die Gruppe zur *professional community*, wenn sie „je nach Bedarf abstellen kann auf Routine oder Krisenbewältigung, auf Erfahrung oder Innovation, auf Theorie oder gestalthaft-intuitive Situationserfassung, auf methodologische Distanz oder unmittelbare Umsetzung der Methode." Darüber hinaus ist für sie die „Metakommunikation" ein konstitutives Element, das ist die Fähigkeit der Gruppenmitglieder, „sich in ihrem auf die Gruppe bezogenen Fühlen und Handeln zu beobachten und diese Beobachtungen im Gruppengeschehen öffentlich zu machen."

In einer Professionellen Lerngemeinschaft ist das zentrale Anliegen die persönliche Entwicklung des/der Einzelnen in der Auseinandersetzung mit den anderen, in diesem Fall über die unterrichtlichen Erfahrungen der Kollegin. In der Auseinandersetzung lernen alle nicht nur über deren Unterricht, sondern auch über ihren eigenen Unterricht und sich selbst, rational und emotional. Damit treten die Lehrerinnen und Lehrer in einen reflexiven Dialog. „Im Zuge eines solchen Dialogs entwickeln sich Schritt für Schritt Normen, die als Basis für das pädagogische Handeln in der Schule allgemein akzeptiert werden" (Bonsen 2007, 18). Die Einführung neuer Formen des Dialogs stellt einen entscheidenden Schritt im Kulturwandel von Schule dar.

### 3.3.5 Reflektierte professionelle Forschungshaltung

Kompetente Lehrpersonen sind in der Lage, sich von ihrem eigenen Tun zu distanzieren und werden dadurch überhaupt erst dazu fähig, über ihren eigenen Unterricht ein Urteil zu fällen. Erst über diese Distanzierung werden sie in die Lage versetzt, über das Spezifische des Lernens von Schülerinnen und Schülern als Response auf die Aktivitäten der Lehrperson zu *reflektieren*, wodurch sie selbst zu (Weiter-)Lernenden werden. Stenhouse verbindet damit die Idee eines forschungsorientierten Unterrichts, der eng mit dem Prozess der Curriculumentwicklung verbunden ist. Er geht davon aus, dass die Strukturen von Wissen, in das Schülerinnen und Schüler eingeführt werden sollen, aus sich heraus problemhaft und spekulativ sind. Für ihn ist Wissen sowohl zufällig als auch vorläufig. Diese Sichtweise bedingt, dass Lehrende sich wie die Schülerinnen und Schüler selbst als Lernende verstehen müssen.

Dazu muss die Lehrperson nach Stenhouse für ihre Schülerinnen und Schüler entweder eine Expertin sein oder sich als Lernende auf deren Stufe begeben. Für ihn reicht in den meisten Fällen das Lehrerexpertentum nicht aus, weshalb sich der Lehrer/die Lehrerin dann in die Rolle des/der Lernenden versetzen müsse. „Diese Rolle ist pädagogisch ohnedies der Expertenrolle vorzuziehen, da sie eine forschend-entdeckende Haltung gegenüber dem Lehren erfordert" (Stenhouse 1975, 91).

Ergebnissicherndes Unterrichten erfolgt auf der Basis von *Reflexion* der Prozesse und Produkte, um die es jeweils geht. Dadurch werden neue Erkenntnisse gewonnen, die für künftiges Handeln bestimmend sind. Das Nachdenken über bisherige Erfahrungen und das Ziehen von Schlüssen daraus führt zum Vordenken für die nächste Situation mit dem Ziel, dazu ein größeres Repertoire an Handlungsalternativen zur Verfügung zu haben. Kollektive Reflexions- und Lernprozesse erfordern eine gemeinsame Sprache, über die eine differenzierte Auseinandersetzung möglich wird. Wenn sich Lehrende differenziert über ihre professionsspezifischen Inhalte auseinandersetzen und damit ihre Professionalität weiterentwickeln, sprechen wir von Diskursfähigkeit.

Stenhouse verstand Praxis als ein kontinuierliches Experiment, über das untersucht, befragt und beobachtet werden sollte – mit dem Ziel, daraus neue Erkenntnisse über eine bessere Form von Praxis in Schule und Unterricht zu erhalten. Er sah die Bereitschaft, die eigene Unterrichtsarbeit systematisch zu hinterfragen, sowie die Fähigkeiten, seinen eigenen Unterricht zu erforschen als besondere Charakteristika für die berufliche Weiterentwicklung, die für eine fundierte Curriculumforschung und -entwicklung konstitutiv seien und fasst zusammen: „Das hervorstechende Merkmal des Professionellen ist die Fähigkeit für autonome berufliche Weiterentwicklung durch die systematische Untersuchung der eigenen Arbeit, durch die Untersuchung der Arbeit anderer Lehrer und durch die forschungsgeleitete Überprüfung pädagogischer Ideen im eigenen Unterricht" (Stenhouse 1975, 144).

Diese reflektierte professionelle Forschungshaltung spiegelt sich in jener Form professionalisierenden Handelns, die Schrittesser (2004, 132) als problemorientiertes Handeln entlang der Grenze zwischen Routine und Neuem bestimmt. Für sie sind

Professionelle überall dort gefragt, „wo das Lösen von Handlungsproblemen in noch unbestimmten, widersprüchlichen, risikoreichen Situationen zentral ist und Routine-lösungen daher noch nicht oder nicht mehr zur Verfügung stehen."

### 3.3.6 Offenheit und Dialog

Erfolgreiche Zusammenarbeit baut auf Offenheit und einen *wirksamen Dialog*. Der Dialog ist das konstitutive Element eines Bildungsprozesses, der auf Resonanz und Ko-Konstruktion baut. Die zentralen Forschungserkenntnisse dazu lassen sich in vier Bereichen festmachen:

> 1. *Der Dialog ist zu einem Eckpfeiler für die Entwicklung lernender Organisationen geworden, ein Arbeitsfeld, in dem sich Manager betätigen, um ihre Organisationen als Lernfelder zu entwickeln.*
> 2. *Der Dialog kann ein wirkungsvolles Instrument sein, um die inhärente, selbstorganisierte, kollektive Intelligenz von Gruppen zu nutzen und den kollektiven Prozess der Erkundung sowohl zu erweitern als auch zu vertiefen.*
> 3. *Der Dialog eröffnet Möglichkeiten für einen wichtigen Umbruch in der Art und Weise, wie Menschen sich selbst wahrnehmen.*
> 4. *Der Dialog verspricht als ein innovativer, alternativer Ansatz, koordinierte Handlungen in Gruppen zu ermöglichen.* (Hartkemeyer u. a. 1998, 68)

Ein Dialog ist auf Offenheit in der Auseinandersetzung angewiesen, ansonsten ist Neues nicht möglich. Dazu ist es erforderlich, aus der Enge des eigenen Standpunkts heraus zu treten, um Neues entstehen lassen zu können. Scharmer (2009, 241) unterscheidet in seiner Feldstruktur der Aufmerksamkeit zwischen vier Feldern kommunikativen Handelns (siehe Abb. 4).

Das *Herunterladen (Feld-1-Kommunikation)* beherrscht vielfach das schulische Miteinander, wenn etwa in Konferenzen Einzelne nicht sagen, was sie denken und höfliche Routinen den Gesprächsablauf dominieren.

> *Dieser höfliche Austausch von Floskeln ist eine Form von rituell vorgegebener Sprache, die viele formelle organisationale Besprechungen charakterisiert. Die an einem solchen Gespräch Teilnehmenden passen sich dem dominanten Muster höflichen Phrasenaustauschs an. Die wirkliche Meinung wird nicht ausgesprochen. Dieses Muster lernen wir bereits in der Schule. Wir antworten auf das, was die Lehrer hören möchten. Häufig ist es genau auch diese Fähigkeit, die im Umgang mit Vorgesetzten erwartet wird [...] Das Problem ist, dass diese Qualität von Gespräch kollektiv in einem dysfunktionalen Verhalten resultiert. Sie hält ein Team davon ab, die wirklich brenzligen Punkte einer Situation auf den Tisch zu bringen. Über die echten Belange wird woanders gesprochen, auf dem Parkplatz, auf dem Nachhauseweg [...]* (Scharmer 2009, 273)

| Feldstruktur der Aufmerksamkeit | Feld | |
|---|---|---|
| ● Ich-in-mir | 1 Downloading: Höflichkeitsfloskeln | **sagen, was die anderen hören wollen** höfliche Routinen, leere Phrasen *autistisches System* (nicht sagen, was man denkt) |
| ● Ich-in-Es | 2 Debatte: differenzierte Konfrontation | **sagen, was ich denke** divergierende Sichtweisen: Ich bin mein Standpunkt *adaptives System* (sagen, was man denkt) |
| ● Ich-in-dir | 3 Dialog: reflektives Erkunden | **von sich als einem Teil des Ganzen her sprechen** vom Verteidigen zum Erkunden von Standpunkten *selbstreflektives System* (sich selbst sehen) |
| ● ● ● ● ● Ich-in-Gegenwärtigung | 4 Presencing: generatives Fließen | **von der enstehenden Möglichkeit her sprechen** Stille, kollektive Kreativität, schöpferisches Fließen *schöpferisches System* (authentisches Selbst) |

Abb. 4: Vier Felder des kommunikativen Handelns (Scharmer 2009, 271)

Das an Schulen oft vorfindbare Paritätsmuster („Alle sind gleich") führt in der professionellen Kommunikation (zum Beispiel in Konferenzen) vielfach zu dysfunktionalem Verhalten, wodurch mehr über die Probleme der Schülerinnen und Schüler gesprochen wird („Faruk hat wieder einmal gezeigt, dass er ein hoffnungsloser Fall ist") als über jene der Lehrerinnen und Lehrer mit ihren professionellen Anliegen („Wie kann es uns gelingen, dass wir Faruk in Klasse 7 besser integrieren?"). Solange die vielfältigen Einflüsse, Beobachtungen und Handlungsweisen der Lehrerinnen und Lehrer in einer Schule ausbalanciert sind, bleibt die professionelle Autonomie gewährleistet. Wird allerdings die Routine des Herkömmlichen und Institutionalisierten durchbrochen, kann das rasch als unkollegial gewertet werden: „Derjenige, der blinde Flecken aufdeckt, muss mit ausbleibender Unterstützung, vielleicht sogar mit Abwehrreaktionen rechnen. Die Festigkeit von Gepflogenheiten sowie formellen oder informellen Regeln zeigt sich besonders dann, wenn irgendetwas geändert werden soll." (Buhse 2005, 5)

Die Diskursfähigkeit einer Professionellen Lerngemeinschaft erfordert mehr als Feld-1-Kommunikation, da es gerade darum geht, die Unterrichtssituation zu reflektieren, die das jeweilige Schülerverhalten bewirkt, um daraus neue Handlungsoptionen zu erhalten. Erst die konsequente Umsetzung der forschungsgeleiteten Überprüfung pädagogischer Ideen im eigenen Unterricht ermöglicht das Durchbrechen des Herunterladens alter Muster, die in der Struktur des Unterrichtsdiskurses sichtbar werden, nämlich: Lehrerinnen und Lehrer initiieren Aktivitäten, die Schülerinnen und Schüler reagieren auf die Lehrerimpulse, und die Lehrerinnen und Lehrer bewerten die Reaktionen. Die Allgegenwart eines solchen Musters hat den Unterricht als Endlosschleife von Frage-Antwort-Bewertungs-Sequenzen bezeichnen lassen (vgl. Mehan & Schratz 1993).

Die *Debatte (Feld-2-Kommunikation)* lebt von der Unterbrechung des Herunterladens, das heißt, die Akteurinnen und Akteure „beginnen die widersprechenden Daten (Beobachtungen, die unseren mentalen Modellen widersprechen) wahrzunehmen" (Scharmer 2009, 274). Wenn beispielsweise in einer Konferenz eine Lehrperson einbringt, dass sie eine ganz andere Meinung zum gegenständlichen Thema habe. In der Auseinandersetzung über das Thema „Unterrichtsqualität und Unterrichtsentwicklung" in der Konferenzsituation von Frau Mertes (siehe S. 121) reagieren zunächst drei Kollegen mit abwehrenden Bemerkungen.

Die Gesprächsqualität in Feld 2 lässt sich als Debatte bezeichnen, wobei debattieren etymologisch so viel heißt wie „(den Gegner) mit Worten niederschlagen", was dem Muster der Auseinandersetzung in der zitierten Konferenzszene entspricht. Die Lehrerinnen und Lehrer verwenden ihre Argumente dazu, die Schulleiterin, die eine andere Meinung vertritt, mit ihren Argumenten zu schlagen oder zu übertrumpfen und damit deren Ansinnen zu verhindern.

*Die Gesprächsqualität in Feld 2 ermöglicht die Wahrnehmung von Differenzen und unterschiedlichen Perspektiven. Doch wenn es die Herausforderung, um die es in einem Gespräch geht, notwendig macht, dass die Teammitglieder über ihre Denkmuster und die ihrer Perspektive zu Grunde liegenden Annahmen nachdenken und diese Annahmen auch noch verändern, ist eine andere Gesprächsqualität notwendig, eine, die es den Teilnehmern ermöglicht [...], dass die Akteure den eigenen Standpunkt von außen anschauen können, zum Beispiel aus der Sicht einer anderen Person, die in diese Situation verwickelt ist. In diesem Moment springt die Kommunikation in Feld 3.*

(Scharmer 2009, 275)

Der Schritt von der Debatte zum *Dialog (Feld-3-Kommunikation)* ist dadurch gekennzeichnet, dass sich die Teilnehmer und Teilnehmerinnen der Konferenz in die Standpunkte der anderen versetzen können, das heißt sich bemühen, deren Anliegen zu verstehen.

*Die Bewegung von einer Debatte (Feld 2) zu einem Dialog (Feld 3) basiert auf einer tiefgreifenden Veränderung in der kollektiven Feldstruktur der Aufmerksamkeit... Wenn dieser Wechsel zu einem dialogischen Gesprächsfeld eintritt, weitet sich die Perspektive. Der Akteur sieht die Welt nicht mehr als eine Menge äußerer Objekte, sondern seine Aufmerksamkeit wird umgelenkt, schwenkt um und beginnt, vom anderen her oder vom Ganzen her wahrzunehmen.*

(Scharmer 2009, 277)

Nicht mehr das sture Wahrnehmen des eigenen Standpunkts steht im Vordergrund, sondern das übergeordnete größere Ganze erhält die Aufmerksamkeit. In der oben wieder aufgegriffenen Konferenz versucht Herr Wendel diesen Perspektivenwechsel herbeizuführen, indem er den Blick auf das Ganze richtet („... nicht jeder für sich allein, sondern wir alle gemeinsam"). Andere greifen diese Perspektivenerweiterung auf („Das ist doch ganz vernünftig, dass wir den Unterricht gemeinsam planen. Beim Schulprogramm haben wir doch auch ganz gut zusammengearbeitet..."). Eine tiefgreifende Veränderung der kollektiven Feldstruktur erfolgt dann, wenn nicht mehr (nur) das eigene Anliegen, der Eigensinn, im Vordergrund steht, sondern das Ganze, sozusagen der Gemeinsinn.

Schulen haben üblicherweise wenig Routine im dialogischen Umgang mit großen Gruppen, wie sie beispielsweise bei Großkonferenzen oder beim Einbezug von Schülerinnen und Schülern und Eltern bei Schulentwicklungsprozessen zu finden sind. Im Bereich der Organisationsentwicklung gibt es bereits eine längere Tradition der dialogorientierten Forschung (z.B. Bohm 1998; Hartkemeyer u.a. 1998; Isaacs 1999), um den Dialog als Instrument für die Initiierung und Aufrechterhaltung von Veränderungsprozessen in Gruppen beziehungsweise Organisationen neu zu entdecken.

Beim Übergang zum *Presencing (Feld-4-Kommunikation)* kommt es zu einer weiteren Veränderung: Die Wahrnehmung der anderen Personen und ihrer Standpunkte führt nach Scharmer zu einem gemeinsamen „Schöpferisch-tätig-Sein", das an der Schnittstelle zwischen Routine und Neuem angesiedelt ist und etwas mit dem Loslassen und Kommenlassen zu tun hat. Für ihn unterscheiden sich Feld-4-Gespräche vom Dialog (Feld 3) nicht nur in der Qualität der Erfahrung, „sondern auch in Bezug auf zwei Langzeitergebnisse, die sich einstellen: eine tiefe Verbundenheit unter denen, die an solch einem Gespräch teilgenommen haben, und oft eine gesteigerte Fähigkeit, gemeinsam effektiv zu handeln, sowohl als Gruppe wie auch als Einzelne" (Scharmer 2009, 278).

In einer solchen Situation entsteht ein annähernd hierarchiefreier Raum, der es ermöglicht, diejenigen Themen anzusprechen, die die Beteiligten essentiell bewegen. Burow und Schratz (2009) zeigen auf, wie an die Stelle von ermüdenden Tagesordnungen der ungeplante und freie Austausch von Ideen und persönlich bedeutsamen Erfahrungen tritt, sodass – zumindest zeitweise – ein kreatives Feld gegenseitiger Inspiration und Anregung entsteht. Die Vernetzung von individuell vorhandenem „Tiefenwissen" schafft eine Ausgangsbasis für die Einleitung von wirksamen Schulentwicklungsprozessen, die nicht von oben implementiert, sondern von unten, also von einer Mehrzahl der Beteiligten, getragen werden und öffnet somit einen neuen und zeitgemäßen Zugang zu wirksamer Schulentwicklung.

Gemeinsame Absprachen im Jahrgangsteam oder in der Fachkonferenz erfordern Abstimmungen an schulweiten Erfordernissen, etwa den Vorgaben im Schulprogramm oder Entwicklungsplan. Neben den fachlichen Bildungszielen sind von den Lehrkräften auch Erziehungsziele in der Klasse beziehungsweise mit einer entsprechenden Schülergruppe zu berücksichtigen und abzustimmen. Elternarbeit sollte immer das gesamte Erfahrungsspektrum der Schüler zu einer verstärkten Koordination innerhalb der Klasse führen. Diese werden mit der Schulleitung abgesprochen und mit den anderen Klassenleitern und -leiterinnen vernetzt.

Diese Entwicklungen sollten nicht nach einem Muster des „Reagierens" im Sinne von „Downloading" der alten Muster (Scharmer 2009) erfolgen, sondern zu einer gemeinsamen Auseinandersetzung über den Status quo führen.

### 3.3.7 Differenz und Inklusion

Die unterschiedlichen Lernvoraussetzungen und vielfältigen biografischen Erfahrungen der Schülerinnen und Schüler gehören heute zu den größten Herausforderungen im Lehrerberuf. Die Fähigkeit, mit diesen Differenzen sensibel umzugehen, erfordert *Wissen*, wie man mit unterschiedlichen Lern-, Kommunikations- und Integrationsverhalten umgeht. Dazu gehört die Fähigkeit, differenzierende und personalisierende Maßnahmen zu treffen und inhaltliche Schwerpunkte zu setzen sowie Lernprozesse zu initiieren, die es den Schülerinnen und Schülern ermöglichen, ihre eigenen Lernwege zu gehen und sich zu bilden. *„Beobachtungs- und Einfühlungsvermögen* sind dabei wesentliche Voraussetzungen für den Umgang mit Unterschieden, der auch darin besteht, Differenzen stehen lassen zu können und zu erkennen, wo Schülerinnen und Schüler nicht unterschiedlich behandelt werden wollen oder wo zu starke Differenzierung mit Blick auf die Gruppe eher kontraproduktiv ist" (Schratz u. a. 2008, 134).

Der Unterricht, die Kerntätigkeit in der Schule, wird nur dann die personalen Lernbedürfnisse erreichen und wir die in jedem einzelnen Menschen schlummernden Potentiale fördern können, wenn eine entsprechende Haltung in der Schule gelebt wird, die von Wertschätzung und Achtung vor der/dem Einzelnen und damit auch von der Unterschiedlichkeit von Kindern und Jugendlichen ausgeht. Für Joachim Bauer (2007, 12) scheitert die Schule „an der Unfähigkeit der Beteiligten, die wichtigste Voraussetzung für inklusive Bildung zu schaffen: konstruktive, das Lernen befördernde Beziehungen".

Eine Professionelle Lerngemeinschaft erfordert *inklusive Zugehörigkeit*, das heißt, es ist nicht eine Einzelperson, welche die Gesamtleistung erreichen kann, sondern es ist die zielgerichtete Partizipation aller an der Aufgabe Beteiligten (zum Beispiel: „Wir führen alle Schülerinnen und Schüler zu einem erfolgreichen Abschluss"). Das gemeinsame Bemühen um die Bewältigung komplexer Herausforderungen benötigt die Ressourcen aller und alle übernehmen, den Aufgaben und Situationen angemessen, Führungsaufgaben. In einem Verständnis von Organisation als lebendigem Organismus (vgl. Pechtl 2001) ist der Herzschlag von *Leadership* eine Beziehung, nicht eine Person oder ein Prozess (vgl. Sergiovanni 2005, 53). Geteilte Führung schließt die Schülerinnen und Schüler dabei ein, Aufgaben zu übernehmen. Rudduck & Flutter (2004) zeigen auf, wie die Partizipation junger Menschen in Schule und Unterricht zu neuen Dimensionen des Lernens führen kann (vgl. auch Böttcher & Philipp 2000).

Eine wesentliche Voraussetzung für den Umgang mit Vielfalt ist die *Sensibilität* für das, was den Unterschied ausmacht. Nach Jesper Juul und Helle Jensen (2005, 290) umfasst Sensibilität „die Fähigkeit und den Willen, neugierig, erstaunt, einfühlsam, empathisch und reflektierend auf das Selbstverständnis des Kindes zu reagieren". Diese Sensibilität zeigt sich in einem *Beobachtungs- und Einfühlungsvermögen*, das auch darin besteht, Unterschiede stehenlassen zu können und zu erkennen, wo Menschen nicht unterschiedlich behandelt werden wollen. „‚Differenzfähig' sein heißt demzufolge: Chancen einer heterogenen Lerngruppe nutzen, ihre Herausforderungen annehmen, Grenzen des Erwünschten akzeptieren und Grenzen des Möglichen erkennen." (Schratz u. a. 2007, 78)

Für Arens & Mecheril (2010, 11) ist hierbei die Entwicklung einer reflexiven Haltung von entscheidender Bedeutung,

> *die einerseits sowohl um die Vielfältigkeit ihrer Schüler und Schülerinnen weiß, ohne diese aber allzu schnell auf „Eindeutigkeit" festzuschreiben. Dies beinhaltet für Lehrerinnen und Lehrer in entscheidendem Maß auch die Beobachtung und Veränderung eigener Deutungs-, Erklärungs- und Behandlungsmuster von Differenz. Vielfalt als Grundverfassung (eigener) schulischer Wirklichkeit zu verstehen, heißt dann nicht, die „Anderen" als von uns unterschieden anzuerkennen, sondern zu begreifen, dass wir (als Schule oder Klassenzusammenhang) verschieden sind. Die von den Schülerinnen und Schülern eingebrachten Unterschiede – etwa der Sprache, des Wissens, des Verhältnisses zur Bildungsinstitution – sind konstitutiv für unseren Schul- und Klassenzusammenhang: Wir sind different.*

Dieser Leitsatz gilt auch für die gesamte Schulgemeinschaft. Auch Differenzsensibilität ist unabdingbar für die Entstehung von Professionellen Lerngemeinschaften. Trotz vieler Gemeinsamkeiten, etwa sozialem Hintergrund, Bildungsniveau, beruflicher Laufbahnen und beruflicher Identifikation, ist das Kollegium auch heterogen. Der sensible Umgang mit Unterschieden setzt die Erkenntnis „Jede/jeder ist anders anders" voraus (Arens & Mecheril 2010), um Umgang mit Heterogenität und damit Differenz in einer theoriegeleiteten Pädagogik und Schulentwicklung konstruktiv aus einem demokratischen Bildungsbegriff heraus zu gestalten. Das Ideal der Chancengleichheit lässt sich am ehesten erreichen, wenn die Unterschiedlichkeit der Schülerinnen und Schüler systematisch auf den Ebenen von Curriculum, Didaktik, Schulorganisation und Personal berücksichtigt werden. „Wenn schulisches Handeln in pluralen Gesellschaften sich an einem demokratischen Bildungsbegriff orientiert, der Bildung als einen Prozess denkt, der einen Beitrag zu (gerechteren) Teilhabemöglichkeiten an gesellschaftlichen Strukturen und Prozessen – und in diesem Sinne an der Herstellung von Handlungsfähigkeit Einzelner – leisten soll, dann scheint es notwendig und sinnvoll, das Verhältnis von Schule, Vielfalt und Differenz zu überdenken und neu auszurichten" (ebenda, 9).

Im Gegensatz zu der gewohnten Differenzzuschreibung basierend auf Stereotypen und Normalitätserwartungen wird eine Differenzsensibilität gefordert, „die scheinbar selbstverständliche Normalitäten nicht länger insgeheim zum allgemeinen Maßstab macht, sondern zu relativieren mag – eine Sensibilität, die Vielfalt nicht nur beachtet, sondern auch bejaht und wertschätzt" (ebenda, 10).

 EINLADUNG ZUR DISKUSSION

Die Schule ist ein Ort, an dem kontinuierlich eine Auseinandersetzung mit Fragen der Differenz und deren Anerkennung erfolgt.
▸ In welcher Weise können wir einen neuen Blick auf die/das Andere, aufeinander gewinnen?
▸ Wie kann Differenzsensibilität nach der Erkenntnis „Jede/jeder ist anders anders" gefördert und gefordert werden?
▸ Wie kann Schule zu einem Ort der Anerkennung von Differenzen und Identitäten werden?

### 3.3.8 Gegenseitiges Vertrauen, Respekt und Unterstützung

Lawrence Stenhouse hat zeitlebens daran geglaubt, dass Schülerinnen und Schüler in der Schule bessere Ergebnisse erbringen, wenn sie als Lernende mit Respekt behandelt werden. Respekt kann für ihn auf unterschiedliche Weise gezollt werden: Er zeigt sich dann, wenn Lehrende auf ihre Schülerinnen und Schüler hören und bereit sind, deren Ideen ernst zu nehmen. Dies zeigt sich einerseits über die Inhalte des Curriculums, wenn die Schülerinnen und Schüler eine Beziehung zu ihrer Lebenswelt sowie ihrer Entwicklung herzustellen vermögen (vgl. Tomlinson 2003). Respekt zeigt sich für ihn andererseits daran, wie gut Lehrerinnen und Lehrer die Logik hinter den Strukturen und Prozessen dessen, was – oft nur implizit – in der Unterrichtspraxis passiert, verstehen.

Geduld, Klarheit, Verständlichkeit, Wertschätzung und Unterstützung im Umgang miteinander sind wesentliche Erfolgsbedingungen einer Professionellen Lerngemeinschaft. Werden diese Erfordernisse vernachlässigt, können sich Widerstände leicht verstärken, können Verweigerung und Ablehnung statt Akzeptanz gefördert werden und laufen Innovationen Gefahr, gegen ihre Grundlagen und Ziele zu verstoßen. Kollegiale Unterrichtsentwicklung als Schulentwicklung sollte nicht nur im Horizont von „Müssen" und „Sollen" stattfinden, sondern für die beteiligten Lehrkräfte und Schulleitungen auch mit konkreten Erfolgs- und Entlastungserfahrungen verbunden sein. Dazu können Professionelle Lerngemeinschaften eine tragfähige Basis bilden.

Ein gutes Beispiel dafür stellt die Sophie-Scholl-Schule in Bad Hindelang-Oberjoch dar. Sie wird von durchschnittlich 200 Kindern und Jugendlichen aus 16 Bundesländern und von allen Schultypen besucht. Sie bilden die ganze Vielfalt möglicher Leistungsunterschiede, Lernprofile, Begabungen und Interessen ab. Sie kommen aus allen Schichten, sozialen und kulturellen Kontexten.

*Nicht die Reduktion war die Lösung, sondern ganz im Gegenteil, die Herausforderung eine Schule zu erfinden, die die Vielfalt zum bestimmenden Konstruktionsmerkmal ihrer Arbeit macht. Nur so ist es*

147

*möglich, Grund-, Haupt-, Real-, Gesamt- und Förderschüler sowie Gymnasiasten in ihren vielfältigen Bildungsprozessen zu unterstützen. Der durch diese Herausforderung entstandene Erfindergeist prägt die Schule und begegnet einem überall. Er hat ein Ziel: Alle sollen die Chance haben, in einem anspruchsvoll gestalteten Bildungsraum erfolgreich zu sein.*

(Höhmann & Schratz 2010, 49)

Diese erfinderische, konstruktive Haltung ist für Professionelle Lerngemeinschaften förderlich und ist im tiefen gegenseitigen Vertrauen der Lehrkräfte sowie im Respekt allen Schülerinnen und Schülern gegenüber begründet.

### 3.3.9 Optimierung der Ressourcen und Strukturen

Die Herausforderungen, die den Lehrerberuf bestimmen, haben mit der Komplexität der Handlungsfelder Schule und Unterricht zu tun, die sehr kontextspezifisch bestimmt sind, das heißt von den jeweiligen Ressourcen und Strukturen abhängen. Die Arbeit Professioneller Lerngemeinschaften wird stark von diesen bestimmt. Daher ist es eine wichtige Aufgabe von Schulleitung beziehungsweise Kollegium, die jeweiligen Ressourcen und Strukturen so zu gestalten, dass förderliche Bedingungen für die gemeinsame Lernarbeit gegeben sind.

Strukturen beziehen sich auf eine (unsichtbare) Ordnung von Beziehungen (vgl. Giddens 1992, 359) und haben einen starken Einfluss auf das Handeln der Menschen. Die dem Handeln zugrunde liegenden Strukturen bilden eine Art Rahmen, auf den sich die Handelnden stützen. Strukturen schaffen Sicherheit, allerdings können sie das Handeln auch einschränken und bilden den Möglichkeitsrahmen für die Aktivitäten (vgl. Paseka u. a. 2010). Die strukturellen Bedingungen von Schule und Unterricht sind stark von einem Lehr-/Lernmodus geprägt, der sich durch ein gemeinsames Muster auszeichnet, nach dem Lehrerinnen und Lehrer in ihren Fächern unterrichten. Dieses Muster zieht sich vom Stundenplan (Arbeitstaktung) bis zur Gestaltung des Konferenzzimmers (persönlicher Arbeitsplatz) durch die Schule.

Die Arbeit von Lehrerinnen und Lehrern wird durch diese strukturellen Bedingungen stark beeinflusst. Die gemeinsame Arbeit in Professionellen Lerngemeinschaften besteht darin, im Spannungsfeld zwischen Person und Struktur neue Denk- und Handlungsformen entstehen zu lassen. Darauf nimmt von Hentig (1993) Bezug, wenn er dafür plädiert, Schule neu zu denken, das heißt unsere Annahmen über das, wie wir Schule sehen und gestalten, neu zu definieren. Gelingt es nicht, sich von alten Strukturen zu lösen, verbleiben wir im Modus des Veränderns. Lernprozesse lassen sich in der jeweiligen Situation des Hier und Jetzt nicht nach einem vorgefertigten (Master-)Plan umsetzen, zumal sie in einem komplexen Beziehungsgefüge zwischen (bekannter) Vergangenheit und (unbekannter) Zukunft erfolgen.

Ein erster Schritt zum Neudenken von Schule und Unterricht kann die Bearbeitung des Fragebogens auf S. 150 zur Vorbereitung einer Professionellen Lerngemeinschaft sein.

→ weiter auf S. 152

# Checkliste zu wichtigen Rahmenbedingungen für die Einführung von Professionellen Lerngemeinschaften

☐ Kollegen und Kolleginnen sind bereit, Professionelle Lerngemeinschaften zu bilden.

☐ Die Schulleitung setzt sich bewusst für Professionelle Lerngemeinschaften ein.

☐ Das Kollegium wird über die Eckpfeiler einer Professionellen Lerngemeinschaft informiert.

☐ Kollegen und Kolleginnen verstehen und stimmen dem Ziel einer Professionellen Lerngemeinschaft zu.

☐ Kollegen und Kolleginnen verstehen den Zusammenhang zwischen der Professionellen Lerngemeinschaft und den Schulentwicklungszielen.

☐ Es werden Zeitgefäße für Professionelle Lerngemeinschaften geschaffen.

☐ Stundentafel und Lehrereinteilung werden analysiert, um Isolation zu reduzieren und gemeinsame Entwicklungsarbeit zu fördern.

☐ Effiziente Kommunikationsstrategien unter den Beteiligten sind etabliert.

☐ Barrieren gegen den Erfolg von Professionellen Lerngemeinschaften werden identifiziert und abgebaut.

☐ Das Budget für Professionelle Lerngemeinschaften wird gesichert.

☐ Kollegen und Kolleginnen haben Lernthemen in Verbindung mit den Schulentwicklungszielen festgelegt.

☐ Kollegen und Kolleginnen legen Grundregeln, Arbeitsabläufe, Werte und Normen für eine Professionelle Lerngemeinschaft fest.

☐ Kollegen und Kolleginnen haben Evaluationskritieren für den Erfolg der Professionellen Lerngemeinschaft festgelegt.

# Fragebogen zur Vorbereitung einer Professionellen Lerngemeinschaft

## Fokus auf Lernen

Wie werden wir unsere Aufmerksamkeit auf das Lernen und Leisten der Schülerinnen und Schüler statt auf Lehrerhandeln ausrichten?

Wie wissen wir, ob ein Schüler oder eine Schülerin etwas gelernt hat, und wie werden wir dies feststellen?

Wenn ein Schüler oder eine Schülerin Schwierigkeiten beim Verstehen hat, was werden wir machen?

Wie sichern wir, dass unsere Arbeit auf förderliche Interventionen fokussiert ist?

## Fokus auf Kultur

Wie werden untereinander unsere Strategien geteilt, um unseren Unterricht „lernseits" von Unterricht zu orientieren?

Wie können wir die Anwendung der diskutierten Strategien sichern?

▶

| Wie werden wir voneinander lernen und Möglichkeiten diskutieren, um unsere Praxis zu verfeinern? | |
| Wie werden wir Schülerleistung analysieren, um daraus zu lernen? | |

### Fokus auf Ergebnisse

| Wie werden wir Ziele auf Basis der Schülerleistung festlegen? Welche Evidenz brauchen wir, um unseren Fortschritt zu dokumentieren? | |
| Wie werden wir Ausreden vermeiden, um Lösungen zu finden? | |
| Was wird Ihre Rolle in der Professionellen Lerngemeinschaft sein? | |
| Wenn Sie nicht an einer Professionellen Lerngemeinschaft teilnehmen, was brauchen Sie, um den Musterwechsel zu wagen? | |

Förderliche Strukturen für die gemeinsame Arbeit lassen sich schaffen, indem Raum und Zeit als Ressourcen zur Verfügung stehen, die eine möglichst unbelastete Arbeit ermöglichen. Dazu ist es zunächst erforderlich, dass die Arbeit in einer Professionellen Lerngemeinschaft als wichtiger Teil der Professionalität von Lehrerinnen und Lehrern gesehen wird. Wenn die Lehrerarbeit nur über den Unterricht in der Klasse definiert wird, bleibt ein wichtiger Aspekt professioneller Entwicklung ausgespart. Daher sollte in Schulen die Möglichkeit geschaffen werden, dass die Arbeit Professioneller Lerngemeinschaften als Teil der Arbeitszeit gesehen wird und nicht als privates Engagement einzelner Kolleginnen und Kollegen.

Konkret lässt sich dies erreichen, indem die Stundentafel darauf Rücksicht nimmt, um eine Verfügungszeit für die gemeinsame Lernarbeit zu stellen. Dieses Zeitfenster bietet den Betroffenen die Möglichkeit zum regelmäßigen Treffen als Professionelle Lerngemeinschaft. Das Ernstnehmen des Anliegens der professionellen Entwicklung kann dazu führen, dass die Schule für die Lehrerinnen und Lehrer nicht mehr nur ein Ort des Lehrens ist, sondern auch zu dem des Lernens wird. Dazu kann auch gehören, dass eine Entlastung von weniger wichtigen Aufgaben erfolgt, um zusätzliche Ressourcen für die kollegiale Zusammenarbeit nutzen zu können.

 EINLADUNG ZUM WEITERDENKEN FÜR SCHULLEITUNG

▸ Was sind für Sie wichtige Rahmenbedingungen für die Einführung von Professionellen Lerngemeinschaften?
Bearbeiten Sie dazu die Checkliste auf S. 149.

### 3.3.10 Förderung professionellen Lernens: individuell und kollektiv

Der Schritt vom „Ich und mein Unterricht" zum „Wir und unsere Schule" stellt ein wichtiges – wenn nicht das wichtigste – Verbindungsglied zwischen den Einzelaktivitäten der Lehrerinnen und Lehrer im Klassenzimmer und den Bemühungen um die Entwicklung der gesamten Schule dar. Bleibt diese Form der Kooperation auf einige wenige Engagierte im Kollegium beschränkt, wird die Lebendigkeit der Organisation als Organismus ebenso beschränkt bleiben. Teamarbeit stellt keinen Luxus dar, den sich nur diejenigen leisten können, die dafür Zeit haben. Vielmehr ist sie ein unverzichtbares Element einer Lernenden Schule, „in der die Menschen kontinuierlich die Fähigkeiten entwickeln, ihre wahren Ziele zu verwirklichen, in denen neue Denkformen gefördert und gemeinsame Hoffnungen freigesetzt werden und in denen Menschen lernen, miteinander zu lernen" (Senge 1996, 11). Dieses visionäre Zielbild unterscheidet sich in hohem Maße von den alltäglichen Erfahrungen schulischer Arbeit. Möglicherweise sind sich viele Lehrerinnen und Lehrer sowie Schulleitungen gar nicht bewusst, welches Potential Arbeit in Professionellen Lerngemeinschaften entwickeln kann, da sie eine solche noch nicht erlebt haben. Daher werden wir zunächst das Wesen von einer professionellen Zusammenarbeit herausarbeiten.

Nach Schein (2009, 107) ist das Wesen der Zusammenarbeit die Entwicklung und Aufrechterhaltung reziproker Unterstützungsbeziehungen zwischen allen Mitgliedern. Sie lebt daher von den Beziehungskonstellationen, die sich aus den unterschiedlichen Rollen ergeben, welche sie einnehmen. Nicht jede Gruppe braucht ein Team zu sein, da nicht jede Aufgabe einer gegenseitigen Unterstützung bedarf! Aufgrund der oft drängenden Aufgabenbezogenheit wird der Aspekt der reziproken Beziehung in der Zusammenarbeit vielfach vernachlässigt. Jedes Mitglied sollte spüren, dass es nicht nur etwas einbringt, sondern dafür auch etwas zurückerhält. Hat eine Professionelle Lerngemeinschaft nichts oder wenig von der Zusammenarbeit, geht die Leistungsfähigkeit und damit die Energie als Treiber für die über die Einzelarbeit der Klasse hinausgehenden Aktivitäten verloren.

> *Nur wenige gehen einen anderen Weg und setzen sich kritisch mit ihren persönlichen Erwartungen an und in Gruppen und Teams auseinander. Nur wenige sind bereit anzuerkennen, dass Teamarbeit nicht nur etwas für die Beteiligten leisten muss, sondern dass die Beteiligten auch etwas für die Teamarbeit leisten müssen.* (Schattenhofer & Velmerig 2004, 7)

Die gegenseitige Unterstützung in einer Professionellen Lerngemeinschaft wird durch die aktuelle Aufgabe bestimmt, die sie zu erfüllen hat, sowie den Grad der Unabhängigkeit der einzelnen Mitglieder (Schein 2009, 114). Während Fußballspieler über ihre Position (Torwart, Abwehr, linker Flügel etc.) klare Aufgaben zugewiesen haben, sind die Aufgaben von Lehrpersonen nicht so klar definiert und stark von der Eigeninterpretation und dem jeweiligen Selbstverständnis (Fachexperte/-expertin, Pädagoge/Pädagogin etc.) bestimmt. Gerade Lehrpersonen tun sich aufgrund ihrer berufsspezifischen Situation weitgehender Methodenfreiheit schwer, Differenzen in der Wahrnehmung ihrer eigenen Rolle zu anderen als Produktivkraft für gemeinsame Entwicklungsprozesse zu sehen. Der Beitrag jedes/jeder Einzelnen zum Erreichen eines gemeinsamen Ziels ist viel weniger evident als beim Mannschaftssport. Vielfach fehlt das entsprechende Vertrauen und die damit verbundene Bereitschaft zu teilen, da sich daraus der Mehrwert ergibt.

Das Vertrauen spielt bei der Entwicklung Professioneller Lerngemeinschaften eine große Rolle, damit es zu gegenseitiger Anerkennung und Unterstützung bei der Bewältigung von Arbeitsvorhaben kommt. Zur Anbahnung einer entsprechenden Kultur der Zusammenarbeit ist Vertrauen erforderlich, in der die gegenseitige Wertschätzung das Klima bestimmt. Damit Interesse und Lernbereitschaft im Team geweckt und erhalten werden, ist es wichtig, dass die gestellte beziehungsweise erwartete Aufgabe jedem Mitglied ein Anliegen ist, dass es sich davon „betroffen" fühlt und dass sie für die/den Einzelnen Sinn macht. Die Herausforderung liegt darin, Aufgaben so zu stellen, dass sie von den einzelnen Lehrerinnen und Lehrern als „sinnhaft" angesehen werden. Die größte Chance auf Verwirklichung haben im Bereich der Schulentwicklung jene Ziele, die aus einem gemeinsamen Anliegen „von unten" wachsen. Daher sind die Erfolgschancen für eine fruchtbare Zusammenarbeit dann am größten, wenn sich Lehrerinnen und Lehrer selbst entschließen, bestimmte Arbeitsvorhaben gemeinsam abzusprechen, um daraus den individuellen und kollektiven Mehrwert zu gewinnen.

Die Erklärung von Professionellen Lerngemeinschaften anhand rationaler Erklärungsmodelle ist eine Seite. Die Dynamik, die sich aus der energetisierenden Kraft von Zusammenarbeit ergibt, ist die andere. Die emotionalen Aspekte sind das energieschaffene Moment organisationaler Leistungsfähigkeit (vgl. Goleman 1996; Menges u. a. 2008). Kommunikation ist phänomenologisch gesehen ein leibliches Geschehen. Wir erleben und erfahren uns als psychosomatische Einheit. Wir spüren Situationen, wir erfassen auch das, was gleichsam in der Luft liegt. Emotionalität existiert als Atmosphäre in der gemeinsamen Situation eines Ortes oder Raumes. Ein Lernen, das darauf aufbaut, entdeckt die Lösung im Inneren, vertraut der schöpferischen Kraft und würdigt die Erkenntnisse. Entwicklung versteht sich dementsprechend als Haltung der Verantwortung für das Erkannte, Erfasste, Herausgefundene und schöpferisch Gestaltete.

### 3.3.11 Professionelle Lerngemeinschaften evaluieren und in Schwung halten

Eine Lernende Schule ist dadurch gekennzeichnet, dass sie die Bereitschaft für das Einlassen auf Neues besitzt. Diese Bereitschaft hat allerdings zunächst mit der Einsicht zu tun, dass es überhaupt Sinn macht, etwas Neues anzugehen. Gewohnheit ist durch vertraute Einstellungen und liebgewonnene Verhaltensweisen gekennzeichnet. Das Verlassen dieser „Komfortzone" ist für viele Menschen eine Anstrengung, die Überwindung kostet, vor allem aber die Einsicht, dass es überhaupt wert ist, vertraute Einstellungen und liebgewonnene Verhaltensweisen aufzugeben. Für Professionelle Lerngemeinschaften heißt dies, dass sie sich immer wieder auf ihre zentralen Charakteristika besinnen sollten, um nachhaltige Wirkungen zu erzielen. Zur Evaluation der Arbeit können folgende Fragen hilfreich sein, die sich auf die Schlüsselcharakteristika für nachhaltige Wirkung von Professionellen Lerngemeinschaften beziehen:

- Welche Werte und Visionen bestimmen die gemeinsame Arbeit?
- Wie gelingt es, gemeinsam Verantwortung für das Lernen der Schülerinnen und Schüler zu übernehmen?
- Ist die Zusammenarbeit auf das Lernen ausgerichtet?
- In welcher Beziehung stehen individuelles und kollektives professionelles Lernen?
- Wie wirkt sich die reflektierte professionelle Forschungshaltung aus?
- Besteht Offenheit in der gemeinsamen Arbeit und führt der Dialog zu neuen Erkenntnissen?
- Wie wird mit Differenz und Inklusion umgegangen?
- Herrschen gegenseitiges Vertrauen, Respekt und Unterstützung vor?

In der Durchführung der Evaluation der Arbeit in der Professionellen Lerngemeinschaft ist es erforderlich, dass jedes Mitglied (1) sich persönlich auf die Auseinandersetzung mit diesen (oder anderen) Fragen vorbereitet und (2) entsprechende „Belege" beziehungsweise Evidenzen für die Antworten mitbringt.

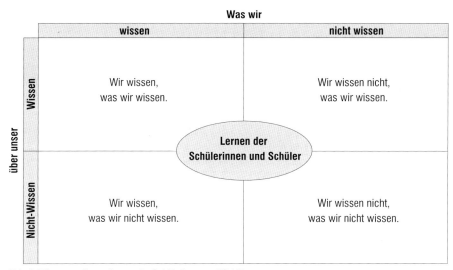

Abb. 5: Wissensaudit zum Lernen der Schülerinnen und Schüler

Es hat sich als zielführend erwiesen, eine solche Evaluation in formativer Haltung öfters durchzuführen und dabei jeweils eine Frage zu beantworten, um eine möglichst tiefgehende Auseinandersetzung zu erreichen. Dazu werden die zur aktuellen Fragestellung mitgebrachten „Belege" besprochen und im Hinblick auf ihre Gültigkeit überprüft.

Wenn sich die Beantwortung einzelner Fragen als schwierig erweisen sollte, kann das sogenannte Wissensaudit eingesetzt werden (Abb. 5). Es hilft jene Bereiche zu erschließen, die in der täglichen Arbeit nicht bewusst sind und dadurch blinde Flecken darstellen. Im Hinblick auf das Lernen der Schülerinnen und Schüler ist es gar nicht möglich, genügend darüber zu wissen. Das Wissensaudit basiert auf einer Vier-Felder-Systematik (wissen vs. nicht wissen) zum Lernen der Schülerinnen und Schüler:

Zur Entwicklung des Unterrichts ist es von zentraler Bedeutung, die Potentiale der verborgenen Schätze des Nichtwissens („Wir wissen, was wir nicht wissen", „Wir wissen nicht, was wir wissen") zu heben. Die Formen des Nichtwissens steuern die unterrichtlichen Handlungsmuster und lassen Schulen oft im Bereich der traditionellen Lehr-Lernformen stehenbleiben. Wenn wir den Musterwechsel des Lernens von der Perspektive des Lehrers zur Perspektive des Lernens anstreben (vgl. Schratz 2009a), ist eine Konfrontation mit dem Nichtwissen unumgänglich. Dazu kann das Feld der unbewussten Kompetenz („Wir wissen nicht, was wir nicht wissen") interessante Möglichkeiten eröffnen.

Das Nachdenken über und das Suchen nach Evidenzen für die Beantwortung der offenen Fragen (blinden Flecken) sind für eine Professionelle Lerngemeinschaft wichtige Aktivitäten zur Anbahnung eines Musterwechsels. „Unsere Aufmerksamkeit muss bewusst umgelenkt und der Ursprungsort unserer Aufmerksamkeit muss bewusster werden, der blinde Fleck, aus dem heraus wir handeln" (Scharmer 2009, 78). Die neuen Impulse aus den Quadranten (vor allem denen des Nichtwissens) wirken als „kreative Störung" des bisherigen Arbeitens. Menschen reagieren auf Veränderungsdruck meist mit dem Versuch, „die Leistung im Rahmen bestehender Funktionalität zu verbessern" (Kruse 2004, 19). Kruse spricht dabei von einer Funktionsoptimierung, die einer typischen Lernkurve entspricht, welche am Anfang eine starke Steigerung aufweist, dann aber in ein (Lern-)Plateau mündet, das zu einer gewissen Entwicklungssättigung führt (vgl. Abb. 6).

Es tritt der sogenannte „Deckeneffekt" auf, nach dem weitere Verbesserungen nur mehr unter Einsatz von großen Kraftreserven möglich sind. Das alte Muster stößt gleichsam an die Grenzen der in ihm stehenden Möglichkeiten. Um Individuen und Systeme dennoch – im Sinne der Funktionsoptimierung – zu höheren Leistungen anzuspornen, werden vielfach Modelle von best practice als Zielperspektive zur Motivationsförderung eingesetzt (beispielsweise Modellschulen), die diese Leistungen allerdings meist nur unter besonderen Bedingungen zu erbringen vermögen. Sie werden oft nicht mehr als anzustrebende Zielvorgabe angesehen, da die Kontextbedingungen in „normalen" Schulen damit nicht vergleichbar sind.

Um das alte Muster zu verlassen, sind Ereignisse oder Interventionen nötig, die eine Perspektive für Neues eröffnen, die den Weg zur next practice weisen. Am Beispiel über Musterwechsel im Sport (siehe Kasten) lässt sich gut erkennen, dass Prozessmusterwechsel meist ein Angriff auf das Etablierte sind und daher in der Regel misstrauisch beobachtet werden. Veränderungen des Status quo werden selten mit Begeisterung aufgenommen.

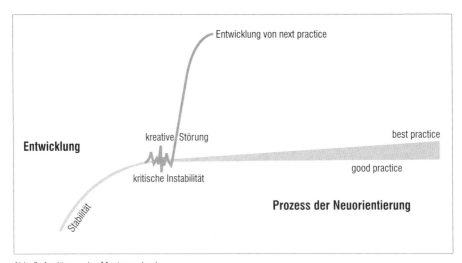

Abb. 6: Auslösung des Musterwechsels

**Musterwechsel beim Sport**

*Ein solcher Musterwechsel ist im Sport beispielsweise im alpinen Weitsprung zu finden, als die Spitzenleistungen auf den großen Schanzen nicht mehr überboten werden konnten, sich durch den Flug im V-Stil der Skier (anstatt wie im Klassik-Stil in der Parallelhaltung) neue Möglichkeiten eröffneten. Das vorderseitige Öffnen der Skier wurde zunächst eher abwertend beurteilt und in der Haltungsnote mit Abzügen bedacht, da es nicht in das alte Muster passte. Erst als die österreichischen „Adler" bei der Olympiade 1992 in Albertville mit dem V-Stil die meisten Medaillen errangen, hat sich das neue Muster als die neue Sprungform durchzusetzen begonnen. Die anfängliche Unsicherheit hatte zu einer gewissen Instabilität geführt, die der österreichische Trainer in strategisch kluger Voraussicht durch intensives Training überwand (vgl. Innauer 2010).*

Die alten Muster greifen nicht mehr, die neuen sind noch nicht habitualisiert. Es handelt sich um eine Art Inkubationsphase für die Integration des Neuen, welche das Alte durcheinanderbringt oder sogar infrage stellt. Daher braucht Lernen in Professionellen Lerngemeinschaften Spielräume und Fehlertoleranz. „Die Selbstorganisationstheorie lehrt uns, dass eine grundlegende Musteränderung eine Instabilität benötigt und in der Instabilität die weitere Entwicklung des Systems prinzipiell unvorhersagbar ist" (Kruse 2004, 57). „In der Instabilität verringert sich in Systemen zwar vorübergehend die Handlungsfähigkeit, aber die Anpassungsfähigkeit ist erhöht, und sie werden kreativ" (ebenda, 61). Daher brauchen Prozessmusterwechsel eine Vision und die Bereitschaft, sich auf Leistungseinbrüche und Verunsicherung einzulassen.

In ihrem Buch *Arbeiten Sie nie härter als Ihre Schüler* beschreibt Robyn Jackson (2009), wie sie ausgeklügelte Unterrichtsstunden entwarf, um den modernen fachdidaktischen Theorien gerecht zu werden, aber immer wieder daran scheiterte. Erst als sie anfing, über die Wirksamkeit ihrer Strategien nachzudenken, begann bei ihr ein Prozess des Umdenkens.

*Wenn wir uns nicht länger darauf konzentrieren, was wir tun, sondern darauf, wie wir über unser Tun nachdenken, würde das eine radikale Veränderung bedeuten: Wir würden die Schwierigkeiten unserer Schüler anders diagnostizieren, Hausaufgaben anders stellen, Klassenarbeiten anders konzipieren. Stunden anders vorbereiten, Arbeiten anders benoten und uns selbst als Lehrer anders sehen. Kurz gesagt, mit dieser Mentalität würden wir uns nicht mehr auf die Detailfragen des Unterrichtens konzentrieren, sondern darauf, worauf es wirklich ankommt: auf unsere Schüler.*  (Jackson 2009, 14)

Dieser Musterwechsel von der Expertise, Unterricht gut zu planen und umzusetzen, zur Expertise, *Prinzipien* guten Unterrichts zu nutzen, um Unterricht neu zu denken, zeigt sich nach Jackson (2009, 14) in der „Mentalität, einer disziplinierten Art, das Unterrichten zu betrachten". Im Detail (ebenda, 18) nennt sie folgende Experten-Prinzipien:

▸ Experten und Expertinnen setzen da an, wo ihre Schülerinnen und Schüler stehen.
▸ Experten und Expertinnen wissen, wohin ihre Schülerinnen und Schüler gehen.
▸ Experten und Expertinnen gehen davon aus, dass sie ihre Schülerinnen und Schüler ans Ziel bringen werden.
▸ Experten und Expertinnen unterstützen ihre Schülerinnen und Schüler auf ihrem Weg.
▸ Experten und Expertinnen setzen Feedback ein, um sich selbst und ihre Schülerinnen und Schüler zu verbessern
▸ Experten und Expertinnen richten ihr Augenmerk auf Qualität und nicht auf Quantität.
▸ Experten und Expertinnen arbeiten nie härter als ihre Schülerinnen und Schüler.

### 3.3.12 Leadership und Management

Eingangs haben wir Professionelle Lerngemeinschaften sowohl als einen Modus als auch eine Struktur definiert. Die Struktur einer Professionellen Gemeinschaft kann eine eigene sein, die als Teilsystem in der Schule zur (Qualitäts-)Entwicklung indirekt beiträgt, ohne dass sie geführt oder gemanagt werden muss. Allerdings ist die Leitung einer Schule kein Soloakt, sondern erfordert die Vernetzung der Teilsysteme mit Systemblick auf die mittel- und langfristigen Ziele, damit allen klar ist, wohin die Reise gehen soll. Daher sind Fachgruppen beziehungsweise Schulteams im Modus einer Professionellen Lerngemeinschaft für die Schulleitung wichtige Partner zur (Qualitäts-)Entwicklung von Schule und Unterricht.

In der unterrichtsbezogenen Schulentwicklung ist Shared Leadership in der Schule eine besondere organisationale Herausforderung, da einerseits neue bildungspolitische Vorgaben berücksichtigt werden müssen (zum Beispiel Bildungsstandards), andererseits die Lehrpersonen in ihren Bedürfnissen und Befindlichkeiten ernst genommen werden wollen. Die Notwendigkeit der Reflexion dieser systemischen Beziehungen gewinnt in dem Maße an Bedeutung, als die Schule sich als „lernende Organisation" versteht und verstehen muss (vgl. Schratz & Steiner-Löffler 1998; Krainz-Dürr 1999), wenn sie mit den gesamtgesellschaftlichen Entwicklungen Schritt halten soll. Für Lehrerinnen und Lehrer stellt sich daher die Herausforderung, wie sie sich in ihrem professionellen Selbstverständnis als Teil eines Ganzen sehen und ihre Aufgaben in diesem Kontext neu definieren und erweitern. Dazu ist vor allem die Aneignung systemischer Kompetenzen von Bedeutung – die „fünfte Disziplin" nach Peter Senge (1996).

Aus systemischer Sicht weisen Schulen eine sehr flache Hierarchie auf, wodurch ein „Mythos der Gleichheit" unter den Lehrpersonen entsteht, der innere Hierarchien verdeckt und die Aufteilung von Führungsaufgaben erschwert. Dazu kommt, dass Führungspersonen in der Schule oft noch als Primus inter Pares agieren (müssen) und eben noch selbst auf der gleichen Hierarchieebene standen, was zusätzliche Probleme bei der Wahrnehmung von Führungsaufgaben aufwirft. Das Verdecken der inneren Hierarchien schafft Probleme, wenn Funktionen nicht oder unzureichend wahrgenommen werden und es zu einem Rollenmix oder gar zu einer Rollenkonfusion kommt. Um eine lernwirksame „Ordnung" innerhalb der sozialen Architektur von Schule zu erhalten sind oft langwierige Klärungsprozesse erforderlich. Es ist daher eine wesentliche Aufgabe in sozialen Systemen, „gestaltend Ordnung zu schaffen und lenkend Ordnung aufrecht zu erhalten" (Ulrich & Probst 1991, 76).

Klar definierte Schnittstellen zwischen Aufgabenbereichen (zum Beispiel Fachgruppen, Klassenlehrerinnen und -lehrern und anderen Lehrerinnen und Lehrern in der Klasse) erleichtern die Zusammenarbeit. Daraus ergeben sich jene Ordnungsmuster, die das professionelle Handeln als Teil des Ganzen steuern.

*Ordnungsmuster*
- *koordinieren und führen zu einem kohärenten Ganzen*
- *bestimmen zulässige Spielräume und Handlungsfelder*
- *erlauben eine Orientierung, ein Sich-Zurechtfinden*
- *ermöglichen „Mustervorhersagen"*

(Ulrich & Probst 1991, 76)

Die Leitung von Lehrerteams als Professionelle Lerngemeinschaften (Curriculum- beziehungsweise Fachgruppe, Klassen-/Jahrgangsteam und Ähnliches) ist eine wichtige Gelenkstelle für die Qualitätsentwicklung, wenn sie die Bildungsprozesse der einzelnen Schülerinnen und Schüler im Blick haben. Die Koordinierung von Erziehungsregeln, Entwicklungszielen und Bildungsstandards sind nur einige Aspekte davon. Am Beispiel der Organisation von Teamarbeit im Klassen-/Jahrgangsverband der Lehrpersonen lässt sich aufzeigen, wie die unterschiedlichen Funktionsbereiche der Klassenführung wahrgenommen werden können.

 EINLADUNG ZUM AUSPROBIEREN

Die Leitung eines Klassen- oder Jahrgangsteams übernimmt die Koordination wichtiger Aufgaben, die für das Klassenlehrerteam erforderlich sind. Vor Beginn des Schuljahres erfolgen Absprachen über die Umsetzung des Leitbilds oder Schulprogramms, über die Erziehungsziele und Unterrichtsinhalte, werden gemeinsame Vorgangsweisen bei der Leistungsbeurteilung, der Disziplin und beim Umgang mit Heterogenität besprochen sowie anstehende Schulveranstaltungen und Exkursionen sowie Kontakte mit den Eltern abgestimmt. Dazu dient das folgende Arbeitsblatt „Absprachen im Team" (vgl. Abb. 8). Der/die Klassen- beziehungsweise Jahrgangsleiter/-leiterin teilt als Handout Abb. 8 „Absprachen im Team" aus. Er/sie erklärt kurz, was die einzelnen Themen bedeuten und vereinbart mit den Teammitgliedern, dass sie bis zu einem festgelegten Zeitpunkt (vor Beginn des Schuljahres) individuell für jedes Thema aufschreiben, was sie sich als Gemeinsamkeit wünschen. Zur Absprache wird ein Termin festgelegt, an dem diese Ergebnisse besprochen werden sollen. Aufgrund der Vorschläge der Teammitglieder sollen dann in einzelnen Bereichen Vereinbarungen erfolgen, welche zu einer verstärkten Koordination innerhalb der Klasse führen sollen. Diese werden mit der Schulleitung abgesprochen und mit den anderen Klassenleitern und -leiterinnen vernetzt.

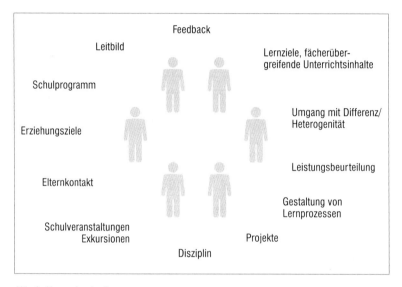

Abb. 8: Absprachen im Team

# 4 Lernende Schule
# braucht Design

*Die Gegenwart ist die zukünftige Erinnerung,*
*entsprechend sollte man sie gestalten.*
(Gerhard Uhlenbruck)

## 4.1  Architekten der Zukunft

Der Weg zur „Schule als Lebensraum" führt über dynamische Bildungsprozesse, welche die Beteiligung aller erfordern. Sie ist durch eine lebendige Schulkultur gekennzeichnet, in der alle einen Platz finden und erfolgreich sein können. Sie erhalten sinnvolle Aufgaben, die zum Ziel führen, und eine Gemeinschaft, mit und in der sie bedeutungsvolle Arbeit leisten. Dass der Erfolg der Schule an der Qualität der Lern- und Arbeitsergebnisse der einzelnen Schülerinnen und Schüler gemessen wird, liegt auf der Hand. Das Bewusstsein, dass Bildung ein wichtiges Unterfangen ist, gibt Kraft und Hoffnung. Dazu ist die Schule da.

Mit diesen (neuen) Anforderungen an Schule und Unterricht werden Lehrerinnen und Lehrer in ihrer Profession und in ihrer Professionalität gefordert: Sie sind nicht mehr die alleinigen Vermittler von Wissen an Heranwachsende, deren Lebenswelt sie selbst nicht kennen und auch nur teilweise nachvollziehen können, sondern werden zu Partnern einer Generation, die sich im Hier und Jetzt einer neu entstehenden Zukunft stellt. Gegenstand der Vermittlung ist nicht mehr nur Wissen, sondern die/der Lernende wird sich eine Kompetenz zu selbständigem Weiterlernen aneignen müssen, die auch ermöglicht, dass ihr/ihm Wissen um Gewusstes *und* Nichtgewusstes zunehmend selbst transparent wird. Das bedeutet in Hinblick auf die zu formulierenden Ziele schulischer Bildung, dass

▸ *sich Heranwachsende nicht nur als private sondern zunehmend als öffentliche Personen wahrnehmen können, die in einen gesellschaftlichen Prozess eingebunden sind, den sie mitgestalten wollen;*

▸ *sich Urteilskraft und auf vernünftigem, das heißt am „zwanglosen Zwang des besseren Arguments" orientiertem Urteil basierende Bewertungen von Einstellungen entfalten können;*

▸ *Ausdrucksfähigkeit entwickelt wird, die es Heranwachsenden ermöglicht, ihre Positionen und Meinungen differenziert zu kommunizieren und zu vertreten;*

▸ *im Aneignen von Wissen der Aneignungsprozess mittransportiert und thematisiert wird;*

▸ *Vertrauen in die eigenen Entwicklungsmöglichkeiten entsteht und eine epistemische Neugier erhalten bleibt, die Entwicklungserfordernisse nicht als Zumutungen, sondern als Chancen erfahrbar macht.*
(Schratz & Schrittesser im Druck)

Lehrerinnen und Lehrer sind die Schlüsselpersonen für die Gestaltung und Begleitung der aufgezählten Bildungsprozesse. Sie sind die „Architekten der Zukunft" (Industriellenvereinigung 2007), für deren Entfaltung es gilt, vorhandene Potentiale und Talente, Innovationsgeist, Kreativität, Wissen und andere Schlüsselqualifikationen zu entwickeln und zu fördern. Die langfristigen Ziele sind im Blick und die pädagogische Arbeit steuert den Weg dorthin. Die Aufmerksamkeit ist gezielt auf das Lernen gerichtet, und zwar nach einem Lernbegriff, der nachhaltige Kompetenzen in den Vordergrund stellt und Lernprozesse als von Selbstvertrauen getragene Erfahrungen auf dem Weg des Aufdeckens von Unbekanntem definiert. Die Lehrerinnen und Lehrer richten ihre

Aktivitäten „lernseits", das heißt mit Blick auf die Prozesse der Lernenden aus, sind gelassen und gehen flexibel auf sie ein. Weil die Destination klar ist, haben sie den Freiraum, den Weg mit den Lernenden gemeinsam zu gestalten und sie während ihrer Lernerfahrungen zu begleiten. Lehren und Lernen stehen im Wechselspiel.

Dort wo Lernen spürbar ist, gibt es Hoffnung, und diese Hoffnung ist die Energiequelle für den „pädagogischen Takt". „Takt ist nicht dem planenden Willen des Lehrers unterworfen, und darum kann taktvolles Handeln nicht in einem planvollen erzieherischen Vorgehen aktualisiert werden, sondern immer nur in der unvorhergesehenen Situation, die den Erzieher in Anspruch nimmt" (Muth 1967, 12). Takt prägt die Beziehung zwischen Erwachsenen und Heranwachsenden dann und dort, wenn sie in einer pädagogischen Beziehung zueinander stehen. Der Phänomenologe van Manen legt in seinem Buch *The Tact of Teaching* (1991) das Phänomen pädagogischer Takt und die Bedeutung der pädagogischen Beziehung weiter aus und sieht dabei Hoffnung als zentrale Dynamik im Umgang mit Heranwachsenden.

Diese Zukunftsvision ist in greifbarer Nähe. Über die neuen kompetenzorientierten Ansätze und evidenzbasierten Strategien im Rahmen der Schul- und Unterrichtsentwicklung, welche rückwärts von den wesentlichen, langfristigen Bildungszielen die Gestaltung von Lehr- und Lernprozessen ermöglicht, kommt Gewissheit ins System. Wir haben in den vorigen drei Kapiteln die große Vielfalt an wesentlichen Faktoren für die Schul- und Unterrichtsentwicklung aufgezeigt, die Anstöße und Anregungen für die weiterführende Auseinandersetzung an der Schule geben, wie etwa unter anderem:

▸ die Steuerungsbalance zwischen Freiheit und Kontrolle
▸ das Zusammenspiel von Umfeld, Prozessen und Ergebnissen
▸ die Wirkung von Tiefenstrukturen auf unterrichtliche Prozesse und Lernkulturen
▸ die Erschließung der Kluft zwischen intendiertem und erreichtem Curriculum
▸ der Perspektivenwechsel im Zeitalter der Kompetenzorientierung
▸ evidenzbasierte Entwicklungsprozesse und die dafür notwendigen Kompetenzen
▸ rückwärtige (Design-)Prozesse für die curriculare Entwicklung
▸ Kernideen und Kernfragen im Curriculum
▸ Leistungsbeurteilungskompetenz
▸ Schlüsselcharakteristika von Professionellen Lerngemeinschaften
▸ Musterwechsel

 EINLADUNG ZUR REFLEXION

▸ Wann und wie stehen Sie in einer pädagogischen Beziehung zu anderen? Wie fühlt sich diese an? Was macht sie möglich?
▸ Welche Evidenz haben Sie dafür, dass die Arbeit an Ihrer Schule „lernseits" orientiert ist? Wie könnte eine lernseitige Orientierung noch weiter verstärkt werden?

## 4.2 Eine Lernende Schule ist eine lebendige Schule

Um die Schule als Lernende Schule zu stärken und weiterzuentwickeln, braucht es mehr als einen operativen Plan. Zukunftsvisionen erfordern ein Design, das die bewusste Gestaltung von Elementen und Prinzipien auf ein klares Ziel richtet. Wir greifen dazu auf Designprinzipien für „Living Buildings" nach Berkebile & McLennan (2004) als Inspiration für die Vision einer „lebendigen" Lernenden Schule zurück. Sie sind anerkannte Architekten, die sich für eine zukunftsorientierte und nachhaltige Architektur einsetzen. Sie streben dabei besondere Gebäudeformen und Gemeinschaftskonstellationen an, die beispielhafte „lebendige Gebäude" sind, weil sie „stärkend, bildend und inspirierend" wirken (ebenda, 7). Das Gebäude wird als lebender Organismus verstanden, der Energie verbraucht aber auch produziert und mit seinem Umfeld und den Mitbewohnern und Mitbewohnerinnen interagiert. Ein „Living Building" lebt und belebt.

So stellt sich die Frage nach der Machbarkeit einer pädagogisch bestimmten sozialen Architektur und insbesondere, wie eine Schule bildend, aber auch stärkend und inspirierend wirken kann. Die Designprinzipien von Berkebile & McLennan lassen analog zu ihren Vorstellungen in der Architektur die Vision einer „lebendigen" Lernenden Schule über folgende Prinzipien umsetzen:

▸ *Nachhaltigkeit hat höchste Priorität an der lebendigen Schule.* Nachhaltigkeit ist ein übergreifendes Prinzip der Lernenden Schule. Nicht nur das Lernen der Schüler und Schülerinnen soll zu nachhaltigen Kompetenzen und Handlungsfähigkeit führen, sondern auch die Strukturen, Prozesse und Innovationen an der Schule. Nachhaltig bedeutet, dass Änderungen eine Gestalt annehmen, die langlebig sind, weil sie auch in der unberechenbaren Zukunft gedeihen können. Sie bewahren sich auch unter veränderten Bedingungen. Fixe oder statische Änderungen, die von bestimmten Rahmenbedingungen (Beliebigkeit, Trends, externe Ressourcen usw.) abhängig sind, werden hingegen kurzlebig sein; die Schule gerät in eine Pendelbewegung (vgl. Slavin 2007; siehe S. 41 f.). Die Denkweise der Nachhaltigkeit wirkt auf Tragfähigkeit über die Gegenwart hinaus.

▸ *Die lebendige Schule passt sich an den Ort und die Umgebung an und baut auf lokale Ressourcen.* Weil die Schule Teil der lokalen sozialen Architektur ist, ist die innere Schulreform ein hochkontextualisiertes Unterfangen (vgl. Marzano 2003; siehe S. 43). Sie ist von den Gegebenheiten des eigenen Umfelds abhängig. Der Ort mit seinen lokalen Ressourcen und den dort lebenden Menschen wirkt auf Schul- und Unterrichtsentwicklungsprozesse. Schulentwicklung wirkt auf die Zukunft der Schule, und umgekehrt spürt sie die Wirkung des Umfelds auf sie. Eigene Innovationen und Erneuerungen, die fest in die lokalen Gefüge eingebettet sind, ermöglichen eine „organische" Entwicklung der Schule. Erfolgreiche Entwicklung setzt voraus, dass die Schule sich öffnet und Platz für die Menschen vor Ort einräumt.

▸ *Ergebnisse von Entwicklungsprozessen an der lebendigen Schule sind umfeld- und menschenfreundlich und immer nützlich für die Beteiligten.* Strukturen und Prozesse sind tragende und notwendige Faktoren für die Realisierung von Innovationen und Erneuerungen an der Schule. Sie sind allerdings nur Mittel zum Zweck und können allein eine bildende, stärkende und inspirierende Schule nicht sichern. Es sind die Ergebnisse, die durch die Strukturen und Prozesse erzielt werden, die auf das Umfeld und die Menschen wirken. Wenn diese Ergebnisse nicht von Nutzen sind, verlieren sie an Sinnhaftigkeit. Sie belasten statt zu entlasten. Aufgaben werden für andere ausgeführt, Minimalismus, Verweigerung oder gar Gleichgültigkeit als Überlebensstrategien entstehen. Augenmerk auf das Ergebnis von Veränderungen und deren Kosten und Nutzen ist angesagt, damit Entwicklung nicht zum Aktionismus wird und Maßnahmen nicht zum Selbstzweck durchgeführt werden. Die lebendige Lernende Schule lebt und belebt.

‣ *Die lebendige Schule begünstigt die Gesundheit und das Wohlbefinden aller Beteiligten.* Viele Faktoren und Elemente tragen dazu bei, ein gesundes Umfeld zu schaffen. Der Umgang mit Zeit, Raum und Beziehung wirkt auf das leibliche und geistige Wohl. Dort, wo Zeit verplant wird, braucht es Lockerung. Dort, wo es zu eng wird, braucht es Weite. Dort wo Ausgrenzung entsteht, braucht es Akzeptanz. Die Schule als Lebensraum ist eine räumliche Vorstellung – aus gutem Grund: Jeder/jede braucht dort seinen/ihren Platz und die Gewissheit der Zugehörigkeit. Menschen haben Vorrang in der lebendigen Schule.

‣ *Die lebendige Schule besteht aus integrierten Systemen, die Effizienz und Komfort maximieren.* Wenn die Schule als ein System oder Organismus verstanden wird, braucht es eine ganzheitliche Betrachtung. Wie die Teile des Ganzen zusammen- und aufeinanderwirken, bestimmt das Ganze. Wenn Reibung zwischen den Teilen oder Verschwendung von zeitlichen oder energetischen Ressourcen erfolgt, werden Effizienz und Komfort minimiert. Die Kräfte werden für die Aufrechterhaltung der (Grund-)Funktionen eingesetzt, Energie für weitere Anliegen der Schule geht verloren. Eine lebendige Schule funktioniert nicht nur, sondern lebt im Flow, das heißt, die Arbeit fließt und fühlt sich gut an.

‣ *Die lebendige Schule inspiriert die Sinne und lebt von der schöpferischen Gestaltung.* Innovation setzt Inspiration und Kreativität voraus. Probleme als Anlass für Veränderungen können nicht durch alte Muster gelöst werden, durch die sie entstanden sind. Um einen Musterwechsel (siehe S. 156 f.) zu begünstigen, braucht es kreative Störung und Problembewusstsein. „Schöpferisch-tätig-Sein" (siehe S. 144) setzt eine lebendige Lernende Schule voraus, damit die Menschen sich trauen, Altes loszulassen und Neues entstehen zu lassen. Erst dann wird „seeing with fresh eyes" (Scharmer) möglich und werden die Menschen in die Lage versetzt, schöpferisch zu gestalten. Eine lebendige Lernende Schule schafft die bestmöglichen Rahmenbedingungen für die schöpferische Arbeit. Nicht nur das Auge wird angesprochen, sondern auch Klang, Temperatur, Textur, Geruch wirken auf das Befinden der Menschen. Die lebendige Lernende Schule spricht vor allem aber die Emotionen (Aufregung, Komfort, Spannung, Leichtigkeit usw.) sowie die Werte und den Intellekt (Herausforderung, Sinnhaftigkeit, Respekt, Inhaltsreichtum) an.

## 4.3 Eine lebendige Schule ist eine gesunde Schule

Man könnte auch sagen, eine lebendige Lernende Schule ist eine gesunde Schule. Schulische Veränderungen würden zu viel Zeit und Energie beanspruchen, hören wir immer wieder. So ziehen sich Entwicklungsprozesse oft über Monate, ohne dass Wirkungen spürbar wären. Projekte und Anliegen werden nur halbherzig umgesetzt, da den Betroffenen die Kraft ausgeht. Lehrerinnen und Lehrer klagen über Mehrarbeit, da alles Zusätzliche zur Belastung wird, die sie scheinbar vom „Eigentlichen", dem Unterrichten, abhalten würde. Diese und ähnliche Erfahrungen weisen darauf hin, dass in den letzten Jahren aufgrund der zunehmenden Belastung der Lehrerinnen und Lehrer die Frage nach der Gesundheit an Schulen bedeutsam geworden ist. In der Schul- und Qualitätsentwicklung spielt die aktive Gesundheitsvorsorge für die Gestaltung des Arbeitsumfelds eine zunehmend größere Rolle. Harazd u. a. (2009) zeigen auf der Basis einer breit angelegten Studie auf, wie Belastungen für Lehrpersonen durch ein gesundheitsorientiertes Arbeiten abgebaut werden können, was wiederum der Qualität von Schule zugute kommt. Daraus leiten sich die in Abb. 1 gezeigten Maßnahmen des Gesundheitsmanagements ab.

| Verhältnisorientierte Maßnahmen | Verhaltensorientierte Maßnahmen |
|---|---|
| ‣ Gesundheitsförderung von Lehrkräften als Teil der eigenen Schulentwicklung | ‣ Unterstützung der Lehrkräfte in der Entwicklung gesundheitsförderlicher Verhaltensweisen |
| ‣ Verankerung der Gesundheitsförderung und Gesundheitsziele im Leitbild und Schulprogramm der Schule | ‣ Befähigung der Betroffenen mit Belastungssituationen (z. B. Stress) umzugehen |
| ‣ Bewusstsein für die Erhaltung und Förderung der Gesundheit an der Schule | ‣ Sensibilisierung der Lehrpersonen für gesundheitsrelevante Themen wie z. B. Bewegung oder Selbstmanagement |
| ‣ die Arbeitsgestaltung basierend auf gesundheitsfördernden Überlegungen | |
| ‣ schulweite Klärung und Unterstützung der Lehrkräfte bei Disziplinproblemen oder Unterrichtsstörungen | |
| ‣ datenbasierte, systematische Verbesserung der Arbeitssituation an der Schule | |

Abb. 1: Maßnahmen des Gesundheitsmanagements (nach Harazd u. a. 2009, 131)

Brägger & Posse (2007) führen in ihrem integrativen Modell Qualitäts- und Gesundheitsentwicklung von Schule zusammen. Sie verknüpfen vieles, das wir über die Leistungsfähigkeit von Menschen und Systemen wissen, zu einem Konzept, nach dem Lehrerinnen und Lehrer besser lehren und Schülerinnen und Schüler sich in der Schule wohlfühlen und dadurch besser lernen. Sie sehen Schule als lebendigen Organismus, der atmende Lehrende und Lernende schafft! Atmende Organisationen oszillieren zwischen den paradoxen Anforderungen, die heute an sie gestellt werden. Der Lern-, Schul- und Bildungserfolg der Schülerinnen und Schüler ist für sie der erforderliche Herzschlag, um den Organismus fit zu halten. Dazu braucht er Energie! Die Autoren bauen auf die Leistungsqualität von Schule, die aufgrund der Anregungen zur Förderung von Gesundheit aller an Schule Beteiligten zur Lebensqualität wird.

 EINLADUNG ZUR DISKUSSION

> ▸ Wie lebendig ist Ihre Schule? Inwieweit wirkt sie bildend, stärkend und inspirierend auf die Menschen, die dort leben und arbeiten?
> Sie sind eingeladen, die Checkliste auf S. 168 für eine Ist-Analyse nach den Prinzipien einer lebendigen Lernenden Schule zu verwenden!

## 4.4 Bausteine für ein handlungsorientiertes Design einer Lernenden Schule[1]

Für viele Schulen ist der Schritt in Richtung einer lebendigen Lernenden Schule eine große Herausforderung, denn die Erarbeitung von schulinternen Curricula und deren Zentrierung in Schulprogrammen wird vielfach mit einem veränderten beziehungsweise neuen Selbstverständnis verbunden sein. Der Unterricht war bisher weitgehend durch komplexe und hoch ausdifferenzierte Lehrplanvorgaben „geregelt". Entsprechend fühlten sich Fachkonferenzen und Fachgruppen von schulinternen curricularen Arbeiten weitgehend entlastet und beschränkten sich häufig auf Entscheidungen über Schulbücher, Medien oder Fragen der Leistungskontrolle. Mit der Einführung von Bildungsstandards und der rückläufigen Bedeutung herkömmlicher Lehrpläne wächst den selbständiger werdenden Schulen eine neue curriculare Verantwortung zu, die im Hinblick auf die vorgegebenen Bildungsstandards und entsprechend zugeordneten Kompetenzen beziehungsweise Lernergebnissen mit neuen Anforderungen verbunden ist. Das betrifft die notwendige Zusammenarbeit in der Fachkonferenz und mit anderen Schul-Teams, die (innovative) Arbeit mit pädagogischer Diagnostik und Kompetenzen beziehungsweise Lernergebnissen von Schülerinnen und Schülern sowie absehbar auch einen größeren Einsatz von Zeit für die Zusammenarbeit mit Kolleginnen und Kollegen.

---

[1]    Teile dieses Kapitels sind eine Weiterentwicklung von Priebe & Schratz (2008).

# Prinzipien einer lebendigen Lernenden Schule – Checkliste zur Ist-Stand-Analyse

| | ja | zum Teil | nein |
|---|---|---|---|
| **Nachhaltigkeit hat höchste Priorität.** | | | |
| Die Schüler und Schülerinnen erwerben nachhaltige Kompetenzen. | ☐ | ☐ | ☐ |
| Die Lehrer und Lehrerinnen erwerben nachhaltige Kompetenzen. | ☐ | ☐ | ☐ |
| Die Schulleitung erwirbt nachhaltige Kompetenzen. | ☐ | ☐ | ☐ |
| Strukturen und Prozesse sind tragfähig über die Gegenwart hinaus. | ☐ | ☐ | ☐ |
| Innovationen und Änderungen sind langlebig. | ☐ | ☐ | ☐ |
| Erneuerungen sind nicht von bestimmten aktuellen Rahmenbedingungen abhängig. | ☐ | ☐ | ☐ |
| **Die Schule passt sich an die Umgebung an und baut auf lokale Ressourcen.** | | | |
| Die Schule ist fest in der lokalen sozialen Architektur eingebettet. | ☐ | ☐ | ☐ |
| Schul- und Unterrichtsentwicklungsprozesse berücksichtigen die lokalen Gegebenheiten. | ☐ | ☐ | ☐ |
| Die Wechselwirkung zwischen Schule und Umgebung ist spürbar. | ☐ | ☐ | ☐ |
| Die Schule öffnet sich dem lokalen Umfeld. | ☐ | ☐ | ☐ |
| Die Schule räumt Platz für die Menschen ein. | ☐ | ☐ | ☐ |
| **Ergebnisse von Entwicklungsprozessen sind umfeld- und menschenfreundlich und immer nützlich für die Beteiligten.** | | | |
| Die Ergebnisse von Entwicklungsprozessen sind umfeld- und menschenfreundlich. | ☐ | ☐ | ☐ |
| Die Ergebnisse von Entwicklungsprozessen sind nützlich für die Beteiligten. | ☐ | ☐ | ☐ |
| Strukturen und Prozesse werden nicht zum Selbstzweck gestaltet. | ☐ | ☐ | ☐ |
| Entwicklung ist nicht Aktionismus, sondern bewusste Gestaltung. | ☐ | ☐ | ☐ |
| Die Schule lebt und belebt. | ☐ | ☐ | ☐ |

▶

| | ja | zum Teil | nein |
|---|---|---|---|
| **Die Schule begünstigt die Gesundheit und das Wohlbefinden aller Beteiligten.** | | | |
| Der Umgang mit Zeit wirkt positiv auf das leibliche und geistige Wohl. | ☐ | ☐ | ☐ |
| Der Umgang mit Raum wirkt positiv auf das leibliche und geistige Wohl. | ☐ | ☐ | ☐ |
| Der Umgang mit Beziehung wirkt positiv auf das leibliche und geistige Wohl. | ☐ | ☐ | ☐ |
| Jeder/jede findet für sich seinen/ihren Platz und erlebt Zugehörigkeit. | ☐ | ☐ | ☐ |
| Menschen haben Vorrang in der Schule. | ☐ | ☐ | ☐ |
| **Die Schule besteht aus integrierten Systemen, die Effizienz und Komfort maximieren.** | | | |
| Die Teilsysteme an der Schule sind integriert und bilden das Ganze. | ☐ | ☐ | ☐ |
| Die Teilsysteme an der Schule wirken reibungslos und effizient mit- und aufeinander. | ☐ | ☐ | ☐ |
| Zeitliche und energetische Ressourcen werden nicht verschwendet. | ☐ | ☐ | ☐ |
| Das Anliegen der Schule ist allen klar und Energie wird darin investiert. | ☐ | ☐ | ☐ |
| Die Schule ist „in flow", die Arbeit und Abläufe fließen. | ☐ | ☐ | ☐ |
| Es fühlt sich gut an, an dieser Schule zu sein. | ☐ | ☐ | ☐ |
| **Die Schule inspiriert die Sinne und lebt von der schöpferischen Gestaltung.** | | | |
| Die Schule spricht die Sinne positiv an (Visuelles, Klang, Temperatur, Textur, Geruch). | ☐ | ☐ | ☐ |
| Die Schule spricht die Emotionen positiv an (Aufregung, Komfort, Spannung, Leichtigkeit usw.). | ☐ | ☐ | ☐ |
| Die Schule spricht die Werte und den Intellekt positiv an (Herausforderung, Sinnhaftigkeit, Respekt, Inhaltsreichtum usw.). | ☐ | ☐ | ☐ |
| Die Menschen an der Schule sind in der Lage, schöpferisch tätig zu sein. | ☐ | ☐ | ☐ |
| Die Menschen an der Schule trauen sich, Altes loszulassen und Neues kommen zu lassen. | ☐ | ☐ | ☐ |

EINLADUNG ZUR DISKUSSION

Im Folgenden stellen wir jene zentralen Bausteine (nach Schratz & Priebe 2008) zusammen, die für das Design eines integrierten schulinternen Handlungskonzepts von besonderer Bedeutung sind. Diese Bausteine können unter anderem als

▸ *Checkliste* für eigene Entwicklungsprozesse,

▸ *Kurzanleitung* für die Durchführung schulinterner Curriculumarbeit,

▸ *Anstoß* zur Überarbeitung des Schulprogramms,

▸ *Steinbruch* für die Vorbereitung eines entwicklungsrelevanten Themas in der pädagogischen Konferenz benutzt werden.

### 4.4.1 Ohne Leadership geht es nicht

Die Schulleitung trägt eine Letzt- und Gesamtverantwortung für die Erfüllung der pädagogischen Aufgaben und hat in Verbindung damit eine unabdingbare Beratungs- und Leitungsfunktion (Leadership). Wie Leadership gelingt, ist nicht nur eine Frage von technischen Lösungen durch Werkzeuge sondern auch eine Frage von Vision und Beziehung. Ob Sie Schiffskapitän, Lebensbrunnen, Fahrer am Steuer, Mannschaftskapitän, Cheerleader oder ein anderes Bild der Schulleitungsrolle haben, Leadership ist nie ein Soloakt, sondern eine soziale Aktivität, über welche andere Menschen befähigt werden sollen, sich den jeweiligen Herausforderungen zu stellen und entsprechende Entwicklungsmaßnahmen zu setzen. Gerade die Schulleitung hat mit sehr vielen unterschiedlichen Anspruchsberechtigen (stakeholders) zu tun, die alle ihre eigenen Interessen anmelden (zum Beispiel Eltern, Schülerinnen und Schüler, Lehrerinnen und Lehrer, Gemeinde, Politiker und Politikerinnen, Öffentlichkeit etc.). Leadership kann nur über andere wirksam werden, die alle ihre eigenen Wertvorstellungen und (politischen) Agenden haben.

### 4.4.2 Die Betroffenen zu verantwortlichen Beteiligten machen

Wie gelingt es, die Betroffenen zu Beteiligten zu machen? Hier gibt es keine technischen Lösungen oder Rezepte. Wenn das so wäre, würde eine „Befehlsausgabe" genügen. Beteiligung setzt Beziehung, Sinnhaftigkeit, Verantwortung, Urheberschaft und vor allem das Vertrauen in die Wirksamkeit der Gemeinschaft voraus. Dies gilt sowohl für die Lernenden als auch die Lehrenden.

Lebendig wird eine lernende Schule erst im kontinuierlichen Streben, mit den Komplexitäten der Vielgestalt von Mensch und Organisation umzugehen. Diese (neue) Lernkultur bildet das unsichtbare und dennoch spürbare Netz der Verbindungen. Es bedeutet nicht, dass es keinen Widerstand im Rahmen von Entwicklungsprozessen gibt. Im Gegenteil, Widerstand ist ein Zeichen der Beteiligung, des Interesses und der Teilhabe an dem, was in der Schule geschieht.

### 4.4.3 Gelungenes stärken, Neues probieren

Evidenzbasierte Schul- und Unterrichtsentwicklung bedeutet, dass Gelungenes mit Gewissheit identifiziert werden kann. Hier gilt es, die Gelingensfaktoren zu stärken und bei nicht Gelungenem Neues auszuprobieren. In diesem Prozess werden Lehren und Lernen, Unterrichtsentwicklung, Unterrichtsqualität und Unterrichtsergebnisse als zentraler Kernbereich der Schulentwicklung ausgewiesen. Dabei wird der jeweilige fachspezifische Bereich mit anderen Schulentwicklungsvorhaben und Projekten explizit verbunden. Nicht ein Einheitsbrei bildet die Summe der fachlichen Beiträge, vielmehr lebt das Schulprogramm von der Eigenheit des jeweiligen Faches, davon, was es jeweils zum Gesamtensemble beitragen kann. Dabei geht es um die Klärung der Fragen, was im Hinblick auf die neuen Anforderungen mit den jeweils in der Schule vorhandenen Ressourcen des Wissens und Könnens bewältigt werden kann, wobei schulexterne Fortbildung und Beratung erforderlich sein kann, etwa durch Angebote von Fortbildungsinstituten. Dadurch wird nicht zuletzt auch die Wirksamkeit der Entwicklungsmaßnahmen erhöht.

### 4.4.4 Schülerinnen und Schüler sowie ihre Eltern gehören dazu

Eltern und Erziehungsberechtigte sind nicht nur Adressaten von neuen Informationen, sondern wichtige Partnerinnen und Partner in der Realisierung eines Qualitätsdenkens, das nicht nur von Verhalten, sondern vor allem durch Haltung spürbar wird. Ebenso informieren Klassenleitungen die Klassensprecherinnen und -sprecher und diskutieren in Abständen mit den Schülerinnen und Schülern darüber, was sich die Schule insgesamt vorgenommen hat und wo sie bei der Durchführung dieser Vorhaben steht. Dabei gilt es, Schülerinnen und Schüler schon in frühem Alter als Partner ernst zu nehmen, damit sie nicht Konsumenten, sondern aktive Partner im Prozess des Erwerbs neuen Wissens, Verstehens und Könnens werden (vgl. Schratz & Weiser 2002).

### 4.4.5 Freiheit braucht Verantwortung, Verantwortung braucht Freiheit

Evaluationsinstrumente und -verfahren in den einzelnen Fächern sind unterschiedlich. Jede/jeder ist im Klaren darüber, welche Verantwortung sie/er trägt und in welcher Rolle er/sie wirksam wird. Zum Beispiel tragen die Fachkonferenz- und -gruppenleitungen Verantwortung für die vereinbarte Unterrichtsevaluation und für deren Rückmeldung an die Steuergruppe. Die Leitungen der pädagogischen Projekte und Maßnahmen evaluieren ihre Arbeit zu den vereinbarten Terminen mit den ebenfalls festgelegten Methoden und melden die Ergebnisse an die Steuergruppe. Auf dieser Basis evaluiert die Steuergruppe gemeinsam mit der Schulleitung den gesamten Arbeitsprozess des Schul- oder Qualitätsprogramms. Die Schulleitung erstellt auf dieser Grundlage einen Rechenschaftsbericht für die Schulaufsicht beziehungsweise präsentiert und diskutiert unter Beteiligung aller Verantwortlichen die Ergebnisse in der Schulöffentlichkeit und ihren Gremien. Diese Verantwortung tragen alle in der Schulgemeinschaft. Dafür brauchen sie den Freiraum, das Wie zu gestalten, damit innere Schulreform kontextspezifisch und stimmig gestaltet werden kann.

### 4.4.6 Form folgt Funktion

Louis Sullivan, ein berühmter Architekt des 19. Jahrhunderts, prägte in der Architektur das übergeordnete Prinzip „Form folgt Funktion". Mit Funktion werden alle Kriterien für die Nutzbarkeit einer Struktur gemeint sowie Wahrnehmung und Sinnenfreude, nicht nur praktischer Art sondern auch ästhetisch, psychologisch und kulturell. Dieses Designprinzip ermöglicht neues Denken und neue Lösungen. Ausgehend von einem neuen Lernbegriff, den Bedürfnissen der Menschen und den wesentlichen Zielen im Sinne des Bildungsauftrags, wird Schule nach praktischen, ästhetischen, psychologischen und kulturellen Funktionen gestaltet.

Der Planungsrahmen für Schul- und Unterrichtsentwicklung respektiert die jeweils eigenen Aufgaben und Arbeitsprozesse in den unterschiedlichen Arbeitsbereichen der Schule. Auch hier gilt die eigene Entwicklungskraft der fachlichen Anliegen als Angelpunkt von Vorhaben. Zugleich wird aber von der Sache und den beteiligten beziehungsweise verantwortlichen Personen her für die ziel- und ergebnisbezogene Verbindung der verschiedenen Arbeitsbereiche unter dem Dach des Schul- oder Qualitätsprogramms Sorge getragen. Wenn etwa der Fachbereich Mathematik mit Portfolios als Teil der Leistungsbewertung arbeitet, stellt sich zunächst die Frage, wie diese Bewegung eine gesamtschulische Diskussions- und Entwicklungsdynamik in Gang bringen kann. In weiterer Folge werden die Gestaltung und eventuell neue Formen für die neuen Funktionen mitgedacht.

### 4.4.7 Lernen ist Programm

Lernseitige Entwicklung bedeutet, dass die Schule die Erschließung der Welt für die Lernenden ermöglicht. Diese Erschließung trägt dazu bei, dass sich die Schule ihrem ganzheitlichen Anspruch konstruktiv und zielführend an Bildung und Lernerfolgen der Schülerinnen und Schüler ausrichtet. Lernen ist nicht nur ein Teil der Schule, Lernen ist Schule.

## 4.5 Auch Systeme sind lernfähig

Die bisherigen Ausführungen haben die zunehmende Verantwortung der Schule als Handlungseinheit für die Bildungsprozesse der Schülerinnen und Schüler aufgezeigt, was sich auch in der Professionalisierung der Lehrerinnen und Lehrer widerspiegelt. Bildungssysteme und ihre Entwicklung sind Teil gesellschaftlicher – und darin: ökonomischer – Prozesse und tief in diese eingebettet. Durch die Globalisierung in vielen Lebensbereichen haben die „Ergebnisse" des Schul- und Bildungssystems wesentlichen Einfluss auf die gesellschaftliche Entwicklung (Wirtschaft, Politik, Kultur etc.). So wird etwa im deutschsprachigen Raum immer wieder auf die Erfolge der skandinavischen Länder verwiesen mit dem Hinweis, *dass Wohlfahrtsstaaten so reformiert werden können, dass sie flexibler werden und in der globalisierten Welt wettbewerbsfähig sind. Das neue europäische Modell ist nicht das alte, es hat drei Adjektive: effizient, sozial und ökologisch. Wer das erste Adjektiv vergisst, erschwert das zweite und das dritte.*

(Aiginger 2006, 25)

Es genügt nicht mehr, Lehrpersonen über Aus- und Fortbildung zu qualifizieren. Das Bildungssystem als Ganzes ist gefordert, zu einem *Lernenden System* zu werden, dessen Akteurinnen und Akteure bereit sind, Strukturen so zu gestalten, dass sie den jeweiligen Anforderungen entsprechen. Daraus ergeben sich neue Rollenanforderungen, wie sie etwa Michael Fullan (2005, 11) fordert:

*Wir benötigen eine radikal neue Denkweise, um die scheinbar schwer zu vereinbarenden Dilemmata zu lösen, die eine Grundvoraussetzung für nachhaltige Reform sind: top-down gegenüber bottom-up, lokale vs. zentrale Verantwortlichkeit, sachkundige Vorgabe und informierte professionelle Entscheidung, Entwicklung, die immer wieder neu belebt wird. [...] Wir benötigen system thinkers in action, das sind Führungspersonen auf allen Systemebenen, die proaktiv und selbstverständlich mit den weiteren Teilen des Systems interagieren, indem sie die Reform vertiefen sowie dazu beitragen, dass sie weitere Führungspersonen bilden, die am selben Anliegen arbeiten. Sie sind einerseits theoretisch versiert, aber zugleich Praktiker/innen, deren Theorien in der täglichen Arbeit gelebt werden. Sie bringen ihre Ideen in die täglichen Interaktionen ein, die einen Unterschied machen.*

Dieser radikale Ansatz von Fullan sieht über die Auflösung der üblichen Gegenpole im Bildungswesen einen neuen Weg globalen Denkens und lokalen Handelns. So stellen Dezentralisierung und höhere Selbständigkeit beziehungsweise erweiterte Eigenständigkeit von Schulen und die Verschiebung von finanziellen Zuständigkeiten, weg von Schulbehörden hin zu den Einzelschulen alleine noch keinen Garant für die Verbesserung der Schul- und Unterrichtsqualität dar. Reformansätze sind für ihn erst dann erfolgreich, wenn sie sich auf die Bildungsprozesse der Schülerinnen und Schüler auswirken. Somit ist im gesamten Schulsystem Leadership for Learning gefragt (vgl. MacBeath & Cheng 2008), welche die Übernahme von Verantwortung auf allen Systemebenen zum Thema macht, um die Distanz zwischen Policy und Praxis neu zu bestimmen.

Hargreaves und Shirley (2009) plädieren daher für einen notwendigen „Vierten Weg" der Entwicklung von Bildungssystemen. Der „Erste Weg" schulischer Veränderungen besteht für sie aus einem Mix von Innovation und Inkonsistenz im Bildungswesen, wodurch sich Professionalität nicht nachhaltig entfalten konnte. Entwicklungen sind nicht kohärent, sodass professionelles Handeln einzelner Lehrpersonen zu keiner systemischen Verbesserung führt. Der „Zweite Weg" versucht über Marktorientierung und Standardisierung eine Vergleichbarkeit (zum Beispiel über Rankings) herzustellen, geht ihrer Einschätzung nach aber auf Kosten von Motivation und Urheberschaft (Deprofessionalisierung von Lehrerinnen und Lehrern). Der „Dritte Weg" sucht den Weg aus der bürokratischen Reform durch die Auflösung der top-down- und bottom-up-Dichotomie über „strukturellen Pluralismus" (ebenda, 12). Dazu dienen Formen des personalisierten Lernens und einer neuen Partnerschaft zwischen Akteuren und Akteurinnen und Schulbehörde:

> *Befürworter des „Dritten Wegs" haben die einsetzende Bewusstwerdung ins Gespräch gebracht, dass Bildung am Beginn des 21. Jahrhunderts über die Kontrolle von eigennützig denkenden Professionellen unter lockerem Fortschrittsglauben und über das undurchschaubare Dickicht der Vorschreibung und Standardisierung hinausgehen muss, um Leistungsfähigkeit nicht einzuschränken und Initiativen zu unterdrücken.* (Hargreaves & Shirley, 19)

Für Hargreaves & Shirley ist der „Vierte Weg" jener der Inspiration und Innovation, der Verantwortung und Nachhaltigkeit. „[E]r vereint Policy der Regierung, professionelle Mitwirkung und öffentliches Engagement mit einer inspirierenden gesellschaftlichen und pädagogischen Vision über Wohlstand, Zukunftschancen und Kreativität in einer Welt größerer Inklusion, Sicherheit und Menschlichkeit" (ebenda, 71). Zur Umsetzung dieser anspruchsvollen Vision sind für sie auf der Basis der von ihnen analysierten Erfahrungen internationaler Entwicklungen die folgenden sechs Pfeiler von Zielorientierung und Partnerschaft erforderlich (ebenda, 73):

▸ eine inspirierende und inklusive Vision
▸ starkes öffentliches Engagement
▸ Leistung durch Beteiligung
▸ von allen getragene Verantwortung für Bildung
▸ Schülerinnen und Schüler als Partner im Reformprozess
▸ Aufmerksamkeit im Lernen und Lehren

So einleuchtend diese Erfordernisse erscheinen, umso schwerer sind sie im Spannungsfeld globalen Denkens und lokalen Handelns umsetzbar. Denn ein solcher (Vierter) Weg erfordert die Bereitschaft, innezuhalten und sich Klarheit zu verschaffen, wohin Reformen führen. Es ist leichter, einem vorgegebenen Weg zu folgen als einen neuen einzuschlagen. Dennoch ergeben sich daraus neue Impulse für die Qualitätsentwicklung von Schulen und Bildungssystemen, die das visionäre Moment in Innovationsbezügen stärker berücksichtigt, die Öffentlichkeit in die Qualitätsentwicklung einbezieht und die Schülerinnen und Schüler sowie deren Lernen erreicht.

# Literaturverzeichnis

Aiginger, K. (2006). Die Zukunft Europas. In: Androsch, H., Krejci, H. & Weiser, P. (Hrsg.): Das Neue Österreich. Denkanstöße. Wien: Carl Gerold's Sohn Verlagsbuchhandlung, S. 25–60.

Arens, S. & Mecheril, P. (2010). Schule – Vielfalt – Gerechtigkeit. Schlaglichter auf ein Spannungsverhältnis, das die politische und erziehungswissenschaftliche Diskussion in Bewegung gebracht hat. In: Lernende Schule, Jg. 13, H. 49, S. 9–11.

Arnold, P. (2003). Kooperatives Lernen im Internet. Qualitative Analyse einer Community of Practice im Fernstudium. Münster u. a.: Waxmann.

Barth, R. (2000). Vorwort. In: Wald, P. J. & Castleberry, M. (Hrsg.): Educators as Leaders: Establishing a Professional Learning Community in Your School. Virginia: Association for Supervision and Curriculum Development.

Bauer, J. (2007). Lob der Schule. Hamburg: Hoffmann und Campe.

Baumert, J. (2001). Vergleichende Leistungsmessung im Bildungsbereich. In: Oelkers, J. (Hrsg.): Zukunft der Bildung. 43. Beiheft der Zeitschrift für Pädagogik, S. 13–36.

Berkebile, B. & McLennan, J. (2004). The Living Building: Biomimicry in Architecture, Integrating Technology with Nature. http://jasonmclennan.com/articles/The_Living_Building.pdf [recherchiert am 7. 7. 2010].

Black, P. & Wiliam, D. (1998). Inside the Black Box: Raising Standards through Classroom Assessment. In: Phi Delta Kappan, Jg. 80, H. 2, S. 139–148.

Bohm, D. (1998). Der Dialog. Das offene Gespräch am Ende der Diskussionen. Stuttgart: Klett-Cotta.

Bolam, R., McMahon, A., Stoll, L., Thomas, S. & Wallace, M. (2005). Creating and Sustaining Effective Professional Learning Communities. London: Department of Education and Skills.

Bonsen, M. (2007). Das Kollegium als Professionelle Lerngemeinschaft. Schuleigene Curricula brauchen die Koordinierung der Lehrkräfte und Fachkonferenzen. In: Lernende Schule, Jg. 10, H. 37/38, S. 16–18.

Bos, W., Bonsen, M., Baumert, J., Prenzel, M., Selter, C. & Walther, G. (Hrsg.) (2008). TIMSS 2007: Mathematische und naturwissenschaftliche Kompetenzen von Grundschulkindern in Deutschland im internationalen Vergleich. Münster u. a.: Waxmann.

Böttcher, W. & Philipp, E. (Hrsg.) (2000). Mit Schülern Unterricht und Schule entwickeln. Vermittlungsmethoden und Unterrichtsthemen für die Sekundarstufe I. Weinheim u. a.: Beltz.

Brägger, G. & Posse, N. (2007). Instrumente für die Qualitätsentwicklung und Evaluation in Schulen (IQES). Wie Schulen durch eine integrierte Gesundheits- und Qualitätsförderung besser werden können. Bern: h.e.p.

Bruegelmann, H. (2001). Kontroversen um die Schulleistungsmessung in Deutschland. Eine fiktive Diskussion über Positionen und Perspektiven in verteilten Rollen. In: Weinert, F. E. (Hrsg.): Leistungsmessungen in der Schule. Weinheim u. a.: Beltz, S. 33–44.

Buhse, H. (2005). Kollegialität – Vertrauen in die Funktionsfähigkeit der Schule als eines sozialen Systems. In: Bartz, A. (Hrsg.): PraxisWissen SchulLeitung. Basiswissen und Arbeitshilfen zu den zentralen Handlungsfeldern der Schulleitung. München: Wolters Kluwer Deutschland, S. 1–10.

Burow, O.-A. & Schratz, M. (2009). Die Weisheit der Vielen nutzen: Verfahren der Großgruppenmoderation als Instrumente effektiver Schulentwicklung. In: Journal für Schulentwicklung, Jg. 13, H. 1, S. 4–15.

Collins. J. (2001). From Good to Great: Why Some Companies Make the Leap … And Others Don't. New York: HarperCollins.

175

Council on Education for Public Health. (2005). Accreditation Criteria Schools of Public Health. Washington D. C.: Council on Education for Public Health. http://www.ceph.org/pdf/Competencies_TA.pdf [recherchiert am 17. 7. 2010].

Dewey, J. (1938). Experience and Education. New York: Collier Books.

DuFour, R. (2002). The Learning-Centered Principal. In: Educational Leadership, Jg. 59, H. 8, S. 12–15.

Earl, L.M. (2003). Assessment as Learning: Using Classroom Assessment to Maximize Student Learning. Thousand Oaks, CA: Corwin Press.

Erickson, H. L. (2008). Stirring the Head, Heart, and Soul: Redefining Curriculum, Instruction, and Concept-Based Learning (Third Edition). Thousand Oaks, CA: Corwin Press.

Fauser, P., Prenzel, M. & Schratz, M. (Hrsg.) (2008). Was für Schulen! Profile, Konzepte und Dynamik guter Schulen in Deutschland. Der Deutsche Schulpreis 2007. Seelze: Klett/Kallmeyer.

Fauser, P., Prenzel, M., & Schratz, M. (Hrsg.) (2009). Was für Schulen! Wie gute Schule gemacht wird – Werkzeuge exzellenter Praxis. Der Deutsche Schulpreis 2008. Seelze: Klett/Kallmeyer.

Fauser, P., Prenzel, M. & Schratz, M. (2010). Von den Besten lernen? Was exzellente Schulen für ihre Entwicklung tun. In: Organisationsentwicklung, Jg. 29, H. 1, S. 13–20.

Fauser, P., Prenzel, M. & Schratz, M. (Hrsg.) (im Druck). Was für Schulen! Individualität und Vielfalt – Wege zur Schulqualität. Der Deutsche Schulpreis 2009. Seelze: Klett/Kallmeyer.

Fend, H. (1986). „Gute Schulen – schlechte Schulen". Die einzelne Schule als pädagogische Handlungseinheit. In: Die Deutsche Schule, Jg. 78, H. 3, S. 275–293.

Fisher, D. & Frey, N. (2009). Feed Up, Back and Forward. In: Educational Leadership, Jg. 67, H. 3, S. 20–25.

Frost, D., Durrant, J., Head, M. & Holden, G. (2000). Teacher-Led School Improvement. London & New York: Falmer Press.

Fullan, M. (2005). Leadership & Sustainability. System Thinkers in Action. Thousand Oaks, CA: Corwin Press.

Giddens, A. (1992). Die Konstitution der Gesellschaft. Grundzüge einer Theorie der Strukturierung. Frankfurt/Main u. a.: Campus.

Girmes, R. (2004). (Sich) Aufgaben stellen. Seelze: Kallmeyer.

Göhlich, M. & Zirfas, J. (2007). Lernen: Ein pädagogischer Grundbegriff. Stuttgart: W. Kohlhammer.

Goleman, D. (1996). Emotionale Intelligenz. München & Wien: Hanser.

Goodson, I. & Marsh, C. J. (1996). Studying School Subjects. London & Washington D. C.: Falmer Press.

Gruschka, A. (2009). Erkenntnis in und durch Unterricht. Empirische Studien zur Bedeutung der Erkenntnis- und Wissenschaftstheorie für die Didaktik. Wetzlar: Büchse der Pandora.

Händeler, E. (2007). Die Geschichte der Zukunft. Sozialverhalten heute und der Wohlstand von morgen. Moers: Brendow.

Harazd, B., Gieske, M. & Rolff, H.-G. (2009). Gesundheitsmanagement in der Schule. Lehrergesundheit als neue Aufgabe der Schulleitung. Köln: LinkLuchterhand.

Hargreaves, D. (2003). From Improvement to Transformation. Vortrag bei der International Conference on School Effectiveness and Improvement am 3. 1. 2003 in Sydney.

Hargreaves, A. & Shirley, D. (2009). The Fourth Way. The Inspiring Future for Educational Change. Thousand Oaks, CA: Corwin Press.

Hartkemeyer, M., Hartkemeyer, J. F. & Dhority, L. F. (1998). Miteinander Denken. Das Geheimnis des Dialogs. Stuttgart: Klett-Cotta.

Heinze, R. (2004). Keine Angst vor Veränderungen. Change-Prozesse erfolgreich bewältigen. Heidelberg: Carl Auer.

Helmke, A. (2009). Unterrichtsqualität und Lehrerprofessionalität. Diagnose, Evaluation und Verbesserung des Unterrichts. Stuttgart u. a.: Klett u. a.

Hentig, H. v. (1993). Die Schule neu denken. München: Hanser.

Hentig, H. v. (1996). Bildung. Ein Essay. München & Wien: Hanser.

Hentig, H. v. (2004). Einführung in den Bildungsplan 2004. Bildungsrat Baden-Württemberg. http://www.bildung-staerkt-menschen.de/service/downloads/Sonstiges/Einfuehrung_BP.pdf [recherchiert am 7. 7. 2010].

Hentig, H. v. (2006). Bewährung. Von der nützlichen Erfahrung nützlich zu sein. München: Hanser.

Höhmann, K. & Schratz, M. (2010). Eine außergewöhnliche Schule für alle. In: Fauser, P., Prenzel, M. & Schratz, M. (Hrsg.): Was für Schulen! Individualität und Vielfalt – Wege zur Schulqualität. Seelze: Klett/Kallmeyer, S. 48–57.

Holzäpfel, L. (2006). Einführung von Selbstevaluation: Unterstützung durch Prozessbegleitung. Zwischenbericht Januar 2006. http://www.lars-holzaepfel.de/daten/Bericht_Auswertung_erste_Befragung_15.pdf [recherchiert am 7. 7. 2010].

Holzäpfel, L. (2008). Beratung bei der Einführung von Selbstevaluation an Schulen. Münster: Waxmann.

Hord, S. M. (1997). Professional Learning Communities: Communities of Continuous Inquiry and Improvement. Austin, Texas: Southwest Educational Development Laboratory.

Hord, S. M. (2009). Professional Learning Communities. In: Journal of Staff Development (JSD), Jg. 30, H. 1, S. 40–43.

Huffman, J. B. & Hipp, K. K. (2003). Reculturing Schools as Professional Learning Communities. Lanham Md.: ScarecrowEducation.

Industriellenvereinigung (2007). Zukunft der Bildung: Lehrerinnen & Lehrer. Wien: Industriellenvereinigung.

Innauer, T. (2010). Am Puls des Erfolgs. Ziersdorf: Christian Seiler.

Isaacs, W. (1999). Dialogue And the Art of Thinking Together. A Pioneering Approach to Communicating in Business and in Life. New York: Currency.

Jackson, R. R. (2009). Arbeiten Sie nie härter als Ihre Schüler. Und die sechs anderen Prinzipien guten Unterrichts. Weinheim u. a.: Beltz.

Jacobs, H. H. (1997). Mapping the Big Picture. Integrating Curriculum & Assessment K-12. Virginia: Association for Supervision and Curriculum Development.

Jacobs, H. H. (2004). Getting Results with Curriculum Mapping. Alexandria VA: Association for Supervision and Curriculum Development.

Juul, J. & Jensen, H. (2005). Vom Gehorsam zur Verantwortung. Für eine neue Erziehungskultur. Weinheim: Beltz.

Klaffke, T. & Priebe, B. (2010a). Editorial. In: Lernende Schule, Jg. 13, H. 49, S. 1.

Klaffke, T. & Priebe, B. (2010b). Keinen aufgeben! In: Lernende Schule, Jg. 13, H. 49, S. 4–8.

Kleber, E. W. (1978). Funktion von Leistungsmessung und Leistungsbeurteilung für die Gesellschaft und das Individuum. In: Stephan, E. & Schmidt, W. (Hrsg.): Messen und Beurteilen von Schülerleistungen. München, Wien & Baltimore: Urban und Schwarzenberg, S. 37–55.

Kleber, E. W. (1992). Diagnostik in pädagogischen Handlungsfeldern: Einführung in Bewertung, Beurteilung, Diagnose und Evaluation. Weinheim & München: Juventa.

Klieme, E., Avenarius, H., Blum, W., Döbrich, P., Gruber, H. Prenzel, M., Reiss, K., Riquarts, K., Rost, J. Tenorth, H.-E., Vollmer, H.J. (2003). Zur Entwicklung nationaler Bildungsstandards. Eine Expertise. Bonn & Berlin: Bundesministerium für Bildung und Forschung.

Klinger, U. (Hrsg.) (2008). Mit Kompetenz Unterricht entwickeln. Fortbildungskonzepte und -materialien. Ergebnisse des KMK-Projekts for.mat – Fortbildungskonzepte und -materialien zur kompetenz- bzw. standardsbasierten Unterrichtsentwicklung. Speyer: Bildungsverlag EINS.

177

Klinger, U. & Uhl-Kling, S. (2008). Kompetenzbasierte Unterrichtsentwicklung konkret – eine Entwicklungsspirale für Fachkonferenzarbeit. In: Mit Kompetenz Unterricht entwickeln. Fortbildungskonzepte und -materialien. Ergebnisse des KMK-Projekts for.mat – Fortbildungskonzepte und -materialien zur kompetenz- bzw. standardsbasierten Unterrichtsentwicklung. Speyer: Bildungsverlag EINS, S. 127–131.

KMK (Konferenz der Kultusminister der Länder in der Bundesrepublik Deutschland) (2005a). Beschlüsse der Kultusministerkonferenz: Bildungsstandards im Fach Deutsch für den Primarbereich, Beschluss vom 15. 10. 2004. München: Wolters Kluwer. http://www.kmk.org/fileadmin/veroeffentlichungen_beschluesse/2004/2004_10_15-Bildungsstandards-Deutsch-Primar.pdf [recherchiert am 4. 1. 2010].

KMK (Konferenz der Kultusminister der Länder in der Bundesrepublik Deutschland) (2005b). Beschlüsse der Kultusministerkonferenz: Bildungsstandards im Fach Deutsch für den Hauptschulabschluss, Beschluss vom 15. 10. 2004. München: Wolters Kluwer. http://www.kmk.org/fileadmin/veroeffentlichungen_beschluesse/2004/2004_10_15-Bildungsstandards-Deutsch-Haupt.pdf [recherchiert am 7. 7. 2010].

KMK (Konferenz der Kultusminister der Länder in der Bundesrepublik Deutschland) (2005c). Beschlüsse der Kultusministerkonferenz: Bildungsstandards im Fach Mathematik für den Hauptschulabschluss, Beschluss vom 15. 10. 2004. München: Wolters Kluwer. http://www.kmk.org/fileadmin/veroeffentlichungen_beschluesse/2004/2004_10_15-Bildungsstandards-Mathe-Haupt.pdf [recherchiert am 7. 7. 2010].

KMK (Konferenz der Kultusminister der Länder in der Bundesrepublik Deutschland) (2005d). Beschlüsse der Kultusministerkonferenz: Bildungsstandards für die erste lebende Fremdsprache (Englisch, Französisch) für den Hauptschulabschluss, Beschluss vom 15. 10. 2004. München: Wolters Kluwer. http://www.kmk.org/fileadmin/veroeffentlichungen_beschluesse/2004/2004_10_15-Bildungsstandards-ersteFS-Haupt.pdf [recherchiert am 7. 7. 2010].

KMK (Konferenz der Kultusminister der Länder in der Bundesrepublik Deutschland) (2005e). Beschlüsse der Kultusministerkonferenz: Bildungsstandards im Fach Biologie für den Mittleren Schulabschluss, Beschluss vom 16. 10. 2004. München: Wolters Kluwer. http://www.kmk.org/fileadmin/veroeffentlichungen_beschluesse/2004/2004_12_16-Bildungsstandards-Biologie.pdf [recherchiert am 7. 7. 2010].

KMK (Konferenz der Kultusminister der Länder in der Bundesrepublik Deutschland) (2005f). Beschlüsse der Kultusministerkonferenz: Bildungsstandards im Fach Mathematik für den Primarbereich, Beschluss vom 15. 10. 2004. München: Wolters Kluwer. http://www.kmk.org/fileadmin/veroeffentlichungen_beschluesse/2004/2004_10_15-Bildungsstandards-Mathe-Primar.pdf [recherchiert am 7. 7. 2010].

KMK (Konferenz der Kultusminister der Länder in der Bundesrepublik Deutschland) (2009). Konzeption der Kultusministerkonferenz zur Nutzung der Bildungsstandards für die Unterrichtsentwicklung, Beschluss der Kultusministerkonferenz vom 10. 12. 2009. http://www.kmk.org/fileadmin/veroeffentlichungen_beschluesse/2009/2009_12_10-Konzeption-Bildungsstandards.pdf [recherchiert am 7. 7. 2010].

Krainz-Dürr, M. (1999). Wie kommt Lernen in die Schule? Zur Lernfähigkeit der Schule als Organisation. Innsbruck & Wien: StudienVerlag.

Kruse, P. (2004). Next Practice. Erfolgreiches Management von Instabilität. Veränderung durch Vernetzung. Offenbach: Gabal.

Liket, T. M. E. (1995). Freiheit und Verantwortung. Das niederländische Modell des Bildungswesens. Gütersloh: Bertelsmann Stiftung.

Lortie, D. C. (1975). Schoolteacher. A Sociological Study. Chicago: University of Chicago Press.

Louis, K. S., Kruse, S. D. & Marks, H. M. (1996). Schoolwide Professional Community. In: Newmann, F. M. (Hrsg.): Authentic Achievement. Restructuring Schools for Intellectual Quality. San Francisco: Jossey-Bass, S. 179–203.

Luhmann, N. (1972/2002). Das Erziehungssystem der Gesellschaft. Frankfurt am Main: Suhrkamp.

Maag Merki, K. (2005). Wissen, worüber man spricht. In: Becker, G. u. a. (Hrsg.): Unterrichten zwischen Kompetenzen, zentralen Prüfungen und Vergleichsarbeiten: Standards (Friedrich Jahresheft XXIII), S. 12 f.

MacBeath, J. (1999). Schools Must Speak for Themselves. London: Routledge.

MacBeath, J., Schratz, M., Meuret, D. & Jakobsen, L. B. (2000). Self-Evaluation in European Schools. A Story of Change. London u. a.: Routledge.

MacBeath, J., Frost, D., Swaffield, S. & Waterhouse, J. (2006). Making the Connections: The Story of a Seven Country Odyssey in Search of a Practical Theory. Cambridge: University of Cambridge.

MacBeath, J. & Cheng, Y.-C. (Hrsg.) (2008). Leadership for Learning: International Perspectives. Rotterdam: SensePublishers.

MacGilchrist, B., Myers, K. & Reed, J. (1997). The Intelligent School. London: Paul Chapman.

Manen, M. v. (1991). The Tact of Teaching. Ontario: Althouse Press.

Marzano, R. J. (2000). A New Era of School Reform: Going Where the Research Takes Us. Aurora, CO.: Mid-Continent Research for Education and Learning.

Marzano, R. J. (2003). What Works in Schools: Translating Research into Action. Alexandria, VA: Association for Supervision and Curriculum Development.

Marzano, R. J. (2004). Building Background Knowledge for Academic Achievement: Research on What Works in Schools. Alexandria, VA: Association for Supervision and Curriculum Development.

Marzano, R. J. (2006). The Art and Science of Teaching: A Comprehensive Framework for Effective Instruction. Alexandria, VA: Association for Supervision and Curriculum Development.

Marzano, R. J., Pickering, D. J. & Pollock, J. E. (2001). Classroom Instruction that Works: Research-Based Strategies for Increasing Student Achievement. Alexandria, VA: Association for Supervision and Curriculum Development.

Marzano, R. J., Marzano, J. S. & Pickering, D. (2003). Classroom Management that Works: Research-Based Strategies for Every Teacher. Alexandria, VA: Association for Supervision and Curriculum Development.

Marzano, R. J., Waters, T. & McNulty, B. (2005). School Leadership that Works: From Research to Results. Alexandria, VA: Association for Supervision and Curriculum Development.

Marzano, R. J. & Waters, T. (2009). District Leadership that Works: Striking the Right Balance. Bloomington, IN: Solution Tree Press and Mid-Continent Research for Education and Learning.

McTighe, J. (2009). Integrating Understanding by Design and Differentiated Instruction, Vortrag mit Carol Ann Tomlinson. ASCD Summer Conference, Houston, Tx. 28. 6. – 1. 7. 2009.

McTighe, J. & Wiggins, G. (2004). Understanding by Design: Professional Development Workbook. Alexandria, VA: Association for Supervision and Curriculum Development.

Mehan, H. & Schratz, M. (1993). Gulliver Travels into a Math Class. In Search of Alternative Discourse in Teaching and Learning. In: International Journal for Educational Research, Jg. 19, H. 3, S. 247–264.

Menges, J., Ebersbach, L. & Welling, C. (Hrsg.) (2008). Erfolgsfaktor Emotionales Kapital. Menschen begeistern, Ziele erreichen. Bern u. a.: Haupt.

Meyer, H. (2004). Was ist guter Unterricht? Berlin: Cornelsen.

Meyer-Drawe, K. (2008). Diskurse des Lernens. München: Fink.

Ministerium für Bildung, Wissenschaft, Jugend und Kultur Rheinland-Pfalz (2007). Orientierungsrahmen Schulqualität. Mainz: Ministerium für Bildung, Wissenschaft, Jugend und Kultur Rheinland-Pfalz. http://leb.bildung-rp.de/fileadmin/user_upload/leb.bildung-rp.de/Orientierungsrahmen_Schulqualitaet.pdf [recherchiert am 13. 8. 2010].

Minton D. (2005). Teaching Skills in Adult and Further Education (Third Edition). London: Thomson Learning.

Møller, J. & Schratz, M. (2008). Leadership Development in Europe. In: Lumby, J., Crow, G. & Pashiardis, P. (Hrsg.): International Handbook on the Preparation and Development of School Leaders. New York u. a.: Routledge, S. 341–366.

Mortimore, P. (1998). The Road to Improvement. Reflections on School Effectiveness. Lisse: Swets & Zeitlinger.

Muth, J. (1967). Pädagogischer Takt. Monographie einer aktuellen Form erzieherischen und didaktischen Handelns. 2., durchgesehene Auflage. Heidelberg: Quelle & Meyer.

National Council of Teachers of English (1996). Opportunity to Learn, Statement of Principles. http://www.ncte.org/positions/statements/opptolearnstandards [recherchiert am 7. 7. 2010].

National Council of Teachers of Mathematics (2000). Principles and Standards for School Mathematics. http://standards.nctm.org/document/chapter2/index.htm [recherchiert am 7. 7. 2010].

Neumann, S. & Honig, M.S. (2009). Das Maß der Dinge. Qualitätsforschung im pädagogischen Feld. In: Friebertshäuser, B. u. a. (Hrsg.): Reflexive Erziehungswissenschaft, 2. Forschungsperspektiven im Anschluss an Pierre Bourdieu. Wiesbaden: VS.

Newby, D. u. a. (2007). European Portfolio for Student Teachers of Languages. Graz: Europarat. http://www.ecml.at/mtp2/publications/C3_Epostl_E_internet.pdf [recherchiert am 7. 7. 2010].

OECD (1993). What works in Innovation? Bericht des Governing Board. Paris: OECD.

Oelkers, J. (2009). Einige Gelingensbedingungen für kompetenzorientierten Unterricht. Vortrag auf der 10. Fachtagung Empiriegestützte Schulentwicklung (EMSE) am 19. Juni 2009 in Dresden. http://paed-services.uzh.ch/user_downloads/1012/DresdenUnterricht.pdf [recherchiert am 7. 7. 2010].

oll (2003). „Wende in der Schulpolitik." In: Frankfurter Allgemeine Zeitung, 19.2.2003, Nr. 42, S. 12.

Parker, J. T. & Taylor, P.B. (1980). The Delphi Survey: CBAE through the Eyes of Leading Educators. Belmont, CA: Fearon Pitman.

Paseka, A., Schratz, M. & Schrittesser, I. (Hrsg.) (2010). Pädagogische Professionalität: quer denken – umdenken – neu denken. Impulse für next practice im Lehrerberuf. Wien: Facultas.

Pechtl, W. (2001). Zwischen Organismus und Organisation. Linz: Landesverlag.

Peschel, F. (2002a). Offener Unterricht – Idee, Realität, Perspektive und ein praxiserprobtes Konzept zur Diskussion. Teil I: Allgemeindidaktische Überlegungen. Teil II: Fachdidaktische Überlegungen. Baltmannsweiler: Schneider Verlag Hohengehren.

Peschel, F. (2002b). Öffnung des Unterrichts – ein Stufenmodell. In: Bartnitzky, H. & Christiani, R. (Hrsg.): Berufseinstieg: Grundschule. Leitfaden für Studium und Vorbereitungsdienst. Berlin: Cornelsen Scriptor, S. 235–239.

Pikowsky, B. (2007). Wer wird über was orientiert? In: Lernende Schule, Jg. 10, H. 40, S. 9–13.

Pongratz, L. (2007). Plastikwörter: Notizen zur Bildungsreform. In: Engagement. Zeitschrift für Erziehung und Schule, Jg. 25, H. 3, S. 161–170.

Popham, W. J. (2003). Test Better, Teach Better: The Instructional Role of Assessment. Virginia: Association for Supervision and Curriculum Development.

Prenzel, M., Artelt, C., Baumert, J., Blum, W., Hammann, M., Klieme, E., Pekrun, R. (Hrsg.) (2007). PISA 2006. Die Ergebnisse der dritten internationalen Vergleichsstudie. Münster: Waxmann.

Priebe, B. & Schratz, M. (2004). Unterrichtsentwicklung ohne Schulentwicklung? Vom fachlichen Lernen zur Schulqualität. In: Lernende Schule, Jg. 7, H. 28, S. 4–9.

Priebe, B. & Schratz, M. (2007). Warum wir die Schulinspektion brauchen. Und warum wir dabei trotzdem achtsam und kritisch bleiben müssen. In: Lernende Schule, Jg. 10, H. 40, S. 4–8.

Priebe, B. & Schratz, M. (2008). Schuleigene Curricula. Kollegiale Unterrichtsentwicklung als Schulentwicklung. In: Lernende Schule, Jg. 10, H. 37/38, S. 4–8.

Rolff, H.-G. (2007). Studien zu einer Theorie der Schulentwicklung. Weinheim u. a.: Beltz.

Romhardt, K. (2002). Wissensgemeinschaften. Orte lebendigen Wissensmanagements; Dynamik, Entwicklung, Gestaltungsmöglichkeiten. Zürich: Versus.

Rudduck, J. & Flutter, J. (2004). How to Improve Your School. Giving Pupils a Voice. London, New York: Continuum.

Rürup, M. (2007). Innovationswege im deutschen Bildungssystem. Die Verbreitung der Idee „Schulautonomie" im Ländervergleich. Wiesbaden: VS Verlag.

Salcher, A. (2008). Der talentierte Schüler und seine Feinde. Salzburg: Ecowin.

Sammons, P. (1999). School Effectiveness. Coming of Age in the Twenty-First Century. Lisse: Swets & Zeitlinger.

Savage, K. L. (1993). Literacy Through a Competency-Based Education Approach. In: Crandall, J. & Kreeft Peyton, J. (Hrsg.): Approaches to Adult ESL Literacy Instruction. McHenry, Illinois: Center for Applied Linguistics and Delta Systems Co., Inc. S. 15–33.

Scharmer, C. O. (2009). Theorie U: Von der Zukunft her führen. Presencing als soziale Technik. Heidelberg: Carl Auer.

Schattenhofer, K. & Velmerig, C. O. (2004). Arbeit im Team oder Arbeit am Team? In: Velmerig, C. O., Schattenhofer, K. & Schrapper, C. (Hrsg.): Teamarbeit. Konzepte und Erfahrungen – eine gruppendynamische Zwischenbilanz. Weinheim u. a.: Juventa, S. 7–17.

Schein, E. H. (2009). Helping. How to Offer, Give, and Receive Help. San Francisco: Berrett-Koehler Pub.

Schirlbauer, A. (2008). 37 Elefanten. Oder: Kann man ohne Lerntheorie unterrichten? In: Mitgutsch, K., Sattler, E., Westphal, K. & Breinbauer, M. (Hrsg.): Dem Lernen auf der Spur. Die Pädagogische Perspektive. Stuttgart: Klett-Cotta, S. 197–211.

Schratz, M. (1996). Gemeinsam Schule lebendig gestalten. Anregungen zu Schulentwicklung und didaktischer Erneuerung. Weinheim u. a.: Beltz.

Schratz, M. (2000). Qualitätssicherung zwischen Selbststeuerung und Kontrolle. In: Bildungs- und Förderungswerk der GEW (Hrsg.): Was leisten Leistungsvergleiche (nicht)? Frankfurt am Main: GEW, S. 221–239.

Schratz, M. (2003). Qualität sichern: Programme entwickeln. Seelze: Kallmeyer.

Schratz, M. (2009a). „Lernseits" von Unterricht. Alte Muster, neue Lebenswelten – was für Schulen? In: Lernende Schule, Jg. 12, H. 46/47, S. 16–21.

Schratz, M. (2009b). Leistungsfähigkeit von Schule als geteilte Führungsaufgabe. In: Berkemeyer, N., Bonsen, M. & Harazd, B. (Hrsg.): Perspektiven der Schulentwicklungsforschung. Festschrift für Hans-Günter Rolff. Weinheim u. a.: Beltz, S. 84–102.

Schratz, M., Jakobsen, L. B., MacBeath, J. & Meuret, D. (2002). Serena, oder Wie Menschen ihre Schule verändern. Schulentwicklung und Selbstevaluation in Europa. Innsbruck, Wien u. a.: Studien Verlag.

Schratz, M. & Schrittesser, I. (2007). Weißbuch LehrerInnenbildung. Bundesministerium für Bildung, Kunst und Kultur. Wien.

Schratz, M. & Schrittesser, I. (im Druck). Was müssen Lehrerinnen und Lehrer in Zukunft wissen und können? In: Berner, H. & Isler, R. (Hrsg.): Lehrer-Identität – Lehrer-Rolle – Lehrer-Handeln. (Grundlagen für die Aus- und Weiterbildung von Lehrerinnen und Lehrern, 8.)

Schratz, M., Schrittesser, I., Forthuber, P., Pahr, G., Paseka, A. & Seel, A. (2007). Domänen von Lehrer/innenprofessionalität. Entwicklung von Professionalität im internationalen Kontext (EPIK). In: Journal für LehrerInnenbildung, Jg. 7, H. 2, S. 70–80.

Schratz, M., Schrittesser, I., Forthuber, P., Pahr, G., Paseka, A. & Seel, A. (2008). Domänen von Lehrer/innen/professionalität: Rahmen einer kompetenzorientierten Lehrer/innen/bildung. In: Kraler, Ch. & Schratz, M. (Hrsg.): Wissen erwerben, Kompetenzen entwickeln. Modelle zur kompetenzorientierten Lehrerbildung. Münster: Waxmann, S. 123–137.

Schratz, M. & Steiner-Löffler, U. (1998). Die Lernende Schule: Arbeitsbuch pädagogische Schulentwicklung. Weinheim: Beltz.

Schratz, M. & Thurn, S. (2002). Schulreformer, kommst du nach PISA … berichte, du habest auch Schülerinnen und Schüler gesehen: unterwegs! In: Lernende Schule, Jg. 5, H. 19, S. 11–17.

Schratz, M. & Weiser, B. (2002). Dimensionen für die Entwicklung der Qualität von Unterricht. In: Journal für Schulentwicklung, Jg. 6, H. 4, S. 36–47.

Schrittesser, I. (2004). Professional Communities. Beiträge der Gruppendynamik zur Entwicklung professionalisierten Handelns. In: Hackl, B. & Neuweg, G. H. (Hrsg.): Zur Professionalisierung pädagogischen Handelns. Münster: LIT, S. 131–150.

Senge, P. M. (1996). Die Fünfte Disziplin – Kunst und Praxis der lernenden Organisation. Stuttgart: Klett-Cotta.

Sergiovanni, T. J. (2005). Strengthening the Heartbeat. Leading and Learning Together in Schools. San Francisco: Jossey-Bass.

Seydel, O. (2008). Dabei sein ist mehr. Die Akademie des Deutschen Schulpreises. In: Pädagogische Führung, Jg. 19, H. 1, S. 19 f.

Siskin, L. S. (1994). Realms of Knowledge: Academic Departments in Secondary Schools. London & Washington D. C.: Falmer.

Slavin, R. E. (2007). Evidence-Based Reform in Education: What Will It Take? Vortrag bei der European Conference on Educational Research, Ghent, Belgien, 19. 9. 2007.

Stenhouse, L. (1975). An Introduction to Curriculum Research and Development. London: Heinemann.

Stenhouse, L., Rudduck, J. & Hopkins, D. (1985). Research as a Basis for Teaching. Readings from the Work of Lawrence Stenhouse. London, Portsmouth NH: Heinemann Educational Books.

Stiggins, R. J. (2006). Assessment for Learning: A Key to Motivation and Achievement. In: Edge, Jg. 2, H. 2, S. 3–19.

Stiggins, R. J. & Chappuis, S. (2002). Classroom Assessment for Learning. In: Educational Leadership, Jg. 60, H. 1, S. 40–43.

Stiggins, R. J., Arter, J., Chappuis, J. & Chappuis, S. (2005). Classroom Assessment for Student Learning: Doing It Right – Using It Well. Boston: Allyn & Bacon.

Stoll, L. & Louis, K. S. (2007). Professional Learning Communities. Divergence, Depth and Dilemmas. Maidenhead: Open University Press.

Surowiecki, J. (2007). Die Weisheit der Vielen. Warum Gruppen klüger sind als Einzelne. München: Wilhelm Goldmann.

Thüringer Ministerium für Bildung, Wissenschaft und Kultur (1999). Lehrplan für die Grundschule und für die Förderschule mit dem Bildungsgang der Grundschule 1999. http://www.thillm.de/thillm/pdf/lehrplan/gs/gs_lp_de.pdf [recherchiert am 1. 8. 2010].

Tomlinson, C. A. (2003). Fulfilling the Promise of the Differentiated Classroom. Alexandria, VA: Association for Supervision and Curriculum Development.

Tomlinson, C. A. (2010). Differentiated Instruction for Administrators/Leaders. Vortrag bei der ASCD Professional Development Conference vom 16.–18. 4. 2010 in Rom.

Tomlinson, C. A., Brimion, K. & Narvaez, L. (2008). The Differentiated School: Making Revolutionary Changes in Teaching and Learning. Alexandria, VA: Association for Supervision and Curriculum Development.

Tye, B. B. (2000). Hard Truths: Uncovering the Deep Structure of Schooling. New York: Teachers College Press.

Ulrich, H. & Probst, G. J. B. (1991). Anleitung zum ganzheitlichen Denken und Handeln. Bern: Haupt.

Waldenfels, B. (2000). Das leibliche Selbst. Vorlesungen zur Phänomenologie des Leibes. Frankfurt am Main: Suhrkamp.

Weinert, F. E. (2001a). Vergleichende Leistungsmessung in Schulen – eine umstrittene Selbstverständlichkeit. In: Weinert, F. E. (Hrsg.): Leistungsmessungen in Schulen. Weinheim u.a.: Beltz, S. 17–31.

Weinert, F. E. (2001b). Schulleistungen – Leistungen der Schule oder der Schüler? In: Weinert, F. E. (Hrsg.): Leistungsmessungen in der Schule. Weinheim u. a.: Beltz, S. 73–86.

Wellendorf, F. (1967). Teamarbeit in der Schule. In: Die Deutsche Schule, Jg. 59, H. 9, S. 518–528.

Wenger, E., McDermott, R. A. & Snyder, W. (2002). Cultivating Communities of Practice. A Guide to Managing Knowledge. Boston Mass.: Harvard Business School Press.

Wiggins, G. (2009). Unpacking State Standards to Create Effective Transfer Tasks. Vortrag bei der ASCD Sommer-Konferenz am 27.6.2009 in Houston/Texas.

Wiggins, G. (1998). Educative Assessment: Designing Assessments to Inform and Improve Student Performance. San Francisco: Jossey-Bass.

Wiggins, G. & McTighe, J. (2004). Understanding by Design Professional Development Workbook. Virginia: Association for Supervision and Curriculum Development.

Wiggins, G. & McTighe, J. (2005). Understanding by Design (2. Aufl.). Alexandria, VA: Association for Supervision and Curriculum Development.

Wiggins, G. & McTighe, J. (2007). Schooling by Design. Alexandria, VA: Association for Supervision and Curriculum Development.

Winter, F. (2008). Leistungsbewertung. Eine neue Lernkultur braucht einen anderen Umgang mit den Schülerleistungen. Baltmannsweiler: Schneider.

Wormeli, R. (2006). Fair Isn't Always Equal. Maine: Stenhouse Publishers/National Middle School Association.

Wright, S. P., Horn, S. P. & Sanders, W. L. (1997). Teacher and Classroom Context Effects on Student Achievement: Implications for Teacher Evaluation. In: Journal of Personnel Evaluation in Education, Jg. 1, H. 1, S. 57–67.

# Quellennachweise

S. 11 Foto: Björn Hänssler, Neuhausen (Robert Bosch Stiftung GmbH Stuttgart)

S. 35 Foto: Michael Schratz

S. 77 Grafik aus: Kai Romhardt: Wissensgemeinschaften – Orte lebendigen Wissensmanagements. Dynamik, Entwicklung, Gestaltungsmöglichkeiten. Versus Verlag Zürich 2002

S. 96 Grafik aus: Klinger, U. & Uhl-Kling, S. (2008). Kompetenzbasierte Unterrichtsentwicklung konkret – eine Entwicklungsspirale für Fachkonferenzarbeit. In: U. Klinger (Hrsg.): Mit Kompetenz Unterricht entwickeln. Fortbildungskonzepte und -materialien. Ergebnisse des KMK-Projekts for.mat – Fortbildungskonzepte und -materialien zur kompetenz- bzw. standards-basierten Unterrichtsentwicklung. Bildungsverlag EINS Speyer, S. 127–131.

S. 119 Foto: Michael Schratz

S. 141 Textabdruck mit freundlicher Genehmigung aus: Martina Hartkemeyer, Johannes F. Hartkemeyer, L. Freeman Dhority: Miteinander denken. Das Geheimnis des Dialogs. Klett-Cotta Stuttgart 1998.

S. 161 Foto: Björn Hänssler, Neuhausen (Robert Bosch Stiftung GmbH Stuttgart)

S. 162 Textabdruck mit freundlicher Genehmigung aus: Professionswissen für Lehrerinnen und Lehrer. Grundlagen für die Aus- und Weiterbildung von Lehrerinnen und Lehrern, Band 8: Lehrer-Identität – Lehrer-Rolle – Lehrer-Handeln. Hrsg. Berner, H. & Isler, R.

# Differenziertes Performance Measurement in Supply Chains